Hamed Abdel-Samad

Islam

Hamed Abdel-Samad

Islam

Eine kritische Geschichte

dtv

Anmerkung des Autors: Die hier zitierten Suren und Verse aus dem Koran stammen aus der übersetzten Fassung von Muhammad Rassoul, die sehr nah am arabischen Original ist.

MIX
Papier | Fördert gute Waldnutzung
FSC® C083411

Satz: Fotosatz Amann Memmingen
Gesetzt aus der Minion Pro
Druck und Bindung: CPI books GmbH, Leck
Printed in Germany · ISBN 978-3-423-29041-8

Vorwort

Es ist vier Jahre her, dass der Deutsche Kulturrat eine Talkshow-Pause forderte, weil die Demokratie vermeintlich in Gefahr sei. Die Medien sollten sich eine Art Schweigegelübde in Sachen Islam auferlegen. Auslöser war eine Sendung von Sandra Maischberger gewesen, mit dem Thema »Die Islamdebatte – wo endet die Toleranz?« Die Ausstrahlung hatte 2018 eine heftige Diskussion in den sozialen Netzwerken ausgelöst, woraufhin der Kulturrat sich zu dieser drastischen Forderung hinreißen ließ.

Dabei war schon in den Jahren davor die deutsche Debattenkultur rund um das Thema Islam fast zum Erliegen gekommen. Die Flüchtlingskrise 2015 und ihre Folgen, die gesellschaftliche Polarisierung, die Angst vor dem islamistischen Terror einerseits und vor dem Aufstieg der Rechten andererseits, dazu der wachsende Einfluss der linken Identitätspolitik in den Medien, in der Politik und in der akademischen Welt hatten eine ehrliche und faire Debatte über den Islam, seine Geschichte und seine Zukunft in Deutschland erschwert. Die Parteien der Mitte verzichteten 2017 darauf, Themen wie Migration und die Bekämpfung des Terrors im Namen Allahs zu Schwerpunkten ihres Wahlkampfes zu machen, obwohl gerade das viele Deutsche umtrieb. Von dieser Leerstelle profitierte nur die AfD, die als einzige Partei Migration zum Hauptthema ihrer Kampagne machte. Mit Erfolg: Die AfD konnte bei der Bundestagswahl mit 12,6 Prozent ihr Ergebnis aus dem Jahr 2013 fast verdreifachen.

Und jetzt also eine selbst auferlegte Talkshow-Pause. Um die Demokratie nicht zu gefährden. Die Frage ist nur: Welche Demokratie, die diesen Namen auch verdient, sollte auf kontroverse

Debatten verzichten, zugunsten einer inszenierten, brüchigen Harmonie? Welche Gefahr sollte durch Religionskritik entstehen? Und welche Ängste würden verschwinden, wenn man Themen, die für diese Ängste mitverantwortlich sind, totschweigt?

Sandra Maischberger antwortete im Nachgang der Sendung in einem Gastbeitrag in der *ZEIT* zu Recht: »Wer aus Angst vor einem falschen Wort gleich die Debatte vermeiden will, überlässt erst recht denen die Bühne, die diese Angst (…) zu nutzen wissen.« Die von vielen Menschen als »historisch empfundene Herausforderung« durch die Flüchtlingswelle sei keineswegs vorüber, sie stelle vielmehr »die Eckpfeiler unserer alten Gesellschaftsordnung infrage. Deshalb streiten wir«, so Maischberger. Auch wenn, wie sie in ihrem Beitrag selbstkritisch einräumte, dass in ihrer Sendung zu »wenig über den politischen Islam und zu viel über kulturelle Alltagsprobleme diskutiert« worden sei.[1]

Die Talkshows pausierten zwar seitdem nicht, aber es gab so gut wie keine mediale oder politische Debatte mehr zum Thema Islam. Die Forderung des Kulturrates und die Reaktionen darauf passten gut in eine Atmosphäre, in der sich eine woke, politisch korrekte Anti-Rassismus-Bewegung zunehmend Gehör verschafft. Es ist eine Bewegung, die die Geschichte des »weißen Mannes« rückwirkend verurteilt – in Teilen definitiv zu Recht –, aber dabei manchmal über das Ziel hinausschießt. Indem sie den Diskursraum verengt, künstlich immer mehr Tabuthemen schafft und die Grenzen des Sagbaren so weit verschiebt, dass manche den Eindruck haben, sie könnten nicht mehr sagen, was sie denken – aus Angst, plötzlich auf der falschen, der politisch rechts gerichteten Seite zu stehen. Es ist eine Bewegung, die sich kritisch mit »White Supremacy« und den Folgen von Kolonialismus auseinandersetzt und gleichzeitig jede Kritik an Minderheiten, an der Geschichte und Gegenwart ihrer Religion und an den Missständen in ihren Communities mit Rassismus gleichsetzt.

Der Begriff »Islamophobie« entstammt der Feder dieser Anti-

Rassismus-Bewegung, die nicht nur in Deutschland, sondern weltweit an Einfluss gewinnt. Doch gut gedacht ist nicht immer gut gemacht. Zweifelsohne verdienen Minderheiten einen besonderen Schutz, gerade vor Diskriminierung und Rassismus. Aber ein Begriff wie »Islamophobie« ist nicht nur irreführend, sondern gefährlich. Denn er wirft Glauben und Gläubige in einen Topf – eine Sichtweise, die nicht nur muslimische Fundamentalisten haben, sondern auch rechte Fanatiker, die nicht zwischen dem Menschen und der Ideologie bzw. Religion unterscheiden. Für sie ist jeder Muslim ein potenzieller Dschihadist.

Dazu passt, dass die politisch korrekte Anti-Rassismus-Bewegung Kritik an der Religion mit einem Angriff auf die Menschenwürde gleichsetzt. Dabei sind es keineswegs friedliebende Muslime (also die überwiegende Mehrheit), die von Kritikern an den Pranger gestellt werden würden. Kritisch zu beleuchten wären vielmehr Organisationen des politischen Islam und fundamentalistische Gruppierungen. Eine Unterscheidung, die Vertreter dieser Bewegung oft nicht treffen. Wenn aber jede Kritik als Rassismus ausgelegt wird, werden Kritiker diffamiert und mundtot gemacht, und der politische Islam erhält den Freibrief, sich weiter ungestört entfalten zu können.

Das Erlahmen einer offenen und kontroversen Islamdebatte dürfte seinerzeit auch der Bundesregierung nicht ganz ungelegen gekommen sein. Sie hatte die Grenzen des Landes für Hunderttausende Flüchtlinge aus der islamischen Welt »geöffnet«, wie es fälschlicherweise oft hieß, und war nun selbst Wut und Hassangriffen ausgesetzt. Vor allem nach den Ereignissen in der Silvesternacht 2015/2016 in Köln und dem Anschlag auf dem Weihnachtsmarkt am Breitscheidplatz in Berlin im Jahr darauf wurden die Stimmen immer lauter, die die Entscheidung der Bundesregierung für falsch hielten und Muslime pauschal als Gefahr für die innere Sicherheit betrachteten.

Gerade jetzt, da faire Debatten über den Islam, über Migration und Integration so dringend notwendig gewesen wären, gerieten sie ins Stocken. Stattdessen wurden die Menschen in diesem Land in Lager aufgeteilt: Diejenigen, die sich für die Flüchtlinge einsetzten, galten als zivilisiert und menschlich; diejenigen, die Bedenken äußerten, fanden sich in einem Topf mit Neonazis und anderen Rechtsauslegern wieder. Das dritte Lager, das sich nicht eindeutig positionierte, wurde in die Zange genommen.

Und so wurde eine Debatte durch Empörung von der einen Seite, durch Moralisierung von der anderen und durch das Schweigen der dritten Seite im Keim erstickt. Ähnliches wiederholte sich während der Corona-Krise; auch da gab es die drei Lager, die mit zunehmender Dauer der Pandemie aufhörten, miteinander vernünftig zu kommunizieren und Argumente auszutauschen. Es wirkt, als hätten wir verlernt, Kontoversen nicht nur zu führen, sondern andere Meinungen überhaupt auszuhalten. Für den großen britischen Philosophen John Stuart Mill war »reden und reden lassen« schon im 19. Jahrhundert oberstes Gebot, wenn es um das Führen von Debatten ging. Für ihn gab es gute und schlechte Gedanken, hilfreiche und gefährliche Argumente. Ist eine Idee gut, sollte sie multiperspektivisch in der Öffentlichkeit diskutiert werden, damit so viele Menschen wie möglich davon profitieren können. Ist eine Idee schlecht oder gar gefährlich, dann muss sie erst recht öffentlich diskutiert und entkräftet werden, um die Gesellschaft gegen diese Idee und ihre Agitatoren immun zu machen. Doch weder Befürworter noch Gegner der Idee dürfen im Voraus festlegen, ob sie gut oder schlecht ist. Das ist die Aufgabe der Öffentlichkeit, nachdem sie sich die Argumente beider Seiten angehört hat.

Von dieser »Diskursethik«, wie Jürgen Habermas das nennt, gibt es heutzutage leider immer weniger. Stattdessen bestimmen Emotionen, Moralismus und Diskursverweigerung die meisten Debatten. Denn häufig geht es nicht darum, ein Argument zu entkräften oder ihm auf den Grund zu gehen, um anschließend einen Konsens zu erzielen, sondern darum, für seine Gruppenidentität und die damit einhergehenden politischen Interessen zu kämpfen. Das Ergebnis ist eine Form von »cancel culture«, ein Tadeln für vermeintlich die »falsche Gesinnung«, die eben keinen Raum mehr für alle Argumente bietet.

Parallel zu dieser Aufteilung in »gute« und »böse« Lager und damit der Verengung des Diskursraums entstand bei manchen Menschen im Land das ungute Gefühl, es gebe eine Diskrepanz zwischen dem, was wirklich geschieht, und dem, was die Medien berichten. Ein schleichender Prozess, der mit den verzögerten ersten Berichten über die Silvesternacht von Köln begonnen hatte. In einer Langzeitstudie der Uni Mainz zum Thema Medienvertrauen gaben 2016 22 Prozent der Befragten an, den Medien nicht zu vertrauen. 2019 waren es 28 Prozent; zudem gingen 23 Prozent davon aus, die Medien würden gemeinsam mit der Politik agieren, um die Meinung der Bevölkerung zu manipulieren.[2]

Auffällig sind die Peaks während der Flüchtlings- und der Corona-Krise. Es scheint an Transparenz zu fehlen, die Leute fühlen sich von der Politik nicht mitgenommen, von den Medien nur unzureichend oder gar falsch informiert. In beiden Situationen musste die Politik Entscheidungen treffen, die alle Beteiligten vor nie da gewesene Herausforderungen stellten. Eine durchdachte Strategie konnte es zu diesem Zeitpunkt nicht geben. Aber je länger sie ausblieb, und je widersprüchlicher bestimmte Maßnahmen etwa während der Corona-Pandemie im Konzert der Bundesländer ausfielen, umso größer wurde das Feld für Verschwörungstheorien. Bei den Flüchtlingen fabulierten einige von der »Umvolkung«, die die Bundesregierung plane, bei Corona waren es die drohende »Diktatur« oder gar ein perfides Menschenexperiment von Bill Gates und Konsorten.

Man kann die Mehrheit der Menschen von einer Idee nur

überzeugen, indem man sie von vorneherein miteinbezieht und indem man mit Kritikern dieser Idee offen debattiert, und zwar so lange, bis ihre Argumente entkräftet werden. Die Vertrauenslücke zwischen Politik, Medien und einem nicht unerheblichen Teil der Bevölkerung wird so lange größer werden, solange wir es nicht schaffen, die notwendigen Debatten zu führen. Denn aufgeschoben ist nicht aufgehoben, und das, was unter der Oberfläche brodelt, ist viel gefährlicher als das, was öffentlich ausgesprochen wird.

Was den Islam angeht, machen inzwischen auch deutsche Universitäten, politische Stiftungen und Kirchen einen großen Bogen um Themen, bei denen ein kritischer Blick auf den Islam geworfen werden könnte. Sie laden sogar Vertreter des politischen Islam und Erdoğan-Anhänger als Referenten ein, um Toleranz und Vielfalt zu demonstrieren. Religionskritiker dagegen werden von diesen Diskussionen häufig ferngehalten. Toleranz und Vielfalt bezieht sich hier ganz offensichtlich nicht auf Meinungsvielfalt und Toleranz gegenüber Kritik. Nicht nur ich habe mehrfach erlebt, dass selbst vernünftige, humanistisch begründete Religionskritik als unsachliche Hetze abgestempelt wird. Mit der Konsequenz, dass die kritischen Stimmen fehlen, und Apologeten des Islam unwidersprochen die dunklen Seiten ihrer Religion glorifizieren oder behaupten können, dass Scharia und Demokratie miteinander vereinbar seien.

Auch hier erleben wir also eine gefährliche Verengung des Diskursraums, die weder den hier lebenden Muslimen noch der deutschen Gesellschaft hilft, sondern nur dem politischen Islam und den fundamentalistischen Strömungen. Gleichzeitig befürchte ich, dass die Themen Islam und Migration nach wie vor die Hauptkandidaten bleiben werden, wenn es um eine Projektionsfläche für Angst, Skepsis und Wut geht. Die Gefahr besteht nicht nur darin, dass Parteien des rechten Randes wieder stärker werden, sondern dass die Gewaltbereitschaft in Teilen der Bevölkerung zunimmt: Angriffe auf Moscheen, Flüchtlingsunterkünfte oder »muslimisch aussehende« Menschen sind bereits heute ein großes Problem. Und es wird nicht verschwinden, nur weil Aktivisten gut gemeinte Lichterketten initiieren und lautstark den Rassismus anprangern. Solidaritätsbekundungen wie etwa nach den Morden von Hanau im Februar 2020 sind wichtige Signale. Aber dieses Problem wird sich nur dann einhegen lassen, wenn wir wieder öffentlich über den Islam reden. Denn nur so kann die Debatte wieder in die Mitte der Gesellschaft zurückfinden, ohne von den ideologischen Rändern für ihre Zwecke instrumentalisiert zu werden.

Diese Debatte zu führen, liegt nicht nur im Interesse der Gesellschaft als Ganzes, sondern auch im Interesse der hier lebenden Muslime selbst. Denn nur Aufklärung kann sie vor Hass und Ausgrenzung schützen, von Schweigen und Appeasement profitiert nur der politische Islam. Und nur, wenn die deutsche Gesellschaft auch muslimische Mitbürger als gleichwertig anerkennt, werden diese den Einflüsterungen orthodoxer Kräfte kritischer gegenüberstehen können. Denn diese Kräfte wissen den Minderwertigkeitskomplex perfekt zu nutzen und gerade jungen Muslimen das Zugehörigkeitsgefühl zu vermitteln, das ihnen von der Mehrheitsgesellschaft oft versagt wird.

Wenn wir heute über den Islam reden, haben wir es mit mehreren Herausforderungen zu tun, die sich überlappen. Die erste Herausforderung ist die Integration der hier lebenden Muslime. Doch darin stecken gleich mehrere Paradoxe: Eine gelungene Integration in einem weiter gefassten Sinne setzt voraus, dass Muslime sich mit Deutschland und seinen Werten identifizieren, aber gleichzeitig ihren Glauben und seine Werte hier frei und ungestört ausleben können. Einige Werte, die dieser Glaube propagiert – etwa die ablehnende Haltung gegenüber der persönlichen

Freiheit, der Gleichberechtigung, der Sexualität und der Religionskritik – stehen jedoch im krassen Widerspruch zu den Werten unserer demokratischen und aufgeklärten Gesellschaft.

Der andere Widerspruch liegt darin, dass Muslime zwar dazu eingeladen werden, Teil der deutschen Identität zu werden, dass wir uns aber gleichzeitig damit schwertun, diese Identität für uns selbst zu definieren. Manche interpretieren sie nach wie vor im Sinne von »Blut und Boden« und halten selbst Muslime, die hier geboren sind, die einen deutschen Pass besitzen und sich als Deutsche fühlen, für Fremde.

Eine Debatte über Integration kann also nur geführt werden, wenn wir uns auch einer Debatte über Identität und Werte stellen. Wenn wir als Gesellschaft Angebote machen, und Muslime, die diese annehmen, auch in unserer Mitte willkommen heißen. Und den Kräften, die das verhindern wollen, entschieden entgegentreten.

Das führt uns zur nächsten paradoxen Herausforderung: Viele sind der Meinung, dass der Islam erst durch einen Prozess der Reform und Aufklärung gehen muss, um ein Teil von Europa zu werden. Gleichzeitig werden Reformer und Kritiker nicht nur in der arabischen Welt, sondern auch mitten in Europa nicht nur diffamiert und ausgeschlossen, sondern müssen sogar um ihr Leben fürchten. Man unterscheidet nicht zwischen Menschen, die Muslime aufgrund ihrer Religion hassen, und Menschen, die die Ideologie des Hasses im Islam aus humanistischen Motiven kritisieren.

Wie aber kann eine Reform stattfinden, ohne eine ehrliche Debatte über die Religion und ohne auf die Argumente der Kritiker einzugehen?

Frankreichs Präsident Emmanuel Macron erklärte im Herbst 2020 dem Islamismus den Kampf und kündigte für 2022 eine entsprechende Gesetzesnovelle an. Kurz zuvor war der Lehrer Samuel

Paty enthauptet worden, nachdem er im Unterricht Karikaturen des Propheten Mohamed gezeigt hatte. Eine Moschee hatte auf Facebook ein Hassvideo gegen den Lehrer geteilt.

Macron kündigte an, einen »Islam der Aufklärung« schaffen zu wollen, der mit den Werten der Republik vereinbar sei. Eine Ankündigung, die einige Imame im Land begrüßten. Als er aber zu Recht behauptete, der Islam habe ein »Problem« mit radikalen Strömungen, folgte eine Woge der Entrüstung. Mehrere muslimische Länder riefen zum Boykott französischer Produkte auf. Der türkische Präsident Recep Tayyip Erdoğan griff Macron persönlich scharf an und legte ihm nahe, seinen geistigen Zustand überprüfen zu lassen. Westliche Staaten planten eine »Neuauflage der Kreuzzüge«, ihre Politiker seien »Kettenglieder der Nazis«. Später legte er nach und erklärte, Europa entwickle sich zu einem Freiluftgefängnis für Muslime: »Die Muslime erleben heute eine ähnliche Lynchkampagne, wie sie gegen Juden in Europa zur Zeit vor dem Zweiten Weltkrieg geführt wurde.«[3]

Hier erklärten die Kranken denjenigen, der die Diagnose gestellt hat, selbst zum Kranken. Eine bewährte Strategie, die jede Reform des Islam jahrhundertelang unmöglich gemacht hatte. Allein diese heftigen Reaktionen aus der muslimischen Welt zeigten, dass Macron im Kern recht hatte.

Die Ankündigungen des französischen Präsidenten hätten Anlass für eine Debatte über den politischen Islam und den Islamismus auch in Deutschland sein können. Aber spätestens nach den Wutreden aus der muslimischen Welt hätten sie Anlass sein *müssen*. Denn auch hierzulande gibt es Moscheen, in denen Gewalt gepredigt wird, auch hierzulande gibt es Hassaufrufe im Internet, gewalttätige Übergriffe und Imame, die unter dem Einfluss des türkischen Dachverbands DITIB stehen oder von ihm entsandt und finanziert werden. DITIB steht wegen seiner Nähe zu Erdoğan immer wieder in der Kritik. Doch recht viel mehr geschieht nicht.

Die Politik will es sich offensichtlich nicht mit den hier lebenden Muslimen verscherzen, die gerade in dem türkischen Präsidenten den Sachwalter ihrer Interessen in Deutschland sehen. Dieser Präsident wiederum spielt seit 2016 die Rolle von Europas Torwart, der verhindern soll, dass noch mehr Flüchtlinge hierherkommen. Auch die Geschäftspartner in den Golfstaaten will man nicht verprellen, zumal man sie ganz aktuell durch Putins Ukraine-Feldzug so dringend braucht wie noch nie, um die Versorgung mit Öl und Gas zu sichern.

Tatsächlich gehen gerade die Golfstaaten gegen den Islamismus im eigenen Land konsequent vor, weil er die innere Sicherheit gefährdet und damit auch die politische und wirtschaftliche Stabilität. Doch Deutschland zögert, klare Kante zu zeigen. Dabei spielt die Angst vor dem Vorwurf, das Land würde erneut eine religiöse Minderheit unterdrücken, eine entscheidende Rolle.

In Frankreich wiederum waren die Furcht vor der Kolonialismus-Keule und die wirtschaftlichen Verbindungen zu muslimischen Ländern der Grund dafür, warum man jahrelang gezögert hat, über die Probleme mit dem Islamismus im Land zu sprechen. Die Politik des »laissez faire« und »laissez passer« führte dazu, dass der Staat in bestimmten Gegenden der großen Städte die Kontrolle verloren hat, dass es zu verheerenden Terroranschlägen kam und dass der rechte Rand kein Rand mehr ist, sondern Marine Le Pen längst so sehr in der Mitte angekommen ist, dass rechts von ihr eine weitere Partei erstarken konnte. Das lange Schweigen zu Islamismus und Problemen der Migration hat die französische Gesellschaft tief gespalten, und die Identitätspolitik hat die Konflikte zusätzlich verschärft. Im Schatten von Gleichgültigkeit, falsch verstandener Toleranz und wirtschaftlichen Interessen konnten radikale Strömungen ihr zerstörerisches Potenzial entfalten.

Entwicklungen wie in Frankreich, aber auch in den Ländern Skandinaviens, sollten uns alarmieren. Denn sie machen nicht vor Landesgrenzen halt. Hier haben zu lange rechte identitäre

Rhetorik auf der einen und linke Identitätspolitik auf der anderen Seite den Diskurs geprägt, bis er weitgehend zum Erliegen kam. Es ist höchste Zeit, dass wir die Debatte wiederaufnehmen und sie zurück in die Mitte der Gesellschaft holen. Wir sollten sie offen, fair und zielorientiert führen. Ehrlich und mit Respekt, kritisch und mit Fakten unterfüttert. Vernünftig statt emotionsgeladen und den Diskurs verengend.

Um das tun zu können, müssen wir wissen, was der Islam ist, um den Glauben an sich vom Islamismus unterscheiden zu können. Um das tun zu können, dürfen wir Muslime nicht mit Dschihadisten in einen Topf werfen und Religionskritiker nicht als Rassisten diffamieren. Deshalb blicke ich in diesem Buch auf die lange Geschichte des Islam zurück, die in gewisser Weise auch eine Geschichte Europas ist. Der Islam errichtete sein Reich auf den Trümmern des Byzantinischen (Oströmischen) Reiches und sah sich als neuer legitimer Anführer der Welt. Der Machtverlust des Islam, der mit der Auflösung des Osmanischen Reiches 1922 einherging, hat daran nichts geändert.

Die Geschichte Europas mit dem Islam war allerdings nicht immer eine Geschichte der Konfrontation. Es gab auch Zeiten des friedlichen Miteinanders, des kulturellen und wissenschaftlichen Austauschs. Byzanz, das große Kaiserreich, das sich im 6. Jahrhundert von Südspanien über Italien, den Balkan bis zur Arabischen Halbinsel und nach Nordafrika erstreckte, war für die Araber vor dem Islam ein gesellschaftliches und politisches Vorbild. Und erst als das Oströmische Reich sich selbst von innen schwächte, konnte sich der Islam ausbreiten und die Araber unternahmen erste (erfolglose) Versuche, die Hauptstadt Konstantinopel einzunehmen.

In Bagdad und in Andalusien etablierten die Muslime ein für die damaligen Verhältnisse sehr gutes Modell für ein friedliches Zusammenleben – religiöse Toleranz, Autonomie der Minderheiten in Sachen Rechtsprechung und Kooperation mit Juden, Christen und Zoroastriern, um nur einige Aspekte zu nennen. Sie waren offen für das Wissen anderer Völker und übersetzten die Werke der Antike, die später für die Renaissance in Europa von großer Bedeutung sein sollten. Zwar war diese Phase der Toleranz und der gegenseitigen Befruchtung insgesamt gesehen relativ kurz, aber sie hat gezeigt, wie man vom »Anderen« profitiert, wenn man ihn nicht verteufelt. Letzteres sollte schließlich der Auslöser dafür sein, dass die islamische Welt ihren Wissensvorsprung verlor und den Wandel hin zu einer aufgeklärten Moderne verpasste.

Die Osmanen waren die letzten Muslime, die als Eroberer nach Europa kamen. Die Auseinandersetzung mit ihnen hat den Keim für die Entstehung eines europäischen Bewusstseins gelegt, während für die Muslime der Fall des Osmanischen Reiches bis heute ein tief sitzendes Trauma ist. Heute kommen Muslime nicht mehr als Eroberer nach Europa, sondern als Migranten. Die meisten von ihnen sind friedliche Menschen, die keine politischen Ziele verfolgen. Doch der Islamismus und Kräfte, die die Kränkung nach dem Ende des letzten Kalifats nicht verwunden haben, wandern mit ein. Sie wollen diese friedlichen Muslime für ihre Zwecke vereinnahmen und streben nach einer Restitution des Islam in Europa. Für sie ist Migration eine heilige Mission, um dem Islam in Europa zu einer neuen Blütezeit zu verhelfen.

Das Fatale dabei ist, dass diese Kräfte damit keineswegs das Goldene Zeitalter des Islam meinen, jene Phase der kulturellen Blüte und Offenheit zwischen 762 und 1258. Sie berufen sich auf Mohamed, der sagte: »Der Islam ist als Fremder geboren und wird als Fremder zurückkommen.«[4] Mit anderen Worten: als Eroberer.

Als der Prophet mit einer kleinen Schar seiner Anhänger im Jahr 622 von Mekka nach Medina wanderte, war das die Keimzelle für jenen Staat, der nun modernen Islamisten als Vorbild dient. Ein Staat, in dem alle Bereiche des Lebens durch den Koran geregelt wurden und die Welt in Gläubige und Ungläubige unterteilt war. Nichtmuslime mussten in der Folgezeit die Arabische Halbinsel verlassen, die religiöse Vielfalt und Toleranz, für die gerade Mekka vor dem Islam bekannt war, wurde vernichtet. Für heutige Islamisten ist die Zeit Mohameds jener Urzustand, den es wiederherzustellen gilt, weil er für sie der »islamischste« war. Wohingegen die Phase des Abbasiden-Kalifats in ihren Augen als »unislamisch« gilt, weil sie weniger dogmatisch und fromm ausgerichtet war.

Tatsächlich war das Goldene Zeitalter nicht die beste Phase des orthodoxen Islam, wohl aber die beste für Muslime und Eliten anderer Völker, die unter der Herrschaft des Islam lebten. Kunst, Philosophie, Wissenschaft und Ökonomie hatten eine größere Bedeutung als die Scharia und der Koran. In Bagdad und Córdoba lebten nicht nur Angehörige verschiedener Ethnien und Religionen relativ friedlich zusammen, sie kooperierten auch miteinander und schufen eine Hochkultur, die – verglichen mit den Verhältnissen im Europa des Mittelalters – äußerst fortschrittlich und tolerant war.

Die Art und Weise des Zusammenlebens damals könnte für das heutige Europa ein Vorbild sein. Und die Art und Weise, wie dieses Modell zerbrach, sollte uns eine Warnung sein.

Voraussetzung für das Florieren von Bagdad und Córdoba damals war ein starker, selbstbewusster Staat, der seinen Untertanen viele Freiheiten einräumte, aber Versuche des Separatismus mit eiserner Hand niederschlug. Angehörige aller Ethnien und Religionen waren in der Anfangsphase dem Staat gegenüber loyal. Alle profitierten gleichermaßen von Forschungs- und Kunstfreiheit, vom Austausch von Wissen und Erfahrungen. Religion und Identität spielten für das Zusammenleben nur eine untergeordnete Rolle, viele Regeln der Scharia waren aus purem Pragmatismus außer Kraft gesetzt worden. Alkoholkonsum, Tanz, Gesang, homoerotische und sogar religionskritische Poesie waren in Bagdad und Córdoba keine Ausnahmen, sondern bestimmten das kulturelle Geschehen.

Auch Perser, Christen und Juden identifizierten sich mit dem Staat, weil sie dort nicht nur religiöse Toleranz erlebten, sondern auch Karriere machen konnten. Die muslimischen Herrscher waren am Wissen der alten Griechen interessiert und übersetzten viele philosophische und wissenschaftliche Abhandlungen. Die Rechtsschule der Muʿtaziliten erklärte bereits im 9. Jahrhundert die Vernunft zur höchsten theologischen Instanz im Umgang mit den heiligen Texten des Islam und deren Bedeutung für den Alltag der Muslime. Und der islamische Gelehrte Muhammad al-Fārābī (872–950) vertrat im 10. Jahrhundert die Meinung, der Philosoph sei auf einer höheren Stufe anzusiedeln als der Prophet, da der Philosoph seine Argumente vernünftig belegen könne. Angelehnt an Platons *Politeia*, entwarf er ein eigenes Staatsmodell, und plädierte dafür, zwischen metaphysischen und zivilen Angelegenheiten zu unterscheiden, und somit indirekt für die Trennung von Religion und Staat. Heute müsste er wegen solcher Überlegungen mit einer Fatwa rechnen.

Von Beginn an gab es im Islam immer zwei Lager: diejenigen, die die Texte wortwörtlich interpretierten, und diejenigen, die sie großzügiger – vernunftbasierter – auslegten oder nicht für das Maß aller Dinge hielten. Wann immer das Lager der Vernunft die Oberhand hatte, gab es ein friedliches Zusammenleben und eine florierende Wissenschaft. Wann immer die texttreuen Orthodoxen die Führung übernahmen, wann immer Moral über Vernunft und Identität über Wissen gestellt wurde, ging es mit dem Fortschritt den Bach hinunter, Minderheiten wurden unterdrückt und verfolgt.

Die Orthodoxie erlebte in der Geschichte immer dann einen Aufschwung, wenn der Staat Schwäche zeigte oder eine Niederlage zu verkraften hatte. Das Abbasiden-Reich etwa wurde zuerst von innen geschwächt, bevor es im 13. Jahrhundert durch den Einfall der Mongolen endgültig stürzte. Zur selben Zeit griffen die Kreuzritter Syrien und Ägypten an. Streng muslimische Gelehrte sahen den Grund für solche Niederlagen und Schwächephasen in der Entfernung der Muslime von Koran und Scharia. Sie forderten eine Umkehr, mit der Folge, dass das Interesse an weltlichem Wissen nachließ. Die orthodoxen Kräfte sorgten dafür, dass der Koran über dem Wissen stand und die religiösen Gefühle über der Vernunft.

Eine Haltung, die schon im 11. Jahrhundert das Leben in Córdoba von Grund auf verändert hatte. Damals waren strenggläubige muslimische Migranten aus Nordafrika gekommen, die das Leben in der Stadt für zutiefst unislamisch hielten. Sie gingen gegen Andersgläubige, Künstler und Wissenschaftler vor und verbrannten die Bücher des berühmten Philosophen Averroës, der die Werke von Aristoteles ins Arabische übersetzt und kommentiert hatte. Philosophie wurde als »Verwirrung« abgestempelt, Chemie als Intervention in die Schöpfung Gottes verteufelt. Averroes und andere Geistesgrößen mussten Andalusien verlassen, Córdoba wurde von einer Oase des Wissens und der Toleranz zu einer orthodoxen Enklave. Das muslimisch-andalusische Reich zersplitterte in zahlreiche kleine Enklaven, die sich Jahrhunderte gegenseitig bekämpften. Jeder der neuen muslimischen Herrscher war nur darauf bedacht, seine Macht zu festigen. Die strikte Religionsauslegung war dabei ein entscheidendes Mittel zum Machterhalt, denn ein muslimischer Herrscher konnte einen anderen muslimischen Herrscher leichter angreifen, wenn er behauptete, dieser sei nicht islamisch genug.

Diese Form der Identitätspolitik wiederholte sich immer wieder, zuletzt nach dem Zusammenbruch des Osmanischen Reiches. Das Ende des Kalifats und die Aufteilung seiner Gebiete unter den europäischen Großmächten katapultierte die gesamte islamische Welt in eine Identitätskrise. Der moderne Islamismus mag eine direkte Folge des Zerfalls des Osmanischen Reiches und des Kolonialismus sein, hat seine Wurzeln aber in der orthodoxen islamischen Theologie, die in Zeiten der Krisen stets eine Blütezeit erlebte. Heute bestimmt diese Orthodoxie die Politik und das Leben der meisten Muslime in der islamischen Welt und in Europa. Angesichts des übermächtigen Westens mit seinen üblen Verlockungen und Unterdrückungsmechanismen, will sie Muslime zum wahren Glauben zurückführen. Es ist ein fataler Mechanismus, die Schuld an einer tatsächlichen oder gefühlten Niederlage nicht bei sich selbst, sondern den anderen zu suchen. Man verharrt in einer Opferhaltung, suggeriert aber gleichzeitig den modernen Dschihadisten, sie könnten sich mit Gewalt daraus befreien.

Aus dem Auf- und Abstieg der arabisch-islamischen Kultur kann Europa eine Menge lernen. Zum Beispiel, dass Toleranz der Herrschenden Loyalität der Bürger voraussetzt. Und dass Vielfalt der Ethnien und Religionen auch die Vielfalt von Meinungen und Religionskritik voraussetzt. Wenn aber die gegenwärtige »cancel culture« schon das Zur-Sprache-Bringen abweichender Meinungen als Ausdruck von Hass oder Rassismus interpretiert, rüttelt das an den Grundfesten unserer offenen Gesellschaft. Und das hilft den Islamisten indirekt dabei, ihre Infrastrukturen in Deutschland und in Europa aufzubauen.

Überspitzt könnte man sagen: Während das Boot des Islamismus in der arabischen Welt leckschlägt und zu sinken droht, wird der Westen zum Rettungsring. In Ägypten beispielsweise verlor die Muslimbruderschaft durch den Militärputsch im Jahr 2013 ihre Macht im Mutterland der Bewegung. Auch in Tunesien und Marokko scheiterten die Muslimbrüder inzwischen, und einstige Finanziers aus Saudi-Arabien und den Emiraten wandten sich ab, nachdem mehrere Putschversuche am Golf von den Muslimbrüdern unterstützt worden waren. Saudi-Arabien und die Emirate haben in den letzten Jahren eine Vielzahl von Reformen auf den Weg gebracht, vor allem im Bereich Geschlechtertrennung und Frauenrechte, selbst das Alkoholverbot steht zur Disposition. Auch in Ägypten werden die Stimmen immer lauter, die eine zeitgemäße Version des Islam verlangen. Denn die strenge Auslegung schadet dem Tourismus und dem friedlichen Zusammenleben von Kopten und Muslimen.

Nach den Gräueltaten des IS und nach den vielen Bürgerkriegen in der Region wächst nun in den arabischen Ländern die gesellschaftliche Kritik am politischen Islam und die Bereitschaft zur – vorsichtigen – Säkularisierung. Umso fataler, dass im Westen die Muslimbrüder und andere Vertreter des politischen Islam weithin unbehelligt arbeiten, Spenden sammeln, Anhänger rekrutieren und ihre antiwestliche, antidemokratische Ideologie verbreiten. Umso fataler, dass der Staat die Integrationsproblematik »islamisiert« und sich Vereine des politischen Islam als Partner des Staates profilieren, während man die vernünftigen, kritischen Stimmen umgeht.

Hierzulande leben viele Muslime, die mit Islamismus nichts am Hut haben und sich als Europäer, als Deutsche fühlen. Aber sie geraten zunehmend zwischen die Fronten. Denn auch hier ist der Kulturkampf zwischen Vernunft und religiösen Gefühlen, zwischen Wissen und der wörtlichen Auslegung des Koran voll im Gange. Religiöse Eiferer werfen gemäßigten Muslimen – wie damals in Andalusien – eine Verfälschung des authentischen Islam vor. Reformer und Islamkritiker brauchen Polizeischutz, um ihre Meinung öffentlich äußern zu können.

Heute gilt Europa für Islamisten als Ziel der letzten *Hidschra*. Die erste Auswanderung Mohameds von Mekka nach Medina im 7. Jahrhundert markiert den Beginn der islamischen Zeitrechnung. Sie legte die Keimzelle für die Errichtung des ersten muslimischen Staates. Die Expansion der Araber in Gebiete im Irak, in Nordafrika und in Europa brachte ihnen nicht nur Reichtum, sondern half dabei, den Islam zu verbreiten. Wie einst in Andalusien und im Osmanischen Reich soll Europa nun zur neuen Basis für die Renaissance des Islam werden. Hier soll sich die Prophezeiung Mohameds erfüllen, die für den Islamismus auch wesentlicher Auftrag ist: Der Islam ist als Fremder geboren und wird als Fremder zurückkehren. Die europäische Identitätspolitik, die »cancel culture« und das Ausbleiben einer offenen Debatte spielt ihnen dabei in die Hände. Sie bilden die Lücke, gewissermaßen die Immunschwäche, die das Virus des Islamismus ausnutzt, um in Europas Körper einzudringen und seine DNA zu manipulieren.

Wenn wir aber aus der Geschichte etwas lernen wollen, dann müssen wir sowohl dem Islamismus als auch der Identitätspolitik von rechts und links vehement entgegenwirken. Wir müssen das Schweigegelübde brechen und wieder über den Islam reden, denn von seiner Zukunft hängt auch die Zukunft Europas ab.

Einführung

Die Geschichte des Islam wird sowohl von seinen Anhängern als auch von seinen Kritikern oft einseitig gelesen. Gläubige Muslime tendieren dazu, sie als eine Heilsgeschichte, als einen von Gott gemachten perfekten Plan zu lesen. Sie suchen darin nicht nur nach Momenten, die sie stolz machen können, sondern auch nach Orientierung und Geleit für die Gegenwart. Für viele ist die Zeit Mohameds der Idealzustand, der Koran allzeit gültiges Gesetz, nicht Dokument seiner Zeit.

Kritiker neigen eher dazu, diese Geschichte als ein Kontinuum von Aggression, Eroberung und Blutvergießen zu interpretieren. Es ist ein ähnlich statischer und eindimensionaler Blick, denn manche sehen den Islam gar als Verkörperung des Bösen, als Quell von Gewalt und Elend, als ewigen Feind und ewige Antithese zu allem, was ihre eigene Identität ausmacht. Die Glorifizierung des Islam und die Ablehnung jeglicher Kritik oder gar Historisierung dieser Religion provoziert auf ihrer Seite Schmähungen und manchmal Hass. Diese Dämonisierung wiederum führt dazu, dass Muslime sich erst recht hinter ihrem Glauben verbarrikadieren und ihre Religion selbst gegen berechtigte Kritik krampfhaft verteidigen.

Beide Lesarten sind insofern ahistorisch, als sie Geschichte linear und selektiv betrachten. Dabei ist auch die Geschichte des Islam Ergebnis historischer Prozesse und Umwälzungen, die sich nicht losgelöst von, sondern aus einer Interaktion mit dem Weltgeschehen entwickelt haben.

Geschichte ist wie das Zusammenspiel von Wind und Meer: Der Wind verursacht eine hohe Welle, die weitere Wellen auslöst, die über kurz oder lang brechen. Geschichte kennt die Dialektik von These, Antithese und Synthese. Etwas geschieht, weil die Umgebung und die Umstände dieses Geschehen begünstigen. Das Geschehene provoziert andere Ereignisse, die wiederum das ursprüngliche Geschehen beeinflussen und in eine andere Richtung lenken. Eine Idee entsteht nicht im luftleeren Raum, sondern wird aus anderen Ideen geboren. Und damit sich eine Idee verbreiten kann, muss sie auf fruchtbaren Boden fallen.

Eine entspannte, nicht-ideologische und nicht-identitäre Lesart der Geschichte des Islam kann uns zeigen, dass die Entstehung dieser Religion auf mehreren Säulen fußte. Und dass seine Ausdehnung und die Eroberungen im Namen des Islam nicht Ausdruck von besonders großer Gewalt waren, sondern von vielen Umständen begünstigt wurden.

Wir können das Geschehene nicht ungeschehen machen, aber wir können es überwinden, indem wir es dekonstruieren und verstehen. Wir können es hinter uns lassen, ohne es zu verdammen. Wir können es erklären, anstatt es zu verklären. Wir können uns von der Last der Geschichte befreien indem wir aufhören, sie entweder als Segen oder als Fluch zu lesen. Auch als harscher Kritiker dieser Religion sage ich: Es ist an der Zeit, anders mit dem Islam umzugehen!

Bettet man ihn in seinen historischen Kontext ein, ist der Islam aus politischer Sicht ein Produkt von Stammeskonflikten auf der Arabischen Halbinsel, wo zwei Stämme aus Mekka, die Haschimiten und die Umayyaden, um die Macht konkurrierten. Beide gehörten dem mächtigen Stammesbund der Quraisch an, der nicht nur in Mekka, sondern in ganz Arabien sehr einflussreich war.

Wirtschaftlich gesehen ist der Islam ein Produkt der Handelsstraße zwischen dem Jemen und Syrien. Die Händler stoppten in Mekka und tauschten dort Weizen und Wein gegen Tierhäute und Datteln. Doch als Umayyaden und Haschimiten den Handel in die Hand nahmen, wurde nicht mehr länger getauscht, sondern mit Geld bezahlt. Es entstand eine Klassengesellschaft, in der die Händler sehr wohlhabend und der Rest der Bevölkerung bettelarm war.

Mohamed, selbst Haschimit und Händler, prangerte diese Schere zwischen Arm und Reich an. Sein Ruf nach sozialer Gerechtigkeit stieß allerdings nur bei wenigen Sklaven und einigen seiner Verwandten auf offene Ohren. Die Mächtigen in Mekka stellten sich gegen ihn, aus Sorge, seine aufwieglerischen Reden könnten ihre Handelsbeziehungen mit Byzanz beeinträchtigen. Auch die Mehrheit seines Stammes mochte von Mohameds Botschaft nichts hören. Erst als er nach Medina zog, sich mit kriegerischen Stämmen verbündete, eine starke Armee gründete und große Beute mit Angriffen auf Handelskarawanen machte, wurde seine Botschaft mit einem Mal attraktiv: Ihm zu folgen, war in dieser Phase weniger eine Glaubensfrage, sondern eine pragmatische Entscheidung zugunsten von mehr Profit.

Theologisch gesehen ist der Islam ein Produkt der spätantiken christlichen Debatten im Byzantinischen Reich. Deshalb spricht der Koran auch mehr über Jesus und seine Natur als über Mohamed und seine Eigenschaften. Eine ganze Sure im Koran ist den Römern gewidmet, die zu Lebzeiten Mohameds Verbündete der Araber im Kampf gegen Persien waren.

Zivilisatorisch hat der Islam sehr viel vom persischen Sassaniden-Reich übernommen. Das Florieren der islamischen Kultur in Bagdad wäre ohne das Wissen und das Mitwirken persischer Philosophen, Wissenschaftler, Übersetzer und Theologen undenkbar gewesen.

Der Islam ist auch ein Produkt der Wüste Arabiens, ihrer Gesetze, Rituale, Träume und Konflikte. Der Versuch, den Monotheismus und gleichzeitig die Identität der Araber neu zu definieren, hat eine Religion mit vielen Thesen und Antithesen hervorgebracht. Aber erst das Zusammenspiel von Geld, Politik, Theologie und militärischer Stärke ermöglichte die Ausbreitung des Islam in der Welt.

Allein wegen des Ineinandergreifens dieser fünf Aspekte wäre es ein eklatanter Fehler, den Islam aus seinem historischen Kontext zu lösen, um ihn dann wahlweise zu glorifizieren oder zu dämonisieren. Dieses Buch wird nicht die Frage beantworten, ob der Islam gut oder böse ist. Doch es wird versuchen, das Entstehen und den Verlauf dieser Religion mit all ihren Umwälzungen zu erklären. Es wird sich nicht nur damit beschäftigen, was in der Geschichte geschah, sondern was wir alle, Muslime und Nichtmuslime, aus dieser Geschichte lernen können, um eine neue Basis für das Zusammenleben heute zu finden.

Man kann die Etappen des Islam verkürzt etwa so zusammenfassen: Entfesselung, Ausdehnung, Zivilisierung, Spaltung, Isolation, Selbstblockade und fehlgeleitete Reformversuche und schließlich die Suche nach einem neuen Platz in der Welt. Diese Etappen sind nicht unbedingt chronologisch. Denn der Islam in seiner Hochphase dehnte sich über die Hälfte der alten Welt aus. Mal erlebte er einen Zerfall in Bagdad, gleichzeitig aber einen Aufstieg in Zentralasien. Mal endete eine Hochkultur in Andalusien, während das Osmanische Reich zur stärksten Macht in Europa aufstieg. Für die Schwächung der Muslime in Andalusien waren hauptsächlich innerislamische Kämpfe verantwortlich. Für den Aufstieg der Osmanen waren ungarische Kanonen, christliche Söldner, serbische Spione und Bündnisse mit italienischen Stadtstaaten entscheidend.

Die Geschichte des Islam ist also nicht nur eine vom Kampf mit dem Westen, sondern eine von Macht, Profit und politischen Ambitionen der Herrschenden. Auch deshalb gab es immer eine starke Diskrepanz zwischen dem Blick der Mächtigen und dem der Untertanen auf die Religion. Während Erstere den Islam als Mittel zur Festigung ihrer Macht ausnutzten, bot er den Schwächeren Trost und Hoffnung auf ein besseres Leben nach dem Tod. Für die militärischen Führer war der Dschihad ein Mittel, um zu mehr Geld und Einfluss zu kommen, für viele muslimische Kämpfer war er der kürzeste Weg ins Paradies.

Der Blick zurück zeigt, dass der Glaube von verschiedenen Kräften immer wieder instrumentalisiert wurde. Was als soziale Revolution begonnen hatte, entwickelte sich zu einer Religion der Eliten, die Schwächere im Namen des Glaubens unterdrückten. Selbst Völker wie die Perser und die Berber, die den Islam »durch das Schwert« annehmen mussten, blicken heute verklärend auf den Islam als »Befreier«. Viele Muslime sehen die Botschaft Mohameds als eine Zäsur in der Weltgeschichte, als eine Trennlinie zwischen einer Zeit der Finsternis, der Ungerechtigkeit und der Unwissenheit und einer Zeit des Wissens, des Lichtes und des wahren Glaubens. Deshalb neigen sie dazu, die Hochkulturen vor dem Islam zu dämonisieren und die Errungenschaften nach ihm zu ignorieren oder kleinzureden. Sie sehen diese Religion nicht als Ergebnis, sondern als Erfüllung der Geschichte. Nicht als eine Deutung der Welt des 7. Jahrhunderts, sondern als Motor und Gestalter der Welt jederzeit und überall. Alles, was gut war, wird als Ergebnis des Islam gelesen, und alles, was schlecht war oder in eine Niederlage mündete, wird als Ergebnis der Entfernung von ihm und seiner Lehre interpretiert. Das ist die erste Erbsünde des Islam gegenüber der Zeit und der Geschichte.

Diese Glorifizierung und diese eindimensionale Lesart der Geschichte ist sowohl für den islamischen Fundamentalismus als auch für das Scheitern einer Reform des Islam mitverantwortlich. Die einen wollen zum »wahren« Islam zurückkehren, um die Welt zu beherrschen; und die anderen wollen diesen »wahren« Islam von Gewalt und Absolutismus befreien, damit er mit der Moderne kompatibel wird. Tatsächlich hat es diesen »wahren« Islam nie gegeben. Selbst zu Lebzeiten Mohameds und der ersten Generation von Muslimen gab es mehrere Versionen dieser Religion, pragmatische Antworten auf die Herausforderungen ihrer Zeit. Außerdem gab es damals noch kein fertiges Glaubenssystem namens Islam. Das ist erst später im Zuge von politischen und militärischen Auseinandersetzungen zwischen Muslimen und Nichtmuslimen, aber auch unter Muslimen selbst entstanden.

Der Islam unterscheidet sich vom Christentum in mehreren Aspekten. Das Christentum entstand als eine Minderheitenreligion und blieb es auch drei Jahrhunderte lang. Jesus wirkte »nur« als Prediger und war weder politisch noch wirtschaftlich für seine Gemeinde verantwortlich. Der Islam dagegen erlangte schon zu Mohameds Zeit die politische und wirtschaftliche Macht auf der Arabischen Halbinsel. Zwischen Mohameds erster Koranoffenbarung im Jahr 610 und seinem Tod lagen 23 Jahre, in denen er nicht nur Prophet war, sondern auch Staatsoberhaupt, Armeeführer, Finanzminister, Gesetzgeber, Richter und Polizist zugleich. Seine Botschaft wurde früh von der Logik der Macht und von den Konflikten seiner Zeit getrieben und vereinnahmt. All diese weltlichen Aspekte wurden mit dem Kern der Religion verschmolzen und flossen in den Koran, die Hadithe (die außerkoranischen Äußerungen des Propheten) und später in die verschiedenen theologischen Schulen ein.

Auch der Entstehungsort beider Religionen war entscheidend. Das Christentum ist inmitten des Römischen Reiches entstanden, wo es bereits Gesetze und eine Gesellschaftsordnung gab, die keiner besonderen Optimierung bedurfte. Der Islam dagegen wurde in der Wüste geboren, in der rivalisierende nomadische Clans dominierten, denen die Idee eines Staates fremd war. Was zählte, war die identitätsstiftende Zugehörigkeit zum eigenen Stamm. Abgesehen von einigen Sitten, die sich auf das Leben eines Stammes beschränkten, gab es vor dem Islam keine Gesetzlichkeit, keine Gesellschaftsordnung und keine politische Entität, die für alle Araber in Arabien verbindlich gewesen wäre. Das wirkte sich auch auf die Theologie aus, die sich zunächst um das Stammesleben drehte, sich aber im Laufe der Zeit an die Herrschaftsform des Kalifats anpasste.

Im Römischen Reich wurde das Christentum früh mit der griechischen Philosophie konfrontiert. Viele Gedanken Jesu zu Nächstenliebe und Verzicht finden wir bereits in der Philosophie der Stoa. Und Überlegungen zu einem idealen Staat wies er von sich. So antwortete er auf die Frage, ob man Steuern an die Römer entrichten sollte: »Gebt dem Kaiser, was des Kaisers ist, und Gott, was Gottes ist«.[1] Er sagte auch: »Mein Reich ist nicht von dieser Welt.«[2] Die nächsten Generationen der Christen waren vom Neoplatonismus, der Stoa und der Gnosis beeinflusst. Mohamed errichtete sein Reich in erster Linie auf dem Boden und befasste sich mit höchst weltlichen Angelegenheiten wie dem Eintreiben von Steuern – sowohl von seinen Anhängern als auch von Andersgläubigen, die eine Kopfsteuer zu entrichten hatten.

Auch die Texte beider Religionen unterscheiden sich wesentlich voneinander. Das Neue Testament wirkt wie eine Art »Update« oder Ergänzung des Alten Testaments, viele darin enthaltene Vorhersagen werden nun erfüllt. Das Alte Testament, das die Schriften des Judentums enthält, erzählt die Geschichte eines Volkes und enthält auch Gebote und Richtlinien für den Alltag, während das Neue von den Taten Christi erzählt. Beiden gemein ist die Tatsache, dass die Texte den Menschen, die sie niederschrieben, nicht direkt von Gott offenbart wurden. Das ließ einen Spielraum für spätere hermeneutische Interpretationen, wodurch bestimmte Passagen kontextualisiert oder rein metaphorisch gelesen werden konnten.

Der Koran hingegen gilt für Muslime nicht nur als das allerletzte Testament Gottes, sondern auch als dessen direkte mündliche Offenbarung an Mohamed mit klaren Anweisungen für den Alltag, für die Gesetzgebung und für den Krieg. Mit Mohamed als unantastbarem Propheten und dem Koran als direktem und universellem Wort Gottes haben frühere und heutige islamische Reformer es schwer, das Wort Gottes zu kontextualisieren, geschweige denn es so auszulegen, dass es zum modernen Leben passt. Traditionalisten warfen und werfen Reformern vor, sie würden Gottes Absichten im Nachhinein manipulieren und sein Wort verfälschen. Am unversöhnlichen Felsen der islamischen Orthodoxie zerschellten im Lauf der Geschichte viele, die den Islam rationalisieren und humanisieren, oder die die wortwörtliche Lesart zugunsten einer metaphorischen aufweichen wollten.

Martin Luther gelang eine Reform des Christentums, indem er zum wahren Kern seiner Religion zurückkehrte, zum Neuen Testament und Jesus als Vorbild für das menschliche Handeln. Im Zentrum dieser Reform stand die Idee, dass es eine ursprüngliche reine Lehre gegeben hat, die später durch Machtinteressen verfälscht wurde. Ein Reformer wie Luther kommt und drückt den »Reset-Knopf«, um die Religion auf den ursprünglichen Stand zurückzubringen. Er prangerte in seinen 95 Thesen die Fehlentwicklungen der römisch-katholischen Kirche an, vor allem den Ablasshandel und die Macht der Päpste, riskierte damit sein Leben und nahm eine Kirchenspaltung in Kauf.

Würde man im Islam Luthers Idee von einer Re-Formierung aufgreifen, wäre dies das Ende aller Reformen. Denn das hieße zurück zu einer noch radikaleren und orthodoxeren Lesart des Islam, denn zurück zum Ursprung bedeutet für den Islam, dass allein der Koran gilt und Mohamed als Vorbild. Revisionisten im Islam hatten im Lauf der Geschichte immer wieder Erfolg damit, die Anerkennung des Koran und des Propheten als alleinige Autoritäten zu fordern und das als Reform zu verkaufen. Daraus ist am Ende immer wieder eine neue theologische Zeitmaschine entstanden, die die Muslime ins 7. Jahrhundert zurückkatapultierte.

Selbst den fortschrittlichen Reformern, die nicht die Gemeinde des Propheten wiederherstellen, sondern den Islam modernisieren wollen, dienen der Koran und die Taten des Propheten als Grundlage. Sie suchen darin nach einem humanistischen, pluralistischen Islam, den sie den heutigen Muslimen als den wahren Islam verkaufen wollen. So nobel ihre Ziele sind, so sehr erhebt auch diese Strategie den Text zur politischen Autorität und zum gesellschaftlichen Ratgeber. Um den Islam als Teil der modernen Welt zu etablieren, sind sie zudem genötigt, Teile des Islam und des Koran außer Kraft zu setzen, wenn sie beispielsweise die Körperstrafen oder die Scharia ablehnen. Deshalb stoßen sie bei der Mehrheit der Muslime auf taube Ohren, denn die Traditionalisten haben die klareren Koranpassagen und das klarere Bild des Propheten auf ihrer Seite und außerdem den heiligen Auftrag Gottes, den Islam nicht als Teil, sondern zum Gestalter und Herrscher der Welt zu machen. Diese Reformer werden von vielen Muslimen als Rosinenpicker gesehen, die Teile des Islam anerkennen und andere ablehnen. Im schlimmsten Fall gelten sie als verlängerte Arme des Westens, als Kräfte, die die islamische Identität durch solche zweifelhaften Reformversuche zersetzen wollen. Und im allerschlimmsten Fall werden diese Reformer als Häretiker verleumdet, ins Gefängnis geworfen oder gar getötet.

Doch in einem Punkt sind sich Islam und Christentum einig. Beide wären heute keine Weltreligionen, ohne dass ein Imperium die neuen Konfessionen adoptiert und in die Welt getragen hätte. Erst als Konstantin 313 das Christentum im Mailänder Toleranzedikt dem römischen Polytheismus gleichstellte und generelle Religionsfreiheit verkündete, konnte sich das Herrschaftspotenzial dieser Religion entfalten. Als sie dann später zur einzigen offiziellen Religion des Römischen Reiches wurde, verwandelte sich das Christentum von einer toleranten Minderheitenreligion in einen autoritären Glauben, der später Juden, Wissenschaftler, Sünder, Abweichler und Hexen verfolgte und heilige Kriege im Namen Jesu führte. Grundlage dafür war die Vermischung von Religion mit dem »Reich von dieser Welt«, mit der Tatsache, dass das

Christentum Staatsreligion wurde und zum identitätsstiftenden Moment für die Massen.

Der »islamische Konstantin« ist in gewisser Weise der Umayyaden-Kalif ʿAbd al-Malik Ibn Marawān, der von 685 bis 705 regierte, Arabisch als Amtssprache einführte und den Islam als eigenständige Religion propagierte, die sich deutlich vom Juden- und Christentum abgrenzte. Erst Jahrzehnte nach dem Tod des Propheten war es zur Gründung eines arabischen Imperiums gekommen, das seine Macht festigte, indem es den Glauben zur verbindenden Identität in den eroberten Gebieten machte. Und damit den Islam zur Weltreligion.

Die islamische Theologie ist im Schatten dieser starken Politisierung der Religion entstanden. Doch nicht nur Politik und Machtkämpfe haben sie beeinflusst, sondern auch die schnelle Ausbreitung des Islam aufgrund der militärischen Eroberungen. Die muslimischen Theologen, die bis dahin nur den Gläubigen den Koran erklären mussten und das, was Gott von ihnen erwartete, waren nun mit Menschen aus den unterschiedlichsten Regionen konfrontiert, mit alten Hochkulturen wie in Persien, Ägypten oder Nordafrika. Um ihnen den Islam vernünftig erklären zu können, debattierten sie oft mit jüdischen und christlichen Theologen, die auch in der griechischen Philosophie bewandert waren. Es ging um die Natur Gottes, den freien Willen des Menschen und den Sinn göttlicher Gesetze. In der griechischen Philosophie suchten die muslimischen Gelehrten nach vernünftigen Methoden, die die Argumente ihres Glaubens gegenüber Nichtmuslimen stärken konnten. Sie ließen Christen, Juden und Perser die Werke von Aristoteles, Platon und Plotin übersetzen. Im Neoplatonismus fanden sie einen Mittelweg, der die materielle Welt mit dem Himmel und die Vernunft mit der Metaphysik versöhnte. Die Ankunft des Neoplatonismus hat damals nicht nur die Theologie, sondern auch die Mystik beflügelt. Folgen waren die sogenannte islamische Philosophie als eine Revolution der Vernunft und der Sufismus als eine spirituelle Revolution. Beide waren nicht originär islamisch, denn die Philosophie übernahm eher das griechische Weltbild, und der Sufismus war eine Mischung aus Neoplatonismus, Philosophie der Stoa, Gnosis und indischer Mystik.

Mit der Philosophie kamen die griechische Mathematik, Astrologie, Medizin sowie die persische und die byzantinische Baukunst in die eroberten muslimischen Gebiete. Die arabischen Herrscher wussten diese Errungenschaften geschickt zu nutzen. Sie waren sozusagen nur die Gastgeber dieser Prozesse, die wirklichen Akteure waren in erster Linie Perser, Syrer, Juden und verschleppte Sklaven aus dem Byzantinischen Reich. Selbst viele muslimische Theologen waren ehemalige Sklaven aus den eroberten Gebieten, die sich durch ihre Verdienste um die neuen Mitbürger einen gesellschaftlichen Aufstieg erhoffen. Vielen dieser Wissenschaftler, Philosophen und Theologen diente der Islam als ein Weg, um im Imperium nicht länger als Untertanen zweiter Klasse behandelt zu werden. Bagdad und Andalusien als Zentren des Goldenen Zeitalters waren nur ein Schmelztiegel der Nationen, wie damals die Levante zu Zeiten von Alexander dem Großen. Die Zusammenkunft unterschiedlicher Sprachen, Wissens-, Agrar- und Baukulturen innerhalb eines Imperiums, dessen Herrscher relativ tolerant und neugierig waren, hat diese Blütezeit begünstigt. Wäre der Islam der Verursacher dieses Fortschritts gewesen, hätte die Blütezeit eher in Mekka oder Medina ihren Ausgang genommen, nicht in Bagdad und Córdoba.

Die Situation war damals ähnlich wie heute in den Golfstaaten. Neugierige arabische Fürsten, die viel Geld und Einfluss haben, öffnen ihre Länder für spektakuläre Bauprojekte, Hightech-Messen, Kunstausstellungen, Film- und Literaturfestivals. Die Architekten kommen aus Deutschland, Kanada und Hongkong, die Hightech-Produkte aus Korea, Japan, den USA und Europa, die Kunst, die Filme und die Literatur aus aller Welt. Die Bauarbeiter kommen aus Bangladesch, die Rezeptionisten der prachtvollen Hotels aus Indien und die Kellner von den Philippinen. Die autochthonen Emiratis wohnen in ihren luxuriösen Penthäusern und Palästen, finanzieren die Projekte, besuchen die Ausstellungen und staunen. Sie konsumieren Kultur, die andere hervorgebracht haben, weil sie neugierig und offen sind, weil sie sich das leisten können – und weil das Öl nicht von Dauer ist. Die Öffnung ist eine Win-win-Situation.

Nicht viel anders war es in Bagdad und Andalusien zwischen dem 8. und dem 11. Jahrhundert. Aber damals wie heute gab und gibt es orthodoxe Muslime, die befürchten, dass diese Öffnung für das Wissen und die Kulturen anderer und die Vermischung von Religion und Philosophie die Menschen vom Kern des Glaubens entfremden. Deshalb entstanden gerade während der Blütezeit des Islam andere theologische Schulen, die die Philosophie als Werkzeug des Teufels und die Vernunft als Despotie des Menschen über die Offenbarung sahen.

Und so wie das arabische Imperium der Umayyaden die revolutionären Ideen Mohameds vereinnahmt hat, so haben die späteren muslimischen Herrscher sowohl die Philosophie als auch den Sufismus für ihre Zwecke missbraucht. Die Herrscher haben die Philosophen beschützt, solange diese ihre Politik nicht kritisierten. Wenn sie rebellierten, wurden sie ins Exil geschickt und ihre Bücher wurden verbrannt. Mit dem Sufismus ging man ähnlich um. Sufis, die Verzicht und Askese predigten, wurden in Ruhe gelassen. Revolutionäre Sufis, wie al-Hallādsch (857–922) oder Suhrawardi (1154–1191), die für mehr soziale Gerechtigkeit plädierten, wurden umgebracht. Später wurden sowohl die Philosophie als auch der Sufismus staatlich vereinnahmt: Nach großen Sufis wie al-Hallādsch, nach großen Philosophen wie al-Fārābī und Avicenna, kam ein Theologe namens al-Ghāzālī (1058–1111), der eine neue Philosophie und einen neuen Sufismus im Sinne der orthodoxen Theologie und des Dschihad einführte.

Die Theologie entfernte sich von der Philosophie der Vernunft und setzte mehr auf Authentizität und Texttreue. Selbst der Sufismus wurde durch die vom Staat unterstützten Sufi-Orden gezähmt. Der philosophische Sufismus verschwand allmählich, und stattdessen entstand ein auf Hierarchie und Aberglaube basierender Volkssufismus. Die Meister der Sufi-Orden wussten, was die Herrscher wollten, und lieferten ihnen, was sie wollten: gehorsame Untertanen, die im Namen der Religion ihren kritischen Geist ausschalteten. Und auch die Theologen verstanden immer besser, was die Herrscher von ihnen erwarteten, und propagierten dies als den wahren Glauben. Aussagen von Mohamed wurden erfunden, die einem Muslim empfehlen, dem Herrscher zu folgen, selbst wenn der seine Untertanen auspeitscht und ausraubt.

Während der Machtkampf zwischen den muslimischen Herrschern dazu führte, dass die islamische Welt in mehrere Kalifate und Kleinstaaten zersplitterte, dauerte der Machtkampf zwischen den Theologen an. Jede Schule oder Glaubensrichtung sah nur sich selbst als Repräsentant des wahren Islam an und wähnte die anderen im Irrglauben. Die unterschiedlichen Versionen des Islam, die wir heute haben, sind Ergebnis dieser innermuslimischen Machtkämpfe, die im Grunde bereits mit Mohameds Tod entfesselt wurden und die islamische Geschichte bis heute bestimmen.

Alles begann mit der Frage nach dem rechtmäßigen Nachfolger des Propheten. Da er selbst keine klare Richtlinie ausgegeben hatte, spalteten sich die Muslime in Schiiten, die Mohameds Cousin Ali und dessen Nachkommen als rechtmäßige Herrscher sahen, und in Sunniten, die andere Kriterien für die Legitimation entwickelt hatten. Aus dieser eigentlich politischen Auseinandersetzung entstand ein theologischer Machtkampf, an dem sich bis heute viele Konflikte entzünden.

Der Islam ist als Glaube und Staat entstanden, war immer Staat und Glaube und ist immer noch Staat und Glaube. Es gibt, zumindest im sunnitischen Islam, keine Kirche, die die Dogmen bestimmen oder verbindliche Reformen durchführen kann. Die Kirche des Islam ist der Staat selbst, und der Kalif war immer Kaiser und Papst zugleich. Der Klerus besteht nicht nur aus einem auserwählten Kreis von Geistlichen, sondern die gesamte Gesellschaft soll dafür sorgen, dass die Dogmen der Religion immer und überall geachtet werden. Heute gibt es über fünfzig islamische Staaten, die unterschiedliche religiöse Traditionen haben. Das ist das Dilemma. Denn eine Reform in Indonesien ist für die arabische Welt nicht bindend, und eine Reform im vom Sufismus geprägten Senegal wird auf den schiitischen Iran keine Auswirkungen haben. Eine in Europa und Nordamerika geschaffene Minderheitentheologie, die auf die Bedürfnisse muslimischer Migranten zugeschnitten wäre, würde nicht nur kaum Anhänger in den muslimischen Mehrheitsgesellschaften finden, sondern stets von den religiösen Institutionen und manchen islamischen Staaten sogar als eine Verwestlichung oder Entstellung des Islam bekämpft werden. Denn eine auf Religion basierende Identität braucht einen Gründungsmythos, Kontinuität, Authentizität und klar definierte Grundpfeiler dieser Identität.

In der Vergangenheit hat die Mischung aus Dschihad, Scharia, textgebundener Theologie, Eroberungen und Kriegsökonomie für Kontinuität und Authentizität gesorgt. Diese Mischung diente dem Motor des Islam in seinen jungen Jahren als Treibstoff und trug zum Entstehen großer Reiche im Namen dieser Religion bei. Heute ist sie eher ein Bremsklotz, der Reformen verhindert und ein friedliches Zusammenleben mit der nichtislamischen Welt erschwert. Die islamische eindimensionale Betrachtung der Geschichte lässt die Massen in den Erfolgen der Vorfahren verharren und die Reformer im Treibsand der Vergangenheit stecken bleiben.

Trotz vieler aufklärerischer Gedanken von brillanten Philosophen konnte in der muslimischen Welt keine Bewegung wie die europäische Aufklärung entstehen. Denn dafür fehlte ein Bürgertum, das diese Gedanken unabhängig vom Willen der Herrscher hätte annehmen und in die Tat umsetzen können. Die muslimische Einwanderung nach Europa hätte dieses Bürgertum hervorbringen können, doch große Teile der Muslime in Europa sind immer noch entweder dem islamistischen Traum der Rückeroberung Europas verhaftet oder knüpfen an die nationalistischen Träume der Türkei von den Zeiten des Osmanischen Reiches an. Die Muslime in Europa könnten zur gegenseitigen Befruchtung und zu einer neuen Dynamik des Fortschritts beitragen, wie einst in der Levante und in Córdoba. Sie können aber auch zu mehr Stagnation, zu Nationalismus und Fundamentalismus beitragen, wie die texttreuen nordafrikanischen Einwanderer im 10. und 11. Jahrhundert in Andalusien. Entscheidend ist, wie die europäischen Staaten mit der Migration umgehen und ob es die hier lebenden Muslime schaffen, einen Islam hervorzubringen, der zu Europa und zum modernen Leben hier passt. Tatsächlich verzeichnet aber auch in Europa leider die orthodoxe Variante starke Zuwächse. Sollte das anhalten, dann sieht die Zukunft weder für Europa noch für eine Reform des Islam rosig aus.

Nach diesem kurzen Abriss möchte ich Sie nun auf eine ausführliche Reise in die Geschichte des Islam mitnehmen, zu der ich zehn Hauptthesen habe. Diese Thesen orientieren sich nicht an den einzelnen Kapiteln, denn manches zieht sich wie ein roter Faden durch die ganze Geschichte. Da die einzelnen Kapitel zudem nicht immer der zeitlichen Chronologie, sondern manchmal auch thematischen Schwerpunkten folgen, findet sich gleich im Anschluss an diese Einführung ein Zeitstrahl zur Geschichte des Islam.

Meine Thesen lauten:

1. Der Islam ist theologisch und zivilisatorisch ein Kind der alten Reiche Byzanz und Persien, schärfte aber die Konturen

seiner Identität immer wieder durch die Abgrenzung von diesen Reichen, die Feind und Vorbild zugleich waren.

2. Vier große Kämpfe prägten die Vergangenheit des Islam – und prägen auch seine Gegenwart: Der Kampf gegen Byzanz (den Westen), der Kampf um Jerusalem, der Kampf zwischen Sunniten und Schiiten, und der Kampf zwischen Dogmen und Vernunft, zwischen Orthodoxie und Reformern.
3. Als der Islam in seiner Anfangsphase von den Arabern dominiert war, konzentrierte er sich auf Ausbreitung und Eroberung. Das änderte sich, als die Perser während der Abbasiden-Herrschaft an Einfluss gewannen und der Islam vorübergehend durch Philosophie und Sufismus zivilisiert wurde. Das kehrte sich um, als Osmanen und Mongolen an Einfluss gewannen und der Islam mit ihnen zu seinen kriegerischen Tendenzen zurückkehrte.
4. Je mehr sich der Islam von seinem ursprünglichen arabischen Zentrum entfernte, desto mehr konnte er sich mit anderen Kulturen vermischen. Der friedliche Islam dominiert heute in Gebieten, die nicht mit dem Schwert islamisiert wurden, wie in Indonesien und Teilen Afrikas, wo die Sufis die Religion bekannt machten. Die intolerantesten Versionen finden sich im Iran der schiitischen Mullahs und in den Golfstaaten, wo Ölscheichs die Verbreitung des Wahhabismus bis nach Europa förderten.
5. Die Geschichte des Islam spiegelt nicht nur die Vergangenheit Europas, sondern hat auch Auswirkungen auf die Zukunft (Wissen vs. Metaphysik, Identität vs. Aufklärung, Religionskriege vs. friedliches Zusammenleben, Dogmen vs. Freiheit).
6. Europa kann aus den Phasen des friedlichen Zusammenlebens in Bagdad und Córdoba lernen, wie sich multiethnische und multireligiöse Gemeinschaften gegenseitig befruchten. Voraussetzung dafür ist jedoch, dass die Bürger dem Staat gegenüber loyal sind und seine Werte nach innen und außen vertei-

digen. Die Art und Weise, wie die Kalifate von Bagdad und Córdoba zerbrachen, sollte uns gleichzeitig eine Warnung sein.

7. Wann immer in der islamischen Geschichte das Lager der Vernunft und der Freiheit obsiegte, ermöglichte das ein friedliches Zusammenleben, eine prosperierende Wirtschaft und einen florierenden Kultur- und Wissenschaftssektor. Wann immer die orthodoxen Sunniten die Oberhand hatten, die Moral über die Vernunft und die Identität über das Wissen gestellt wurde, ging es mit dem Fortschritt den Bach hinunter, Minderheiten wurden unterdrückt, und das Ende der sogenannten islamischen Zivilisation wurde besiegelt.
8. Heute sucht der politische Islam seine Renaissance in Europa, während hier gleichzeitig der liberale Islam um Anhänger wirbt. Deshalb wird der nächste innerislamische Kulturkampf auch in Europa ausgetragen werden.
9. Bei diesem Kulturkampf gehen islamische, linke und rechte Identitätspolitik und »cancel culture« eine unheilige Allianz ein. So unterschiedlich die Motive sein mögen, so fatal ist das Ergebnis: Eine Konterrevolution gegen das Gedankengut der Aufklärung durch die emotionale und moralische Aufladung der Debatten, sofern sie nicht gleich ganz abgewürgt werden. Die Begegnung von Islam und Europa wird jedoch asymmetrisch bleiben, solange wir aus falsch verstandener Toleranz zum Konfliktpotenzial schweigen und orthodoxe Kräfte genau das zu instrumentalisieren wissen.
10. Während das Boot des Islamismus in der arabischen Welt sinkt, wird der Westen zum Rettungsring. Hier hetzen Salafisten in Moscheen, torpedieren Krawatten-Dschihadisten und Politiker wie Recep Tayyip Erdoğan Integrationsbemühungen der Regierungen, glauben junge Muslime an die Heilsversprechen des radikalen Islam als Gegenpol zur modernen, freien Welt. Wenn wir dem nicht entschieden entgegentreten, wird der Islam Europa mehr verändern als Europa den Islam.

Zeitstrahl zur Geschichte des Islam

570–632: Die Ära Mohameds

570: Mohameds Geburt in Mekka

603–628: Letzter und größter römisch-persischer Krieg mit Beteiligung der Araber auf beiden Seiten

610: Beginn von Mohameds Botschaft in Mekka

622: Mohameds Auswanderung von Mekka nach Medina. Im gleichen Jahr startet Byzanz mit Hilfe der arabischen *Confoederati* eine Gegenoffensive gegen das persische Sassaniden-Reich, um Jerusalem zurückzuerobern.

632: Mohamed stirbt in Medina, ohne eine Regelung für seine Nachfolge verfügt zu haben

632–661: Die Ära der »rechtgeleiteten Kalifen«

632: Abū Bakr tritt die Nachfolge des Propheten an

634: Als er nach nur zwei Jahren stirbt, übernimmt Umar ibn al-Chattāb (Omar) das Kalifenamt

636/638: Muslime erobern das persische Sassaniden-Reich und verdrängen in der Schlacht von Yarmuk die Byzantiner aus Palästina und Syrien

639/641: Eroberung Armeniens und Ägyptens

644: Ermordung von Omar und Beginn der Herrschaft des Kalifen ʿUthmān

647–698: Eroberung Nordafrikas

655: Die Araber schlagen Byzanz in der Seeschlacht von Phönix

656: Auf die Ermordung des dritten Kalifen ʿUthmān übernimmt

Mohameds Cousin Ali die Macht. Ein langjähriger innerislamischer Bürgerkrieg beginnt.

661–750: Die Ära der Umayyaden

661: Die Ermordung Alis führt zum Beginn der Spaltung der Muslime in Sunniten und Schiiten. Der islamische Bürgerkrieg weitet sich aus. Im gleichen Jahr beginnt die Herrschaft von Muʿāwiya I., dem Begründer der Umayyaden-Dynastie.

674–678: Erste Belagerung von Konstantinopel

680: Ermordung von Mohameds Onkel al-Hussein

685–705: Herrschaft des fünften Umayyaden-Kalifen ʿAbd al-Malik Ibn Marawān; er gilt als der zweite Gründer des Islam.

691: Fertigstellung des Felsendoms in Jerusalem

698: Nordafrika und somit das südliche Mittelmeer sind fest in muslimischer Hand

717–718: Zweite Belagerung von Konstantinopel

700–738: Die Araber erobern Zentralasien, die Provinz Sindh im heutigen Pakistan, Teile Indiens und erreichen die Grenzen Chinas

711: Eroberung Andalusiens

750–1258: Die Ära des Abbasiden-Kalifats

750: Ende der Umayyaden-Herrschaft und Beginn des Abbasiden-Kalifats

754–775: Kalif al-Mansūr gründet die Stadt Bagdad und gibt eine Biographie des Propheten Mohamed in Auftrag

714–801: Die Mystikerin Rābiʿa al-ʿAdawiyya rebelliert gegen den klassischen Islam und spricht von der göttlichen Liebe

786–809: Herrschaftszeit des Kalifen Hārūn ar-Raschīd

813–838: Herrschaftszeit des Kalifen Al-Maʾmūn; die Wissenschaft floriert, die rationalistische Denkschule der Muʾtazila gewinnt Anhänger

883: Aufstand der schwarzen Sklaven (Zanadsch) gegen die Abbasiden
922: Hinrichtung des Sufi-Dichters al-Hallādsch wegen Ketzerei
1258: Der Einfall der Mongolen in Bagdad beendet das Abbasiden-Kalifat

711–1492: Die Ära von al-Andalus

711: Die Araber überqueren das Mittelmeer und besetzen Andalusien
732: In der Schlacht von Tours und Poitiers stoppt Frankenkönig Karl Martell den Vormarsch der Araber im Westen
756: Abd ar-Rahman I., ein Umayyade, begründet das Emirat von Córdoba
822: Der Musiker und Universalgelehrte Ziryab kommt aus Bagdad nach Andalusien und revolutioniert Musik, Kochkunst und Mode
929–1031: Aus dem Emirat wird unter Abd ar-Rachman III. das Kalifat von Córdoba
1066: Beim Massaker von Granada werden 4000 Juden ermordet, nachdem ein Jude zum Befehlshaber des muslimischen Heeres ernannt wurde
1046–1147: Herrschaft der aus Nordafrika kommenden Almoraviden
1121–1269: Herrschaft der aus Nordafrika kommenden Almohaden
1195: Der Philosoph Averroës muss Andalusien verlassen, da seine Gedanken von den fundamentalistischen Muslimen abgelehnt werden
1236: Fall von Córdoba
1492: Nach dem Ende der Reconquista sind die Muslime aus Andalusien vertrieben

969–1171: Die Ära der Fatimiden

972: Der schiitische Kalif al-Muʿizz verlegt seine Residenz in die neu gegründete Stadt Kairo und weiht die Al-Azhar Moschee ein.

1009: Kalif Al-Hākim lässt die Grabeskirche in Jerusalem zerstören

1095–1291: Die Kreuzzüge

1095: Papst Urban II. ruft zum ersten Kreuzzug auf. Zwischen 1098 und 1109 gelingt es den Rittern, Jerusalem zu befreien und vier Kreuzfahrerstaaten zu gründen: Edessa (1098), Antiochia (1098), Jerusalem (1099) und Tripolis (1109).

1147–1149: Zweiter Kreuzzug

1187: In der Schlacht von Hattin erobern die Truppen des syrisch-ägyptischen Sultans Saladin Jerusalem und weitere Gebiete zurück

1189–1192: Papst Georg VIII. ruft zum dritten Kreuzzug auf. Jerusalem bleibt zwar in muslimischer Hand, aber die Kreuzritter können Akkon erobern.

1202–1204: Im vierten Kreuzzug kämpften Christen gegen Christen; sie erobern und plündern Konstantinopel

1228–1229: Der unblutige Kreuzzug von Stauferkaiser Friedrich II. bringt den Christen per Vertrag Jerusalem zurück

1248–1254 und 1270: Nach Ende des Vertrages scheitern die weiteren Kreuzzüge zur Rückeroberung Jerusalems

1291: Die Kreuzfahrer werden durch die ägyptischen Mamluken endgültig aus dem Heiligen Land getrieben

1250–1517 Die Herrschaft der Mamluken

1501–1722 Safawidenreich im Iran

*1526–1858 Mogulreich in Indien**

* Da diese Reiche im Buch nicht näher behandelt werden, sind sie hier nur mit Eckdaten benannt und kursiv gesetzt.

1299–1922 Das Osmanische Reich

1453: Eroberung Konstantinopels
1488: Portugiesische Seefahrer entdecken das Kap der Guten Hoffnung
1516/1517: Die Osmanen erobern Syrien und Ägypten
1529: Die Türken belagern Wien
1683: Zweite Belagerung Wiens
1798: Napoleons Expedition nach Ägypten
1830: Französische Herrschaft in Algerien
1853: Krimkrieg
1916: Das geheime Sykes-Picot-Abkommen zwischen Frankreich und Großbritannien wird verfasst, das vorsieht, die arabischen Staaten nach dem Ersten Weltkrieg unter sich aufzuteilen
1922: Ende des Osmanischen Reiches

1744 – heute: Ära des Islamismus

1702–1792: Der Prediger Muhammad Ibn ʿAbd al-Wahhāb belebt die Gedanken von Ibn Taimīya wieder, verbündet sich mit dem Stamm der Saudis und lässt Schiiten und Christen verfolgen
1849–1905: Der Mufti von Ägypten, Muhammad ʿAbdoh, will einen modernen Islam einführen, scheitert jedoch an den reaktionären Kräften
1924: Gründung der islamistischen Maudūdī-Bewegung in Indien
1928: Gründung der Muslimbruderschaft durch Hasan al-Bannā in Ägypten
1947: Gründung des Staates Israel
1967: Israel schlägt fünf arabische Armeen und besetzt Jerusalem
1979: Islamische Revolution im Iran, die Russen besetzen Afghanistan, der ägyptische Präsident Sadat schließt Frieden mit Israel
2001: Die Anschläge des 11. September in den USA leiten eine neue Phase des Terrorismus im Namen des Islam ein

2003: Zweiter Irakkrieg, der zum Sturz von Saddam Hussein führt und in eine lange Phase der Besatzung mündet

2014: Gründung des IS-Kalifats in der irakischen Stadt Musil

Ära des Aufbruchs?

2010/2011: Im Zuge des arabischen Frühlings werden mehrere Herrscher im Nahen Osten gestürzt, doch die von den Demonstranten erhofften Reformen blieben aus. Osama bin Laden wird von einem US-Sonderkommando in Pakistan getötet.

2021: Tunesien streicht einen Artikel aus der Verfassung, wonach der Islam als Staatsreligion gilt, und modernisiert das Erb- und das Frauenrecht

2022: Saudi-Arabien ruft zur Erneuerung des Islam auf, hebt die Verschleierungspflicht auf und gestattet Musikkonzerte, die von Männern und Frauen gemeinsam besucht werden können.

Kapitel 1

Von Byzanz nach Mekka: Der Einfluss des Oströmischen Reiches auf die Entstehung des Islam

Die Wüste ist ein Ort voller Klarheit und Illusionen. Ein Ort von Mangel und Ambitionen. Eine *tabula rasa*, ein Nichts, das das Potenzial zu allem hat. Sie ist friedlich und gefährlich, einladend und abstoßend. Kein Fluss, der fließt, kein Meer, das rauscht, keine Bäume, die mit dem Wind tanzen. Nichts gibt es dort im Überfluss außer Sand, Sonne und Zeit. Die Wüste ist ein Ort der Extreme: Hitze und Kälte, Stille und Stürme, Poesie und Morde, Raubüberfälle und Gastfreundschaft, Pragmatismus und magisches Denken. Wenn du in der Wüste geboren bist, ist das Schwert dein Spielzeug und der erste Krieg dein Initiationsritus.

Es gibt keine vorgezeichneten Wege in der Wüste. Die Spuren deiner Füße im Sand werden Wege, die bereits morgen nicht mehr existieren. Das, was du alleine schaffst, hat keine Bedeutung, denn deine Füße können dich in der Wüste nicht weit genug tragen. Alleine kannst du niemals deinen Weg durch die Wüste schlagen, denn die Wüste ist ein Friedhof für Individualisten. Es gibt wenig Menschen, wenig Nahrung und wenig Wasser. Wenn du sesshaft bist, brauchst du einen Stamm, der dich beschützt. Wenn du dich von A nach B bewegen willst, brauchst du eine Karawane von Reisenden, die das gleiche Ziel haben und die dich auf dem Weg begleiten. Du brauchst genug Nahrung für den Weg hin und zurück und einen gesicherten Zugang zu einer Wasserquelle dazwischen. Und die Karawane muss einen Führer haben, der die Richtung weist und die Pfade kennt wie die Furchen auf seinen Händen.

Dieser Führer blickt während der Reise selten geradeaus. Er richtet seine Augen gen Himmel auf der Suche nach Orientierung. Die Sonne und die Sterne verhindern, dass die Reisenden von der Wüste verschlungen werden. Der Führer kennt den Weg, weil er dem Himmel vertraut. Und nur ihm. Er kennt die Abkürzungen und den Unterschied zwischen einer Oase und einer Fata Morgana. Er weiß, wo die Straßenräuber lauern, und umgeht sie. Und da er häufiger unterwegs ist als alle anderen, kennt er die Grenzen der Wüste und die Vorzüge des Lebens jenseits des Sandes. Oft unterhält er die Reisenden mit Gedichten und Geschichten über die fernen Gärten, die fremden Menschen und ihre Abenteuer jenseits der Wüste. Manche dieser Geschichten basieren auf eigenen Erfahrungen, andere sind erfunden. Es sind fantastische Welten, bevölkert von einer Vielzahl von Göttern und Geistwesen, die über das Schicksal der Wüstenbewohner bestimmen. Und jeder Stamm, jede Gruppe hatte ihre eigenen.

Auf der Arabischen Halbinsel gab es vor dem Islam weder eine einheitliche arabische Identität noch eine verbindende Religion. Die Menschen lebten in unterschiedlichen Sippen, die unterschiedliche Dialekte sprachen. Manche waren sesshaft, andere zogen als Nomaden umher. Das einzig identitätsstiftende Element in dieser Zeit war die Zugehörigkeit zum eigenen Stamm. Deshalb scheiterte die Idee eines vereinten arabischen Königreiches auch lange daran, dass jede Sippe darauf bestand, der König müsse aus ihren Reihen kommen.

Das Gleiche galt für eine gemeinsame Religion. Vor Mohamed hatte es zwar immer wieder Menschen gegeben, die behaupteten, sie seien Propheten. Doch keiner von ihnen konnte seine Botschaft außerhalb seiner Sippe durchsetzen. Und auch Mohamed sollte mit seiner Botschaft zunächst ein einsamer Rufer in der Wüste bleiben.

Als geographische Einheit taucht Arabien erstmals auf Landkarten der Römer auf. Sie unterteilten das Siedlungsgebiet der verschiedenen Stämme in drei Gebiete. Auf ihren Weltkarten aus dem 4. Jahrhundert finden sich *Arabia Felix* (im heutigen Jemen), *Arabia Petraea* (im heutigen Jordanien) und *Arabia Deserta* (auch *Arabia Magna* genannt) in der Mitte der Arabischen Halbinsel.

Arabien war umzingelt von Weltmächten: dem Byzantinischen Reich im Norden, dem persischen Sassaniden-Reich im Nordosten und Osten und dem Kaiserreich Abessinien im Südwesten. All diese großen Reiche waren lange nicht daran interessiert, die mittleren und westlichen Teile der Arabischen Halbinsel (das heutige Saudi-Arabien) zu besetzen. Diese Region war wirtschaftlich und politisch ziemlich irrelevant, außerdem herrschten dort fast das ganze Jahr über ungünstige klimatische Bedingungen. Wer sich in der Wüste nicht gut auskannte, verdurstete unterwegs oder verirrte sich in den Wanderdünen. Wer all das überlebt hatte, war marodierenden Räuberbanden ausgeliefert. Es gab nur einige kurzfristige militärische Kampagnen der Großmächte, um die eigenen Grenzen zu schützen, aber in die unwirtliche Mitte Arabiens konnte und wollte keiner wirklich eindringen. Die Wüste würde jeder Armee einen hohen Preis für wenig Gewinn abverlangen. Das hatte im Jahr 25 v. Chr. schon der römische Statthalter in Ägypten erfahren müssen. Aelius Gallus hatte einen Feldzug angeführt, um die Wüste Arabiens unter die Kontrolle der Römer zu bringen. Doch seine zwei Legionen, dazu an die tausend Kamelreiter und 500 Bogenschützen waren kläglich gescheitert. Deshalb verlegten sich Römer und Perser später darauf, verschiedene kleinere arabische Königreiche zu unterstützen. Vasallenstaaten wie die Königreiche der Ghassaniden und Lakhmiden sollten eine Pufferzone bilden und Angriffe und Raubüberfälle der Beduinen aus der Mitte Arabiens abwehren. Diese Regionen an der Peripherie der Großmächte sollten später eine entscheidende Rolle bei der Verbreitung des Islam spielen. Sie verfügten über geschulte Kämpfer, sprachen verschiedene arabische Dialekte, dazu Persisch und Aramäisch und verstanden aufgrund der Prägung durch die umliegenden Hochkulturen, was einen Staat ausmacht.

Ein weiterer Faktor, der die Verbreitung der neuen Religion begünstigen sollte, waren Dürreperioden im 6. Jahrhundert, die große Migrationswellen der südarabischen Sippen nach Nordarabien und später nach Persien und Byzanz auslöste.

Mekka und der arabische Polytheismus

Für die Großmächte war die unwirtliche *Arabia Deserta* nur aus einem Grund interessant: Hier verliefen wichtige Karawanenstraßen, die Jemen mit Syrien einerseits und mit dem Zweistromland andererseits verbanden. Sie wollten sichergehen, dass die Waren auch ankamen. Deshalb rekrutierten sie auch einige arabische Stämme, die entlang der Grenzen siedelten, um die Karawanen zu schützen.

Auf den alten römischen Weltkarten, die die Handelsroute entlang des Roten Meeres beschreiben, finden sich Städte wie Yathrib (Medina) und Tai'f, aber von Mekka keine Spur. Dabei betrachten muslimische Historiographen die Stadt nicht nur als das religiöse Zentrum Arabiens in vorislamischer Zeit, sondern auch als einen wichtigen Knotenpunkt an der Karawanenstraße. Belege dafür finden sich jedoch erst rund zweihundert Jahre später.

Mekka liegt in einem trockenen, unfruchtbaren Tal, umschlossen von zwei Bergketten. Die Mekkaner betrieben Handel mit Datteln und Tierhäuten, doch die wichtigste Einnahmequelle war der *Hadsch*, also die Pilgerfahrt. Ja, lange vor dem Islam begaben sich arabische Stämme einmal im Jahr auf Pilgerfahrt, um die Kaaba zu besuchen, jenes quadratische Haus, das die Gottheit ihres Stammes beherbergte.

Die *Hadsch*-Rituale von heute unterscheiden sich kaum von

jenen der vorislamischen Zeit. Damals gab es jedoch mehrere Kaabas in Arabien, die als Heiligtum für einen oder mehrere Stämme dienten. Der irakische Historiker Jawad Ali spricht von über 21, die über die Arabische Halbinsel verteilt waren. Eine dieser vorislamischen Kaabas blieb sogar bis zum Jahr 1925 bestehen: Die Kaaba von Dhū l-Chalasa im Norden Saudi-Arabiens wurde erst von den Wahhabiten zerstört, als diese bemerkten, dass einige Stämme dort noch immer heidnische Rituale vollzogen.

Wann und von wem die Kaaba von Mekka genau errichtet wurde, ist unklar. Als gesichert gilt, dass sie erst durch einen Stamm namens Banū Khuzāaʿa im 4. Jahrhundert bedeutend wurde. Die erste Gottheit, deren Statue vor der Kaaba aufgestellt wurde, hatten die Khuzāaʿa aus Großsyrien mitgebracht, das unter der Herrschaft von Byzanz stand. Einen interessanten Hinweis zur Geschichte der Kaaba liefert der Islamwissenschaftler Tilman Nagel. In seinem Buch »Mohammed. Leben und Legende« zitiert er den spätantiken Kirchenhistoriker Sozomenos, der von einer Kultstätte bei al-Ḫalīl (Hebron im Westjordanland) berichtet, die für Abraham errichtet worden war. Zu dieser Kultstätte pilgerten nicht nur Juden und Christen, sondern bis zum 4. Jahrhundert auch heidnische Araber. Weil diese glaubten, sie würden von Abrahams Sohn Ismael abstammen, besuchten zahlreiche Pilger von der Arabischen Halbinsel die Kultstätte in Hebron jedes Jahr während der Sommermonate. Sie schlugen ihre Zelte auf, verrichteten ihre Wallfahrtsrituale und opferten Tiere. Doch als Kaiser Konstantin im Jahr 324 zum alleinigen Herrscher des römischen Imperiums wurde, Byzanz in Konstantinopel umbenannte und sich zum Christentum bekannte, bereitete er dem kultischen Treiben ein Ende. Laut Sozomenos befahl er, die Kultstätte Abrahams zu säubern, Opferaltäre und Götzenbilder zu zerstören und an deren Stelle eine Kirche zu errichten. Nagel legt nahe, dass die Kaaba von Mekka nach dem Abriss dieser heiligen Stätte als Ersatz für die arabischen Pilgerfahrer errichtet worden sein könnte.

Das heutige Hebron ist in der Tat der Ort, an dem Abraham laut biblischen sowie islamischen Quellen begraben wurde.[1]

Die Kaaba von Mekka war in vorislamischer Zeit nur eine von vielen, aber sie hatte einen besonderen Status. Sie war das tolerante Zentrum des arabischen Polytheismus. Die wichtigste Gottheit für die Khuzāaʿa war Hubal, der große Patriarch. Neben seinem Standbild fanden sich wichtige weibliche Gottheiten: al-Lāt, die Kriegsgöttin, al-ʿUzzā, die Göttin des Morgensterns und Manāt, die Göttin des Mondes und des Schicksals. Die Khuzāaʿa luden aber auch andere arabische Stämme und Anhänger anderer Glaubensrichtungen ein, Statuen ihrer Gottheiten herbeizuschaffen, und sie rund um die Kaaba aufzustellen. Das erklärt, warum ausgerechnet hier, dem heutigen Zentralheiligtum des Islam, nicht nur die Statuen aller 360 Gottheiten Arabiens standen, sondern sich auch christliche Relikte und Abbildungen von Jesus und Abraham im Inneren der Kaaba fanden.[2] Dies dauerte an, bis Mohamed seine Heimatstadt im Jahr 630 erobern konnte und dem Polytheismus ein Ende setzte, wie der mittelalterliche Historiker al-Azraqī berichtet.

Allein diese Vielfalt rund um die Kaaba machte Mekka tatsächlich zu einem religiösen Zentrum. Wobei die Toleranz anderen Göttern gegenüber auch auf einen gewissen Pragmatismus zurückzuführen gewesen sein dürfte, denn der Stamm der Khuzāaʿa machte ein gutes Geschäft mit den Pilgern. Das änderte sich, als die Quraisch die Macht in der Stadt übernahmen.

Mekkas Aufstieg zum Handelszentrum

Qusai Ibn Kilāb (400–480), ein Vorfahre des Propheten, gilt als Gründer des Stammesverbands der Quraisch, die bis dahin in verschiedene Clane aufgeteilt waren. Der charismatische Mann war in Syrien aufgewachsen und als junger Mann nach Mekka gezogen. Dort schmiedete er geschickt Allianzen, konnte die Clane einen und mit militärischer Hilfe aus Großsyrien die Khuzāaʿa aus Mekka verdrängen. Von da an sollte der Stammesbund der Quraisch in den kommenden Jahrhunderten nicht nur die Zukunft von Mekka bestimmen.

Der italienische Historiker und Frühislam-Experte Leone Caetani vergleicht die Bedeutung Qusais für Mekka mit der des Theseus für Athen und der des Romulus für Rom. Und Tilman Nagel konstatiert, dass fast alle bedeutenden Einrichtungen, die damals den Alltag und die Politik der Stadt bestimmten, auf ihn zurückgeführt werden könnten.[3] Die Ideen und Errungenschaften, die er aus Byzanz mitbrachte, waren kein Zufall. Schließlich hatte Qusai die Herrschaft über Mekka nur durch die Allianz mit großsyrischen Truppen erringen können.

Das unter der Herrschaft von Byzanz stehende Syrien spielte in der Geschichte Mekkas eine wichtige Rolle. Überspitzt könnte man sagen: Wann immer ein Mekkaner von einem Aufenthalt in Syrien zurückkam, gab es danach neue Entwicklungen in dem Wüstenort. Auch Qusai holte sich wichtige Anregungen von dort. So führte er beispielsweise eine halb demokratische Ratsversammlung ein. Das »Haus der Beratung«, *dār an-nadwa*, wo die Stammesführer zusammenkamen und über Kriegsfragen, die Organisation des Handels und der Pilgerfahrten berieten. Diese Versammlung war vom römischen Senat inspiriert. Jeder Clan war darin vertreten und für einen bestimmten Aufgabenbereich verantwortlich. Es gab ein Vetorecht, Entscheidungen konnten nur einstimmig getroffen werden. Alles wurde vor diesem Gremium verhandelt, das auch ein wichtiges Instrument war, um Konflikte zu schlichten.

Weil es Qusai gelang, die Region zu befrieden, konnte sich Mekka von einem kleinen Markt zu einem Handelszentrum entwickeln. Das war der Zeitpunkt, zu dem die Stadt auch zum ersten Mal auf den römischen Weltkarten auftauchte. Die neu eingekehrte Ruhe kam auch den Großmächten zugute. Endlich liefen die Geschäfte auf den Handelsrouten zwischen dem Jemen und Syrien reibungslos. Davon profitierte auch Mekka. Bis dahin hatten die Mekkaner den Handel nur in Form des Tauschhandels gekannt. Mit Qusai kam byzantinisches Geld in die Stadt, und der Aufschwung ließ eine neue, wohlhabende Schicht entstehen.

Qusai sorgte auch dafür, dass die Betreuung der Pilger professioneller organisiert wurde. Jeder der zehn Clans der Quraisch übernahm eine Aufgabe, jeder profitierte auf unterschiedliche Weise vom Strom der Pilger. Mekka und das Umland des Ortes wurden dank Friedensverträgen mit Stämmen, die an der Karawanenstraße siedelten, zur »kampffreien Zone«. Eine Win-win-Situation: Die Stämme schützten die Karawanen nicht nur gegen Bezahlung vor Räuberbanden; die Mekkaner verkauften auch Waren dieser Stämme nach Syrien und teilten den Gewinn mit den Produzenten.

Unter Qusais Herrschaft wurde Mekka mit der Zeit ein Stadtstaat, ein blühendes Zentrum von Religion, Politik und Handel. Vor allem aber legte er mit seinem mächtigen Stammesverband der Quraisch die Saat aus für ein geeintes Arabien. Ein Vorhaben, das seine Nachfolger immer wieder umzusetzen versuchten, das allerdings erst Mohamed gelang.

Byzanz und das »Jahr der Araber«

Qusai hatte zwei Enkelkinder, die sich die Herrschaft über Mekka teilten: Hāschim ibn ʿAbd Manāf, Stammvater der Banū Hāschim, auf den sich die Haschimiten zurückführen, und Umayya, Namensgeber der Umayyaden. Der Konflikt zwischen Haschimiten und Umayyaden sollte nicht nur das Schicksal der neuen Religion Islam, sondern das der Weltgeschichte prägen.

Die Umayyaden gründeten nach dem Islam ein arabisches Imperium, das sich von China bis Andalusien erstreckte, mit Damaskus als Hauptstadt. Aber warum Damaskus und nicht Mekka? Weil die Umayyaden immer eine gute Verbindung zu Byzanz pflegten und das Oströmische Reich als Vorbild für ihr Imperium sahen.

Auch die Haschimiten suchten die Nähe zu Byzanz. Islamische Quellen betonen, dass Mohameds Urgroßvater Hāschim bis zu seinem Tod um das Jahr 510 der führende Mann in Mekka gewesen sei. Von seinem Vater hatte er nicht nur das Amt der Pilgerbewirtung geerbt, sondern soll auch Handelsverträge mit Abessinien und Byzanz geschlossen haben. Die Quellen erzählen, dass Mekka einmal von einer schweren Hungersnot heimgesucht wurde, da der Handel mit Syrien wegen wiederholter Angriffe von Straßenräubern ins Stocken geraten war. Hāschim soll sich auf den Weg zum byzantinischen Kaiser in Kappadokien gemacht und von ihm eine Bürgschaft erhalten haben, die ihm und seinen Karawanen freies Geleit durch alle Gebiete Syriens garantierte.[4] Auf seinem Weg zurück soll er einen Pakt mit allen arabischen Stämmen geschmiedet haben, die entlang des Karawanenwegs zwischen Syrien und Mekka siedelten. Der Pakt wird *ilaf* genannt und ist durch Sure 106 auch im Koran verewigt, die den Titel »Quraisch« trägt.

In seinem Buch »Das haschimitische Bündnis« schreibt der ägyptische Historiker Sayyid al-Qimany, dieses Bündnis habe nicht nur den Handel wiederaufleben lassen, sondern auch für die Entstehung und die spätere Ausbreitung des Islam eine große Rolle gespielt. Mohamed habe die alten Allianzen seines Stammes und deren gute Verbindungen zu Byzanz genutzt, um aus dem Islam erst eine lokale und später eine überregionale Macht zu machen.[5] Auch der Islamforscher Volker Popp führt Belege für die engen Beziehungen zu Byzanz an. Ihm zufolge ist der Name »Quraisch« die arabische Übersetzung des aramäischen Begriffs *qarisha*, mit dem die syrischen und arabischen Bundesgenossen von Byzanz bezeichnet wurden.[6]

Eine Quelle aus dem 11. Jahrhundert geht noch einen Schritt weiter: Der byzantinische Historiker Michael Psellos berichtet in seiner Weltchronik *Historia Syntomos* von einer Begegnung Mohameds mit dem byzantinischen Kaiser Herakleois in Homs, in dessen Verlauf Mohamed den Kaiser um die Erlaubnis bat, sich in Yathrib (Medina) niederzulassen. Auch wenn dieser Bericht sich nicht auf Belege aus dem 7. Jahrhundert berufen kann, passt er zum Zeitpunkt von Mohameds Auswanderung im Jahr 622, denn in jenem Jahr startete Byzanz mit Hilfe der arabischen *Confoederati* eine Offensive gegen das persische Sassaniden-Reich, um Jerusalem zurückzuerobern. Mohamed hätte wahrscheinlich niemals eine so große Armee und einen eigenen Staat in Medina aufbauen können, ohne sich der Kontrolle von Byzanz und seinen Vasallen zu unterziehen. Es ist nicht auszuschließen, dass Mohameds große und schnelle militärische Erfolge in Arabien darauf zurückzuführen sind, dass er grünes Licht aus Byzanz hatte. Der Koran stand zu diesem Zeitpunkt auf der Seite des Oströmischen Reiches und wünschte ihm den Sieg gegen Persien. Die ersten islamischen Eroberungen richteten sich jedenfalls gegen das Sassaniden-Reich, das geschwächte Byzanz kam erst später hinzu.

Bis dahin waren die arabischen Bundesgenossen wichtige Kampfgefährten in den langen Kriegen des Oströmischen Reiches gegen die persischen Sassaniden. Jahrhundertelang rangen die beiden Großmächte um die Vormachtstellung in der Region. Bis auf eine kurze Phase des friedlichen Nebeneinanders im 5. Jahrhundert war die Beziehung von militärischen Konflikten geprägt. Im Jahr 603 begann der schwerste und längste persisch-römische Krieg, in dessen Verlauf die Perser einige wichtige Gebiete erobern konnten. 613 fiel Damaskus, 614 Jerusalem.

Vier Jahre zuvor hatte Mohamed begonnen, seine Botschaft in Mekka zu verbreiten. Im Koran erzählt eine ganze Sure von den

Byzantinern und ihrem Kampf gegen die Perser: »Besiegt sind die Byzantiner in dem nahe gelegenen Land, doch sie werden nach ihrer Niederlage siegen in einigen Jahren. Allahs ist die Herrschaft vorher und nachher, und an jenem Tage werden sich die Gläubigen freuen über Allahs Hilfe«, heißt es in Sure 30:2–4.

Interessant ist an dieser Stelle, dass der Koran bei einem zukünftigen Sieg von Byzanz auf die Hilfe Gottes setzt. Mit »die Gläubigen« könnten in diesem Fall sowohl die Christen von Byzanz als auch Mohameds Anhänger gemeint sein.

Tatsächlich begann Kaiser Herakleios im Jahr 622 mit der Rückeroberung von Kleinasien und befreite später auch Jerusalem von den Persern. Die Römer nennen das Jahr 622 »Jahr der Araber«, weil dieser Sieg erst mit Hilfe der arabischen Stämme möglich war, die an ihrer Seite kämpften. Noch interessanter ist, dass mit diesem Jahr die islamische Zeitrechnung beginnt: Mit der *Hidschra*, der Auswanderung Mohameds von Mekka nach Medina, wie islamische Quellen betonen.

Doch warum jetzt und nicht schon viel früher, als Mohamed mit vierzig Jahren in einer Höhle in Mekka der Erzengel Gabriel erschien und ihn zum Gesandten Gottes auserkor? Ein Grund könnte sein, dass Mohamed in Mekka noch nicht vom Islam als einer neuen Religion gesprochen hatte und seine Botschaft, die nur wenig Gehör fand, vom christlichen und jüdischen Glauben auch noch nicht klar abgegrenzt war.

Möglich wäre aber auch, dass mit der *Hidschra* eben nicht Mohameds Umzug nach Medina gemeint war, sondern die Expansion der arabischen Stämme nach dem Sieg von Byzanz über Persien. Denn als nun, nach 25 Jahren Krieg, beide Großmächte geschwächt waren, sahen die einstigen arabischen Verbündeten, die auf beiden Seiten gekämpft hatten, ihre Chance gekommen, ihr Einflussgebiet weit über die Mitte Arabiens auszudehnen.

Wo steht die Wiege des Islam?

Seit Langem gibt es Zweifel an der islamischen Geschichtsschreibung zur Entstehung des Islam. Stand seine Wiege wirklich in Mekka und Medina? Ist die Religion tatsächlich ein »originär arabisches Produkt«?

Zu diesen Fragen gibt es ganz unterschiedliche Thesen. In den 1970er-Jahren veröffentlichten die beiden Historiker Patricia Crone und Michael Cook ihr Buch »Hagarism: The Making of the Islamic World«, in dem sie die Auffassung vertreten, der Islam sei nicht in Mekka, sondern im Norden der Arabischen Halbinsel entstanden und tief im Judentum verwurzelt.[7]

Aufbauend auf diese These kommt der Historiker Tom Holland zu dem Schluss, dass der Islam sich erst nach den Eroberungskriegen und der Errichtung eines arabischen Imperiums in Syrien als eine unabhängige Religion definiert und sich vom Christentum und damit von Byzanz distanziert hat. Er geht außerdem davon aus, dass der Islam nicht in Mekka, sondern in Petra im heutigen Jordanien entstanden ist. Viele Beschreibungen im Koran, so Holland, würden nicht zu einem Ort inmitten der Wüste passen. Im Koran besitzen Mohameds Gegner Ochsen und Olivengärten, obwohl die Mekkaner zu dieser Zeit keine Agrarflächen hatten und keine Rinder hielten. Außerdem heiße es im Koran, die Gegner Mohameds würden tags und nachts an Sodom und Gomorra vorbeigehen. Das, so Holland, sei ein Fingerzeig zu den Ufern des Jordans, wo diese Orte vermutet werden.[8]

In Deutschland geht eine Forschungsgruppe rund um Karl-Heinz Ohlig und Volker Popp davon aus, dass der Islam ursprünglich eine arabisch-christliche Sekte war, die sich erst nach den arabischen Eroberungen zu einer selbstständigen Religion entwickelte. Die arabischen Christen hätten sich mit Byzanz gegen das persische Sassaniden-Reich verbündet und seien nach dem Sieg von Byzanz mit einer Autonomie in Syrien belohnt worden.

So unterschiedlich diese Theorien die Wiege des Islam verorten, einig sind sie sich darin, dass der Islam keineswegs ein rein arabisches Produkt aus Mekka und Medina ist, sondern aus den Kriegen in der Region, den Expansionsbestrebungen und den theologischen Debatten in Byzanz hervorgegangen ist, die von Christen- und Judentum geprägt waren. Die islamische Version sei erst rückwirkend verfasst und um »fremde« Einflüsse bereinigt worden, um den originär arabischen Ursprung der Religion zu betonen.

Auch die arabische Sprache und die erste Niederschrift des Koran haben ihren Ursprung übrigens nicht in Mekka oder Medina, sondern im Gebiet Großsyriens. Darauf deuten nicht nur die vielen syro-aramäischen Begriffe und Liturgien im Koran hin, sondern bereits sein Name: Das Wort *qur'an* (Rezitation) geht zurück auf das syrische Wort *qiryan*, mit dem das Liturgiebuch bezeichnet wurde, das syrische Christen zu Mohameds Zeit in ihren Kirchen benutzten. Dazu kommen die vielen Geschichten über Jesus, Moses und die Römer im Koran. Für die mehrheitlich polytheistischen Wüstenaraber waren diese eher belanglos, während sie für die Christen von Großsyrien, die zu diesem Zeitpunkt unter byzantinischer Herrschaft standen, von zentraler Bedeutung waren.

Grenzgänger zwischen den Kulturen

Neue Religionen entstehen nicht im luftleeren Raum, sondern an Orten, wo alte Religionen die Debatten bestimmen. Das ist der Grund, warum eine Stadt wie Jerusalem im Mittelpunkt der drei abrahamitischen Religionen steht, und das ist auch der Grund, warum wir heute mit der Klagemauer, der Grabeskirche und der al-Aqsa-Moschee drei zentrale Heiligtümer dieser monotheistischen Religionen auf engstem Raum in dieser Stadt finden. Überall in der Welt gibt es religiöse Kultstätten, die früher auch anderen Religionen heilig waren. Die Umayyaden-Moschee in Damaskus ist ein gutes Beispiel dafür. An der Stelle eines römischen Tempels wurde eine prachtvolle byzantinische Kirche gebaut, die nach dem Siegeszug des Islam zu einer Moschee wurde. Das Gleiche gilt für den Felsendom in Jerusalem, der angeblich auf den Ruinen des Tempels von König Salomon erbaut wurde und für die Moschee von Córdoba, die vor der arabischen Eroberung Andalusiens eine Kirche war und nach der Reconquista wieder in eine Kirche umgewandelt wurde. Ähnlich wechselvoll ist die Geschichte der Hagia Sophia in Istanbul, die einst byzantinische Sophienkirche, die von 1453 bis 1935 und seit 2020 wieder als Moschee genutzt wird.

Jede Religion legitimiert sich, indem sie sich auf vorangegangene Religionen beruft und sich später von ihnen distanziert, um die eigene Sonderstellung hervorzuheben. Eine neue Religion will die Räume der alten besetzen, sie will deren Heiligtümer zerstören, umwidmen oder marginalisieren. Und sie wird sich – wie bei einem Kochrezept – jene Zutaten herauspicken, die die alte Religion zu einem Erfolg gemacht haben.

Viele Religionen entstanden an der Grenze zwischen einer Hochkultur und einer geschlossenen Gemeinde am Rande dieser Hochkultur, im Spanungsfeld einer dominanten Kultur und den Ansprüchen einer marginalisierten Gemeinschaft. Viele Propheten waren Grenzgänger zwischen zwei Welten. Moses wuchs als Prinz am Hof des Pharaos auf, lernte dort viel über die altägyptische Kultur und den Götterkult. Es gibt Theorien, dass er von Echnaton beeinflusst war, der Aton zum Gott über alle Götter Ägyptens erhob und als Vorläufer des Monotheismus gilt. Moses identifizierte sich aber nicht mit dem Glanz des Pharaonenhofs, sondern mit dem Leid der Hebräer, einer unterprivilegierten Minderheit, unterjocht und versklavt. Nach dem Auszug aus Ägypten, dem Exodus, lebten die Israeliten im Exil, zunächst unter assyrischer und dann unter babylonischer Herrschaft. Beide

Hochkulturen prägten mit ihren Mythen und religiösen Überzeugungen auch die Israeliten. Ein Teil der Thora, die sogenannte Priesterschrift, wurde um 550 v. Chr. im babylonischen Exil niedergeschrieben. Die Schöpfungserzählung im Buch Genesis wurde wahrscheinlich vom babylonischen Schöpfungsmythos *Enuma Elisch* beeinflusst und diente dem Volk Israel dazu, sich von den polytheistischen Vorstellungen der Babylonier abzugrenzen und die eigene Identität zu schärfen. Auch in den Geschichten von Noah und Jona finden wir Spuren zu den Mythen zwischen Euphrat und Tigris. Vor allem das Epos von Gilgamesch mit seinen sumerisch-akkadischen und babylonischen Wurzeln gilt als eine primäre Quelle für viele jüdische und später christliche Erzählungen. Und selbst die zehn Gebote finden eine Vorlage im *Codex Hammurabi*, einer umfassenden Sammlung an Rechtsordnungen, die der namensgebende babylonische Herrscher im 18. Jahrhundert v. Chr. in Form von Keilschrifttafeln festhalten ließ.

Jesus wiederum war ein Grenzgänger zwischen der römischen Zivilisation und der geschlossenen jüdischen Gemeinde in Palästina. Ein Schafhirte, der sich um die verlorenen jüdischen Schäfchen kümmerte. In seiner Lehre und in der Theologie nach ihm verschmolzen der Judaismus mit dem Hellenismus und der Gnosis. Mohamed schließlich war ein Grenzgänger zwischen Arabien und Byzanz. Wir wissen nicht, wie oft und wie lange er sich in Syrien aufhielt, aber wir wissen aus den islamischen Quellen, dass die zwei größten Stämme von Mekka, die Umayyaden und die Haschimiten, schon lange vor dem Islam enge Kontakte zu Byzanz pflegten. Und wir wissen, dass Mohamed immer wieder mit seinem Onkel Abū Tālib nach Syrien reiste und Karawanen dorthin anführte.

Die theologischen Debatten im Byzantinischen Reich prägten vor allem seine Botschaft in Mekka; dort war seine Lehre eher die eines Christen. Er meditierte alleine in einer Höhle, kam gelegentlich zu seinem Stamm und lud die Menschen ein, seine Botschaft zu hören. In ihrem Zentrum standen Monotheismus, Verzicht, Gerechtigkeit, Toleranz und Gewaltlosigkeit. Er kritisierte die reichen Händler, stand auf der Seite der Schwachen und Sklaven und warnte die Stämme Mekkas vor dem nahenden Weltuntergang. Es war die Botschaft eines Schafhirten und Karawanenführers, der sich vor allem um seine nächste Umgebung kümmerte.

Nach seiner Auswanderung nach Medina agierte er dagegen selbst wie ein byzantinischer Kaiser, der im Namen Gottes herrschte, Gesetze verabschiedete und Strukturen zu etablieren versuchte, die er aus Byzanz kannte. Später werden er und seine Nachfolger mit ihren Eroberungen die Gesetze der Wüste in die Welt tragen. Nachdem die Araber die byzantinischen Provinzen Syrien, Palästina und Ägypten erobert hatten, wurde der Islam zum Global Player. Der Einfluss von Byzanz blieb aber bestehen. Die Umayyaden-Kalifen kleideten sich wie die byzantinischen Kaiser, ließen sich krönen und Münzen mit ihrem Bild prägen. Und der osmanische Sultan Mehmed II. nannte sich im 15. Jahrhundert »römischer Kaiser«, nachdem seine Truppen Konstantinopel erobert hatten. Immer war Byzanz Feind und Vorbild zugleich – sowohl für die islamische Identität als auch für die Staatlichkeit.

Der Einfluss der arabischen Poesie

Zeit und Zelte, Sterne und Worte, Stämme und Schwerter: Das waren die Stoffe, aus denen im alten Arabien Religionen, Kunst und Unterhaltung gemacht wurden. Die Wüstenaraber brillierten vor allem in einer Form: der Poesie. All ihre Geschichten über das Leben in der Wüste, über ihre Schlachten und überlieferten Weisheiten mussten die Form eines Gedichts annehmen, um gehört zu werden.

Die Poesie galt im alten Arabien nicht nur als Begabung, die einem zufällig in die Wiege gelegt worden war, sondern als ein Produkt der Verbindung des Dichters mit der Welt der Dämonen. Im Süden der Arabischen Halbinsel gibt es ein Tal namens *Abqar*. Früher (aber auch heute noch) glaubten viele Araber, dieses Tal sei von Dämonen *(Dschinn)* bewohnt und jeder berühmte Dichter habe einen Partner unter ihnen, der ihm Inspirationen für seine Gedichte liefere. Vom Wort *Abqar* stammt auch das arabische *Abqari* ab, was Genie bedeutet. Der Wadi Abqar ist also gewissermaßen das »Tal der Genialen«.

Vorislamische Poeten folgten in ihren Dichtungen einem bestimmten Grundmuster. Die Einleitung befasste sich mit der Trauer um eine unwiederbringlich verlorene Vergangenheit, der zweite Teil beschrieb häufig eine Reise, der dritte beschwor den eigenen Stamm, zählte seine Vorzüge und einstige große Heldentaten im Krieg auf und schmähte im Gegenzug andere Stämme. Das ist der Stoff, aus dem auch die islamische Lesart der Geschichte gemacht wird: Sehnsucht nach vergangenen Zeiten, Huldigung der Heldentaten der Vorfahren, Verfluchen der Feinde (Römer, Kreuzritter, Kolonialherren, Zionisten) und Überhöhung der eigenen Identität. Die Schulbücher, der mediale Diskurs, die Bildungs- und Identitätspolitik in den meisten islamischen Ländern sind heute noch von diesem Geschichtsbild aus der alten arabischen Poesie geprägt.

Weil der Dichter als Historiograph und Sprecher seines Stammes galt, war er hoch angesehen in seiner Community. In alten Quellen wird erzählt, dass in vorislamischer Zeit regelmäßig ein Dichterwettstreit auf der Arabischen Halbinsel stattgefunden hat. Anlass war eine Art Jahrmarkt in Ukāẓ südöstlich von Mekka kurz vor Beginn des Pilgermonats. Und im Inneren der Kaaba sollen sieben bedeutende Gedichte aus dem 6. Jahrhundert gehangen haben: Diese Anthologie wird, je nach Quelle, als »die hängenden Gedichte« *(Muʿallaqāt)*, »die Berühmten«

(Al-Maschhūrāt) oder »die Vergoldeten« *(Al-Mudhahhabāt)* genannt, weil sie mit goldenem Zwirn auf ein Tuch gestickt worden sein sollen.

Diese sieben Gedichte, die unzählige Strophen umfassen, müssen arabische Schüler bis heute lernen. Auch andere Werke vorislamischer Dichter gehören zum Kanon. Ich erinnere mich daran, dass ich in der siebten Klasse ein Gedicht von al-Hutaia'a lernen musste, das die Gastfreundschaft der Araber preist. Der Dichter erzählt von einer armen Familie, die seit drei Tagen nichts gegessen hat. Der Mann, seine Frau und die drei Kinder haben sich Steine um ihre Bäuche gebunden, um die Schmerzen des Hungers zu ertragen. Als ein Gast auftaucht, ist der Vater besorgt. Was kann er dem Gast anbieten, wo seine Familie doch gar nichts hat? Sein Sohn, ein kleiner Junge, schlägt dem Vater vor, er möge ihn töten und sein gegrilltes Fleisch dem Gast anbieten, sonst werde der die Familie und den Stamm in seinen Erzählungen schmähen.

Bis heute wird dieses Gedicht als Aufforderung an das Individuum verstanden, sich bedingungslos in den Dienst seiner Sippe zu stellen, selbst wenn das den eigenen Tod bedeutet. Das Ansehen der Familie, des Clans, steht über allem. Man will gepriesen werden und hat Angst, als arm, geizig oder ehrlos zu gelten. Im alten Arabien war Gastfreundschaft aber auch eine Überlebensstrategie, denn man konnte heute Gastgeber und morgen woanders Gast sein. In den Wüstenregionen der Arabischen Halbinsel galt es unter den Beduinen als »heilige Pflicht«, einen Gast aufzunehmen und mit Wasser und Nahrung zu versorgen. Deshalb hat das Wort *wajba*, Mahlzeit, auch die gleiche Wurzel wie das arabische Wort für Pflicht oder Aufgabe, *waajib*.

Alle Araber, die vor dem Islam behaupteten, Propheten zu sein, waren immer auch begnadete Dichter, die zwischen der spirituellen und materiellen Welt vermitteln wollten und die ihre Gedanken in schönster Poesie vortragen konnten. Ihre Zuhörer lauschten zwar gern ihrer Lyrik, ihre göttlichen Botschaften und Prophezeiungen nahm man aber meist nicht ernst. Zum einen, weil es zu viele und zu unterschiedliche Botschaften waren, zum anderen, weil jeder Stamm seine eigenen religiösen Traditionen hatte, die zu seiner Umgebung, seiner Mentalität und seinen Bedürfnissen passten. Eben weil diese Traditionen so fest mit der jeweiligen Stammeszugehörigkeit und somit der eigenen Identität verknüpft waren, konnten sie nicht einfach so abgelegt oder gewechselt werden. Ein Prophet fand – wenn überhaupt – nur Gehör in kleinem Kreis.

Das vorherrschende Klima in Sachen Religion war tolerant, das Motto von Christen, Juden und polytheistischen Arabern hieß: leben und leben lassen. Konflikte gab es um Ressourcen oder aufgrund von Stammesfehden, nicht aber wegen religiöser Differenzen. Und wer an der Kaaba in Mekka, dem Zentrum aller arabischen Gottheiten, als selbst ernannter Prophet den Monotheismus predigte, wurde eher belächelt.

Auch als Mohamed zum ersten Mal behauptete, er habe göttliche Botschaften aus dem Himmel empfangen und sei ein Gesandter Allahs, wurde er nicht ernst genommen. Sein Onkel Abū Lahab spottete über Mohameds Forderung, sich zu dem einen Gott zu bekennen: »Schande über dich, Mohamed. Hast du uns deshalb versammelt?«[9] Die Mekkaner warfen ihm vor, er sei kein Prophet, sondern nur ein von Dämonen besessener Dichter. Mohamed reagierte gekränkt, besonders wegen der Schmähung aus der eigenen Familie, und verwünschte seinen Onkel. Im Koran heißt es in Sure 111, einer der ältesten Offenbarungen, Abū Lahab und seine Frau sollten zugrunde gehen, er werde in einem flammenden Feuer brennen.

Mohamed, der geschmähte Poet, bastelte sich seine Botschaft aus ganz unterschiedlichen Stoffen zusammen. Prägend waren das Leben in der Wüste und die Erfahrungen von Mangel und Entbehrung, das Stammesbewusstsein, die Träume seines Urgroßvaters Qusai von einer großen Vereinigung der Stämme, die Poesie, dazu Stolz und Selbstaufopferung, sowie all die fantastischen Geschichten über Götter und Dämonen und die Botschaften der anderen selbst ernannten Propheten, die er aus seiner Umgebung kannte. Maßgeblich waren aber auch die Erfahrungen, die er von seinen Reisen nach Byzanz mitbrachte: Dort redete man nicht über Schafe, Schlachten und Wasserquellen, sondern über die Natur Jesu und über die bevorstehende Apokalypse. Sowohl die orientalischen Christen als auch die Juden warteten auf die Rückkehr des Messias. Man sprach nicht über arabische Jungen, die sich selbst für das Ansehen ihres Stammes opfern wollten, sondern vom Gottessohn, der am Kreuz gestorben war, um die ganze Menschheit zu erlösen.

Auch andere christliche Strömungen flossen in seine Botschaft ein. Am Rande der Arabischen Halbinsel lebten Christen, die Jesus eher als einen Menschen sahen, nicht als einen Gesandten Gottes. Sie besaßen apokryphe Evangelien, Schriften, die nicht in den biblischen Kanon aufgenommen wurden und die das römische Imperium nicht anerkannte. Mohamed setzte sich mit ihren abweichenden Haltungen zu Jesus auseinander und vermischte seine Gesellschaftskritik und seine Gedanken zu Sozialreformen mit den christlichen Heilsvorstellungen und Erwartungen des Weltuntergangs.

Seine Botschaft, die ihm von Gott offenbart wurde, teilte der Prophet seinen anfangs spärlichen Anhängern mündlich mit: die Suren, die später im Koran festgehalten wurden, dem ersten arabischen Buch. Eine der Stärken des Koran war, dass er sich in die Tradition der arabischen Poesie einfügte, aber auch neue Elemente aus der syro-aramäischen Lithurgie integrierte. Er präsentierte den Arabern einen Monotheismus, der auf die Bedürfnisse der Stämme zugeschnitten war. Das Bild Gottes im Koran unterscheidet sich kaum von dem eines altarabischen

Stammesoberhaupts, das Güte und Härte zeigt, aber auch nicht infrage gestellt werden darf. Und wie in den alten Gedichten spielt die Aufteilung der Welt in Freund und Feind eine große Rolle. Mal waren die Mekkaner die Feinde, mal die Juden, dann die Christen.

Der Koran vermittelt die Verheißung, Gott habe nun die Araber zu seinem auserwählten Volk gemacht, das befugt sei, das Schicksal der Welt zu bestimmen. Auch wenn der Koran viele seiner Texte und Gleichnisse aus jüdischen, christlichen, mesopotamischen, persischen Erzählungen und Mythen entlehnt hat, präsentiert er sich als ein monolithisches Werk, das Gott speziell an die Araber richtet. Die eigene Position wird gefestigt durch die Abgrenzung von anderen Kulturen und Religionen, die schließlich zu Feinden werden.

Der Koran ist ein Meister der kulturellen Aneignung und ein Meister der Abgrenzung zugleich. Eine weitere Stärke des Koran ist, dass er Mohameds Gemeindebildung und die Gesetze und Entwicklung dieser Gemeinde dokumentiert und sich nicht um Mohameds Biographie kümmert. Er präsentiert die Geschichte des Islam als eine Erfolgsstory, die mit Leid und Ablehnung beginnt und mit großem Erfolg endet. Ein Erfolg, der für alle kommenden Generationen von Muslimen verpflichtend ist.

Warum ausgerechnet Mohamed?

Schon Mohameds Vorväter hatten den Boden für eine mekkanische Führung in Arabien bereitet. Byzanz und Persien waren politisch und militärisch geschwächt aus den endlosen Konflikten hervorgegangen und hatten so die Tür geöffnet für eine neue Macht in der Region. Aber vor Mohamed hatte es nur regionale Teilerfolge gegeben, wie Qusais Vereinigung der Quraisch. Der große Traum seiner Vorväter, die Araber unter einem Dach zusammenzuführen, war immer wieder an der Legitimation eines geeigneten Führers gescheitert.

Als Mitglied des Stammes der Haschimiten, als begnadeter Redner und Dichter, als Karawanenführer mit einer reichen Ehefrau im Rücken, war Mohamed prädestiniert, diese Führungsrolle zu übernehmen. Dafür brauchte er aber eine Erzählung, die ihm genau diese Legitimation verschaffen würde, die anderen vor ihm versagt geblieben war. Mohamed wählte den ganz großen Wurf, die göttliche Offenbarung, die die Araber einen und ihnen ein großes Reich versprechen würde. Das war Mohameds Traum, der zur Prophezeiung wurde, die sich tatsächlich erfüllte, weil die Umstände dafür günstig waren.

Über Mohameds frühe Jahre ist wenig bekannt. Sein Vater starb, bevor er geboren wurde, und mit sechs Jahren verlor er auch seine Mutter. Zunächst wurde er von seinem Großvater, dann von seinem Onkel Abū Tālib versorgt. In seiner Jugend hütete Mohamed die Schafe seines Stammes Banū Hashim in Mekka, der für die Organisation der Pilgerfahrt zuständig war und auch den Schlüssel der Kaaba verwahrte.

Mit 25 heiratete Mohamed eine reichte Witwe namens Khadidscha, die eine Karawanserei geerbt hatte und ein Handelsunternehmen führte. Mohamed arbeitete in ihrem Unternehmen als Karawanenführer und war 15 Jahre lang offenbar glücklich verheiratet und wirtschaftlich gut abgesichert. Doch als er vierzig wurde, muss etwas geschehen sein, das sein Leben auf den Kopf stellte. Er arbeitete nicht mehr, verbrachte kaum mehr Zeit zu Hause und saß manchmal tagelang in einer Höhle am Berg Hiraa' und meditierte.

Eines Tages kam er völlig verängstigt nach Hause und erzählte seiner Frau, dass eine ominöse Gestalt ihn in der Höhle gewürgt und ihm seltsame Verse eingeflüstert habe. Mohamed war überzeugt, er sei vom Teufel besessen, doch Khadidscha beruhigte ihn. Es sei kein Dämon gewesen, sondern der Erzengel Gabriel, der ihm eine himmlische Botschaft überbracht habe. Sie zog sogar ihren Cousin Waraqa zurate, einen christlichen Mönch, der bestätigte, dass es sich bei den Halluzinationen wirklich um einen Boten Gottes gehandelt haben könnte. Ausgerechnet eine Frau und ein Christ »bezeugten« als Erste, dass Mohameds Botschaft von Gott stammte.

Die Einflüsterung in der Höhle war die erste Offenbarung, der nach einer Pause von drei Jahren viele weitere folgen sollten. Das lange Schweigen stürzte Mohamed in eine tiefe Depression. Doch als er sich entschieden hatte, sich das Leben zu nehmen, erschien ihm der Erzengel Gabriel und sagte zu ihm: »Du bist der Gesandte Gottes.«[10] Von da an empfing Mohamed Sure um Sure, mit ganz unterschiedlichen Inhalten. Er unterbreitete seine Botschaft, die damals noch nicht Islam hieß, seinem Stamm. Doch seine eigenen Leute gingen auf Distanz zu ihm, denn er schmähte ihre Gottheiten und nannte sie »nutzlos«. Vor allem aber bedrohte die neue Botschaft die drei Säulen der mekkanischen Wirtschaft: das Geschäft mit den Pilgern, den Handel mit Byzanz und den Sklavenhandel. Denn Mohamed predigte Gerechtigkeit und forderte eine sozialere Gesellschaft. Seine Botschaft richtete sich gegen die Reichen der Stadt und ermutigte die Sklaven, gegen ihre Herren zu rebellieren. Das konnte und wollte man nicht hinnehmen.

Die Mekkaner fürchteten außerdem um ihre Beziehungen zu den anderen arabischen Stämmen, denn jeder von ihnen hatte eine Gottheit in der Kaaba von Mekka. Mohameds Schmähung dieser Gottheiten könnte Kriege in der Region entfesseln. Mekka war schließlich nicht nur Treffpunkt vieler Händler, sondern auch religiöser Schmelztiegel und Ziel von Pilgern ganz unterschiedlicher Konfessionen.

Mohameds Ausgangspunkt war also keineswegs einfach. Er hatte Sorgen und Ideale, Hoffnungen und Ängste, war konfrontiert mit Konflikten und Ablehnung – und ließ all dies später in göttliche Offenbarungen einfließen. Der Koran liest sich stellenweise wie ein Frage- und Antwortbuch. Je nachdem, wie sich Mohameds Position in Mekka und später in Medina entwickelte und demnach die seiner Gemeinde, reagierte Gott mit der passenden Offenbarung. Und darin unterscheidet sich der Koran fundamental von Bibel und Thora. Denn der Koran behauptet, nicht nur das direkte, sondern auch das letzte Wort Gottes zu sein. Das verleiht ihm die Letztgültigkeit für alle Zeiten und an jedem Ort. Es ist kein Buch über Mohamed als Person, sondern eines, das seiner Gemeinde eine klare Identität verleiht und Handlungsanweisungen für alle möglichen Lebenssituationen vorgibt. Ein Buch mit einem klaren Gottes- und Menschenbild. Und ein Buch, das sowohl spirituelle, meditative Erfahrungen, aber auch brutale Kriegshandlungen dokumentiert. Deshalb spielt der Koran eine große Rolle sowohl beim Dschihad und der Kriegspropaganda als auch bei den friedlichen mystischen Sufi-Bewegungen.

Der Koran ist ein sehr vielschichtiges und in sich teils sehr widersprüchliches Buch, denn er ist in verschiedenen Phasen entstanden. Die ersten drei haben mit Mekka zu tun: die Phase der Selbstvorstellung, in der Mohamed als Prophet gehört und anerkannt werden wollte; die Phase der Polemik gegen die Mekkaner und ihre Gottheiten und schließlich die des Bruchs mit den Mekkanern. In diesen Phasen präsentiert sich der Koran poetisch und meditativ, als Einladung an die arabischen Polytheisten, sich die neue Religion doch etwas genauer anzusehen.

Erstaunlich ist, dass Mohamed in Mekka mit diesen friedlichen Passagen des Koran kaum Anhänger hatte. Fast zehn Jahre lang predigte er vor kaum hundert Anhängern, die meisten von ihnen waren Sklaven. In diesen zehn Jahren arbeitete Mohamed nicht und lebte von den Ersparnissen seiner Frau Khadidscha, die trotz der Schwierigkeiten zu ihrem Mann stand. Auch sein Onkel Abū Tālib nahm ihn immer wieder vor Spöttern in Schutz, die den

Koran als »wirres Bündel von Träumen« verunglimpften. Der Botschaft seines Neffen wollte aber auch er nicht folgen.

Im zehnten Jahr seiner Offenbarungen erlitt Mohamed einen doppelten Schlag. Sowohl seine Frau als auch sein Onkel starben und ließen ihn allein zurück. Dieses Jahr wird in der islamischen Geschichtsschreibung »Jahr der Trauer« genannt. Ich würde es eher als das »Jahr des Sinneswandels« bezeichnen. Denn diese Verluste haben Mohamed verändert. Er verlor seine Geduld mit den Mekkanern, verließ die Stadt und versuchte zunächst, andere Stämme in der Stadt Tai'f, rund siebzig Kilometer südöstlich von Mekka, zu seiner Botschaft zu bekehren. Doch auch dort wurde er verspottet und geschlagen. Vollkommen entkräftet und gedemütigt kehrte er zurück nach Mekka und gab sich Allmachtsphantasien hin. Zunächst behauptete er, dass Scharen von Dämonen ihn beim Rezitieren des Koran gehört und zum Islam konvertiert seien. Dann will er auf einem Reittier nachts von Mekka nach Jerusalem geflogen und dort über eine Leiter in den Himmel aufgestiegen sein, wo er alle Propheten der Geschichte getroffen habe und ihr Vorbeter beim gemeinsamen Gebet gewesen sei.

Die Geschichte von der Himmelfahrt, die sich so ähnlich auch in der Bibel findet, sollte Mohamed jenes Wunder liefern, das die Mekkaner endlich von seinem Status als Prophet überzeugen sollte. Als das misslang, radikalisierte sich Mohamed gedanklich und politisch, kehrte seiner Heimatstadt den Rücken und zog 622 nach Medina. Dort wird sich seine Strategie im Ringen um Anhänger ändern, und damit auch die Themen und die Sprache im Koran.

Vom Glauben zur Religion namens Islam

Dass Mohameds Botschaft zu einem Global Player werden konnte, lag an verschiedenen Gründen. Es gab politische Gründe (die Rivalität zwischen den Haschimiten und den Umayyaden über die Führerschaft in Mekka und Arabien und die zwischen den Großmächten Byzanz und Persien über die Führerschaft in der Welt); es gab wirtschaftliche Gründe (die Handelsstraße und die Verbindung zu Byzanz sowie die Aussicht auf Kriegsbeute durch Feldzüge gegen die geschwächten Weltmächte), und es gab theologische Gründe (die Debatten der Spätantike über die Natur Jesu und die Apokalypse). Es gab einen fruchtbaren Boden für eine große Idee, die die Araber von einem Nomadenvolk am Rande der Geschichte zum Motor und Gestalter der Geschichte machen sollte. Es gab die lange Tradition der Poesie und der mündlichen Überlieferungen und schließlich die richtige Person, die all diese Elemente zu einer Einheit verbinden konnte.

Wie andere Glaubenskulte und Religionen orientierte sich auch der Islam an dem, was bereits da war. Im Koran finden sich Spuren des babylonischen Talmuds und des jüdischen Exegesenbuchs *midrasch rabba*. Für seine Erzählungen nutzte Mohamed auch die Bibel als Subtext. Interessant ist auch, dass die ersten Passagen im Koran über Christen und Juden sehr wohlwollend und lobend waren. Juden werden zum Beispiel als die »Leute des Buches« gepriesen. In Medina hingegen wird der Ton des Koran schärfer, Mohamed ist inzwischen selbstbewusst genug, um in Juden und Christen theologische Konkurrenten zu sehen, die er nun als »Verfälscher des Buches« bezeichnet und in den letzten Suren des Koran zur Vernichtung der Ungläubigen aufruft.

Es ist nicht auszuschließen, dass diese späteren Passagen des Koran aus der Umayyaden-Zeit stammen. Denn die erste schriftliche Koranfassung, die wir heute haben, stammt aus der Zeit des fünften Kalifen ʿAbd al-Malik Ibn Marawān. Jahrzehnte nach dem

Tod des Propheten ließ er Erzählungen über Mohamed niederschreiben und den bis dahin nur mündlich weitergegebenen Koran. Welche Motivation er dafür hatte, dazu später mehr. ʿAbd al-Malik ließ den Felsendom in Jerusalem bauen und schlug einen harschen Ton gegenüber Christen und Juden an. Vor allem aber ist ʿAbd al-Malik jener Herrscher, zu dessen Zeit die Worte Mohamed und Islam erstmals schriftlich festgehalten wurden. Auf Münzen und in Inschriften im Felsendom. Erst unter seiner Regentschaft wurde der Islam vom Christentum klar abgegrenzt, wurde aus einem Glauben eine Religion.

Kapitel 2

Von Mekka nach Medina: Die Geburt der Scharia aus dem Geist des Krieges

Nach dem Scheitern seiner Mission in Tai'f versuchte Mohamed, verschiedene Stämme zu einem Bündnis gegen die Quraisch zu bewegen. Doch keiner mochte ihm folgen, denn es war eine alte arabische Tradition, dass man niemanden im Kampf gegen den eigenen Stamm unterstützen darf. Vor dem Islam wurden Menschen mit einem solchen Ansinnen ausgestoßen und für vogelfrei erklärt. Das bedeutete, dass jeder sie töten konnte, ohne Blutrache fürchten zu müssen. Aus solchen Vogelfreien hatte sich am Berg Tehama zwischen Mekka und Medina eine berüchtigte Bande von Plünderern formiert. Die *Saa'alik* überfielen Karawanen, führten Mordaufträge gegen Bezahlung aus und wurden manchmal auch als Söldner rekrutiert.[1]

Nach seiner Auswanderung nach Medina wird Mohamed sich mit diesen Wegelagerern verbünden. Sie werden ebenso eine zentrale Rolle bei der Verbreitung des Islam spielen, wie die Stämme Shaiban und Kindah, die ein Bündnis mit Mohamed gegen die Quraisch zunächst abgelehnt hatten. Doch je mehr sich Mohamed vom schwachen Prediger zum einflussreichen Kriegsfürsten entwickelte, umso stärker schwanden die Bedenken. Mohamed veränderte die alten Traditionen in Arabien, Ausgestoßene wurden plötzlich wie Könige behandelt. Menschen töteten die eigenen Brüder und sogar Väter im Krieg. Das Prinzip der Macht siegte über alle Konventionen, und das Streben nach Profit tilgte alle Prinzipien. Auch bei Mohamed. Während er anfangs noch erklärte, »legitime« Kriege seien nur solche, die der Verteidigung dienten, wurden Expansionsfeldzüge später zur Haupteinnahmequelle für Mohamed und seine Gemeinde, die immer größer und anspruchsvoller wurde.

Zunächst aber musste er überhaupt einen Zugang zu Medina finden, das in vorislamischer Zeit noch Yathrib hieß. Der Ort, rund 400 Kilometer nördlich von Mekka entfernt, lag strategisch günstig auf dem Karawanenweg zwischen Mekka und Syrien. Mohamed war entschlossen, seiner Botschaft mehr Gehör zu verschaffen, notfalls mit Gewalt. Und dafür brauchte er Geld – aus Überfällen auf Karawanen. Außerdem hatte er familiäre Verbindungen in die Stadt, denn sein Urgroßvater Hāschim hatte eine Frau namens Salmā bint ʿAmr aus dem Clan der dort ansässigen Banū al-Najjar geheiratet. Diese Verbindung war ein wichtiger Türöffner für den Neuankömmling.

Mohameds Erfolg in Medina hatte zunächst nur wenig mit dem Koran und seiner Botschaft zu tun. Vielmehr spielten die Bündnisse, die er hier schloss, die entscheidende Rolle. Den Clan seiner Urgroßmutter im Rücken, verbündete er sich mit zwei kriegerischen Stämmen, den al-Aos und den al-Khasradsch. Einen weiteren Pakt schloss er mit den Saaʾalik, jenen gefürchteten Straßenräubern, die den strategisch wichtigen Berg Tehama zwischen Mekka und Medina kontrollierten. Vor allem dieses Bündnis war eine ernsthafte Bedrohung für die Mekkaner und ihre Handelskarawanen. Die Saaʾalik waren berüchtigt für ihre blitzartigen Überfälle, eine Strategie, die Mohamed ebenso übernahm wie deren Credo des unbedingten Einstehens füreinander.

Im Jahr 623 hatte Mohameds Bündnis' wiederholt Karawanen angegriffen und reiche Beute gemacht – für die Mekkaner eine fortgesetzte Provokation. Im März 624 wartete Mohamed mit seinen Leuten im Hedschas-Gebirge auf eine große Karawane, als er unerwartet auf Gegenwehr stieß. Die Mekkaner hatten die Verluste nicht länger hinnehmen wollen und unter der Führung der Umayyaden einen Gegenangriff gestartet. Mohameds Bündnis, obwohl zahlenmäßig unterlegen, gewann die Schlacht von Badr überraschend. Der Sieg, in dem der Koran später göttliches Wirken sah (zum Beispiel in Sure 3:13), stärkte Mohameds Position in und um Medina. Er gewann neue Anhänger, die von der Aussicht auf Beute aus Überfällen und Lösegeld durch den Freikauf von Gefangenen gelockt wurden.

Um Medina zu einen und es vor inneren Konflikten zu schützen, nutzte Mohamed eine Strategie, auf die auch seine Nachfolger immer wieder zurückgreifen würden: Krieg als verbindendes Glied in einer gespaltenen Gemeinschaft und ein gemeinsames Feindbild als Mittelpunkt einer gemeinsamen Identität. Mohamed und seine Verbündeten führten Kriege gegen reiche Stämme und kamen mit neuen Waffen und Kriegsbeute nach Medina zurück. Medina wurde so nicht nur zu einer starken Festung, sondern auch zu einer reichen Stadt und damit zu einem Magneten für viele arabische Clans. Mohamed, das war längst kein Geheimnis mehr, war aufgrund seiner geschickten Allianzen und seiner gefürchteten Kämpfer der neue große Mann auf der politischen Bühne. Wenn man Teil seines Bündnisses war, konnte man nur gewinnen.

Doch um aufgenommen zu werden, musste man sich Mohamed unterwerfen und sich seinen Kämpfern anschließen. Und so wurde diese Truppe zu einem Selbstläufer, zu einem Schneeball, der immer größer wurde. Die gleiche Dynamik wiederholte sich bei den islamischen Eroberungen nach Mohameds Tod. Die besiegten Völker wie die Perser, die Berber und die Syrer konnten die dauerhafte Unterjochung nur umgehen, indem sie den Islam annahmen und Teil der islamischen Eroberungsmaschinerie wurden.

Vom Kriegsfürsten zum Staatsmann

Die erfolgreiche Bündnispolitik und der Einsatz von Gewalt waren ein wichtiger Grundpfeiler von Mohameds Erfolg in Medina. Es wäre allerdings ein Trugschluss zu glauben, seine Position fußte allein auf militärischer Stärke und starken Allianzen. Denn zentrales Motiv seines Handelns war nach wie vor die Idee, die Araber unter einem Dach zu einen, das Allah heißt. In Mekka hatte er versucht, mit Worten zu bekehren, in Medina schaffte er mit Taten Fakten. Für ihn war alles, was er tat, Auftrag Gottes, der die Araber durch diesen Auftrag zum neuen auserwählten Volk gemacht hatte. Erst jetzt spricht der Koran vom Islam als einer Religion und nicht länger nur von einem Glauben. Der Koranvers »Die Religion bei Allah ist der Islam« (Sure 3:19) stammt aus der Medina-Phase.

Mohamed formte hier nicht nur eine schlagkräftige Armee, sondern eine Gemeinde, die der Kern eines Staates wurde. Was in Mekka als soziale und spirituelle Revolution begonnen hatte, wurde in Medina zu einer politischen. Dass die islamische Zeitrechnung weder mit Mohameds Geburt noch mit den Anfängen seiner Bewegung in Mekka beginnt, sondern erst mit seiner Auswanderung nach Medina, ist ein klarer Beleg dafür, dass der Staat im Islam der Träger der Botschaft und der Gesetze der Religion ist. Deshalb stimmt die Behauptung nicht, im Islam gebe es keine Kirche – die Kirche im Islam ist der Staat selbst. Das macht die Idee der Säkularisierung im Islam zu einem Paradox, denn sie würde nicht Kirche und Staat trennen, sondern den Staat von innen aushöhlen. Das erklärt auch, warum der Islam als Glaubens- und Gesellschaftssystem für Mohameds Nachfolger zu einem entscheidenden Machtinstrument wurde. Und es erklärt, wie wir später noch sehen werden, warum der Sufismus als spirituelle Revolution gegen die Machtbestrebungen des Islam ebenso wenig von Erfolg gekrönt war, wie die Philosophie als intellektuelle Revolution gegen dessen Dogmen. Allein die islamische Orthodoxie blieb, mit wenigen Ausnahmen, in der Geschichte des Islam der Maßstab für die verschiedenen Machthaber und ihre Untertanen.

Mohamed gab seiner Gemeinde Strukturen, Gesetze und klare Ziele vor. Das schlägt sich auch im Koran nieder. Die spirituellen und apokalyptischen Passagen verschwinden allmählich, an ihre Stelle treten Kriegs- und Handlungsanweisungen. Gebote, Verbote und Regeln etwa zum Verteilen von Kriegsbeute ersetzen die Einladung des frühen Koran zu Verzicht, zum Nachdenken und Meditieren. Aus der Botschaft des poetischen Schafhirten wird das Manifest eines machtbewussten Staatsmannes, der es verstand, die unterschiedlichen Stämme von Medina einzubinden.

Auch die jüdischen Stämme holte Mohamed zunächst mit ins Boot und gewährte ihnen Glaubensfreiheit. Er brauchte ihre Unterstützung und verpflichte sie, Medina im Falle eines Angriffs zu verteidigen. Außerdem sollten sie seine ersten Feldzüge finanzieren. Es war jene Phase, in welcher der Koran die Juden noch als gläubige Leute des Buches bezeichnete. Die Juden in Arabien erwarteten damals die Rückkehr ihres Messias, und Mohamed hegte die Hoffnung, dass sie in ihm diesen Erlöser sehen könnten. Tatsächlich berichtet ein byzantinisches Dokument namens *Doctrine Jacobi* aus dem Jahr 634 von einem arabischen Propheten, den manche Juden als den Messias betrachten.[2]

Für einige seiner neuen Ge- und Verbote für die Gemeinde griff Mohamed auch auf jüdische Traditionen zurück, etwa bei Reinigungsritualen, dem Verzicht auf Schweinefleisch und der Gebetsrichtung, die anfangs gen Jerusalem wies. Selbst das Wort »Scharia« (der Weg) ist nichts anderes als die direkte Übersetzung des hebräischen *halakha*, mit dem die jüdischen Gesetze bezeichnet werden. Doch nach der Schlacht von Badr änderte sich Mohameds Umgang mit den Juden, die er in den folgenden Jahren systematisch aus der Stadt vertreiben ließ.

Die Geburtsstunde der »islamischen Ökonomie«

Mohamed schaffte, was kein Stammesführer vor ihm geschafft hatte: Es gelang ihm, die meisten arabischen Stämme im Süden und der Mitte Arabiens zu vereinen und ihnen eine neue Perspektive zu geben. Nämlich sich im Windschatten der geschwächten Großmächte selbst zu einer zu entwickeln.

In der Zeit vor ihm hatten ein Kollektivgedächtnis, ein Gründungsmythos und ein gemeinsamer Feind gefehlt, um den unterschiedlichen Stämmen die Idee der Einheit schmackhaft zu machen. Er konnte all das bedienen. Und mit dem Koran schenkte er seiner Gemeinde ein Buch, das direkt aus dem Himmel kam. Genau das Richtige, um seine Anhänger auf die langen kriegerischen Auseinandersetzungen einzustimmen, die vor ihnen lagen. Mohamed versprach seinen Kämpfern nicht nur das ewige Paradies im Jenseits, sondern bereits im Diesseits satte Gewinne und schöne Frauen als Sklavinnen. Das war die Geburtsstunde der »islamischen Ökonomie«: Kriegsbeute, Sklavenhandel und die Einführung einer Kopfsteuer für Ungläubige blieben noch Jahrhunderte nach Mohameds Tod die Haupteinnahmequellen der islamischen Herrscher. Ob Umayyaden, Abbasiden, Fatimiden, Mamluken oder Osmanen – alle muslimischen Eroberer beriefen sich auf Mohamed. Und heute rechtfertigt die Terrorbande des Islamischen Staates (IS) ihre Feldzüge und ihre Vernichtungsphantasien mit dem Werdegang des Propheten, der Kriegsgefangene enthaupten ließ und Ungläubige aus ihren Wohnstätten vertrieb.

Mohamed verstand es, die kriegerische Veranlagung der arabischen Stämme zu nutzen. Selbst mordende, räuberische Banden durften weiterhin ihr Unwesen treiben und sich an Kriegsbeute bereichern, bekamen aber nun dafür den Segen Gottes. Das Blut, das an ihren Händen klebe, werde ihnen verziehen.[3] Für die unterschiedlichen Kämpfer an Mohameds Seite war es eine Win-

win-Situation: Siegten sie im Krieg, bekamen sie Beute und Frauen als Belohnung. Fielen sie im Kampf, galten sie als Märtyrer und wurden im Paradies reich belohnt.

Stammesbewusstsein, Kampfgeist, Aussicht auf Gewinne, gepaart mit einem göttlichen Auftrag – das war die Mischung, die dem jungen Islam in Medina zum Aufstieg verhalf. Mohamed war der erste Architekt, der aus diesen Bausteinen ein solides Gebilde formte, auf dem andere nach ihm aufbauen konnten. Vielleicht konnte er selbst nicht erahnen, wie explosiv diese Mischung sein würde. Vielleicht hat er aber genau darauf gesetzt. Denn der schnelle Erfolg brachte ihm zwar viele neue Anhänger, aber auch viele Feinde.

Mohamed wartete nicht, bis Medina angegriffen wurde, sondern ergriff selbst die Initiative, um jene zu bekämpfen, die sich gegen ihn stellten. Der Unterschied zwischen Mohamed in Mekka und Mohamed in Medina ähnelt dem zwischen dem jungen marxistischen Theoretiker Lenin und dem sowjetischen Staatsoberhaupt Lenin. Vormals hochgehaltene Prinzipien gerieten immer mehr in den Hintergrund, die Logik von Sieg, Macht und Profit und die Angst vor Verrat bestimmten fast alles. Kriege verlangten nach neuen Kriegen, ein Teufelskreis aus Terror, Unterdrückung und Gewalt.

In den letzten acht Jahren seines Lebens führte Mohamed rund neunzig Kriege, das heißt fast einen Krieg pro Monat. Die Stadt des Propheten war eine militärische Festung und die Vor- und Nachbereitung für den nächsten Krieg war die Hauptaktivität von Mohamed und seinen Anhängern. Erst im Schatten des Schwertes erlebte Mohamed den Durchbruch und erfuhr die Anerkennung, die er immer gesucht hatte. Und im Jahr 630 gelang ihm schließlich der Sieg gegen seine alte Heimat Mekka und gegen Tai'f, jene Stadt, aus der man ihn verjagt hatte.

Der Sieg über Mekka läutete den nächsten Wendepunkt in seinem Leben ein und legte den Grundstein für die spätere beispiellose Eroberungswelle der Araber. Denn Mohamed verbündete sich mit dem Anführer der Umayyaden, Abū Sufiyan, einst einer seiner Erzfeinde. Abū Sufiyan nahm den Islam an und schloss sich noch im Alter von siebzig Jahren Mohameds Eroberungskriegen in Arabien an. So sicherte er nicht nur den Fortbestand seines Stammes, sondern brachte die Umayyaden in Stellung. Sein Cousin ʿUthmān wurde später der dritte Kalif der Muslime. Den endgültigen Durchbruch für den mächtigen Stamm brachte sein Sohn Muʿawiya, der sicherstellte, dass das Kalifat fast einhundert Jahre in der Dynastie der Umayyaden verblieb.

Krieg, Scharia und Schleier

In Mekka hatte Mohamed eine kleine Gemeinde um sich geschart, die zu ihm stand, weil sie an seine Botschaft glaubte. In Medina konnte er sich dessen allerdings nicht sicher sein. Blieb die große Zahl seiner Anhänger nur aus Angst oder Profitsucht bei ihm? Nahmen unterlegene Stämme den Glauben an Allah an, weil sie davon überzeugt waren oder weil ihnen angesichts Mohameds Macht nichts anderes übrig blieb?

Der Koran der Medina-Phase spricht immer wieder von Heuchlern, die sich nach außen hin als Gläubige geben, doch im Geheimen Böses über Mohamed sagen (Sure 9:67–75). In der Phase des Dauerkrieges konnte Mohamed dies nicht länger tolerieren. Er verfuhr nach dem Prinzip, wer nicht für mich ist, der ist gegen mich. Das bekamen auch die Juden von Medina zu spüren. Als diese sich weigerten, sich an Mohameds Kriegen außerhalb von Medina zu beteiligen oder diese zu finanzieren, verfluchte er die Juden, schikanierte sie, vertrieb sie aus Medina und enteignete ihre Ländereien und Besitztümer. Außerdem verlegte er die Gebetsrichtung von Jerusalem nach Mekka.

Von seinen Anhängern verlangte er, sich fünfmal am Tag zu

ungewöhnlichen Zeiten zu versammeln, um gemeinsam zu beten. Dadurch wollte er überprüfen, wer den Glauben ernst nahm und wer nicht. In der militarisierten Welt von Medina hatte das Gebet die Bedeutung einer Militärparade. Zur weiteren Kontrolle führte Mohamed nun auch immer neue Rituale und Regeln für den Alltag ein. Fasten in der Hitze sollte seine Kämpfer auf das Überleben unter erschwerten Umständen vorbereiten. Ein Alkoholverbot sollte Streitereien unter seinen Soldaten verhindern. Das Zinsverbot diente dem Versuch, die Unabhängigkeit seiner Gemeinde zu bewahren; denn wer sich Geld geliehen hatte und es nicht zurückzahlen konnte, wurde zum Sklaven seines Gläubigers. Mohamed bestimmte, was seine Anhänger essen, trinken und was sie anziehen durften, wie sie mit ihren Frauen schliefen und auf welche Art sie ihre Frauen züchtigen sollten. Und auch das Kopftuch wurde in dieser Zeit als Gebot eingeführt. Eine Gesellschaft, die von Soldaten und Kriegsstimmung geprägt wird, hat wenig Platz für Frauen.

Das weibliche Geschlecht hatte in dieser Gemeinschaft eine klare Funktion: Die Männer sexuell zu befriedigen und zukünftige Soldaten zu gebären. Selbst im Jenseits sollte die Frau diese Funktion erfüllen – als sexuelle Belohnung für die gefallenen Märtyrer. Abgesehen davon sollte die Frau in der militarisierten Zone möglichst unsichtbar sein, denn Soldaten kommen gelegentlich auf dumme Gedanken.

Einige dieser Ge- und Verbote gab es bereits vor dem Islam. Das Kopftuch etwa war keine Erfindung Mohameds, sondern galt vor ihm als eine Tradition vor allem unter freien Frauen. Auch Strafen wie Händeabhacken für die Diebe kannten die Araber bereits. Der Unterschied ist: Mohamed machte den Krieg zu einer heiligen Pflicht und den Tod als Märtyrer zur höchsten Stufe des Glaubens. Er machte die Kriegsbeute zu einer religiösen Praxis und erklärte im Koran, dass ihm laut Allah persönlich ein Fünftel der Kriegsbeute zustehe. Er machte das Kopftuch zu einem heiligen Kleidungsstück und sexuelle Enthaltsamkeit zu einem Merkmal des Glaubens.

Die Regeln der Scharia entstanden in der aufgewühlten Zeit zwischen zahllosen Kriegen. Sie sind das Produkt einer Ausnahmesituation, die acht Jahre lang andauerte. Es waren pragmatische Lösungen für eine noch instabile Gemeinschaft, die sich im Dauerkonflikt mit ihrer Umgebung befand. Die Logik dieser Regeln und Gesetze ist aus der Sicht von Mohameds militarisierter Gemeinde im 7. Jahrhundert durchaus nachvollziehbar. Problematisch wird es, wenn muslimische Männer und Frauen im 21. Jahrhundert die gleichen Regeln und die gleichen Geschlechterrollen und die gleiche Feindseligkeit gegenüber Juden und Christen pflegen und dies als unumstößlichen Teil ihres Glaubens betrachten.

Der Koran in Medina

In Medina veränderte sich Mohameds Strategie und damit auch die Sprache des Koran. In Mekka hatte sich der Koran mit dem Konflikt Mohameds mit seinem Stamm der Quraisch beschäftigt. In Medina blieb dieser Konflikt zwar bestehen, aber es kamen neue Akteure hinzu. Die Auseinandersetzung mit den Juden ist ein wesentlicher Bestandteil der Suren, die in Medina offenbart wurden. Der Koran wurde nun auch zum Kriegsprotokoll des Propheten. Viele Verse begeistern die Soldaten für den Kampf, manche beschreiben die Siege, andere beweinen die Niederlagen. Die Frage der Aufteilung der Beute wird ebenfalls durch den Koran geregelt. Außerdem werden die vielen Ehen, die Mohamed in Medina einging, im Koran reflektiert. Eine ganze Sure (»Die Frauen«) widmet sich dem angemessenen Umgang mit Frauen in Sachen Ehe, Sexualität, körperliche Züchtigung und Scheidung. Der fast sechzigjährige Mohamed wollte damit auch seine viel jüngeren Frauen im Zaum halten. Eine Warnung, nachdem zwei von ihnen beschuldigt worden waren, mit anderen Männern geschlafen zu haben.

Auch die Stimmen seiner Anhänger kommen in der Medina-Phase des Koran nun deutlicher zum Ausdruck. Seine Gemeinde war immer größer geworden und hatte dementsprechend neue Fragen und Bedürfnisse. Der Koran dokumentiert dies. Im Text erkennt man auch die Entwicklung Mohameds und seiner Gemeinde von ethisch-humanistischen Zeitgenossen zu einer verschworenen, kriegerischen Bande.

Die Koranforscherin Angelika Neuwirth ist der Auffassung, der Koran sei in Teilen die »Mitschrift einer Gemeindebildung«. Das gilt in jedem Fall für die Zeit in Medina. Viele der damaligen Verse beginnen mit der Formulierung: »Und sie fragen dich nach (…), so sage ihnen (…)«

Generell war der Koran in Medina viel dynamischer und kommunikativer, basierend auf einer Interaktion des Propheten mit seinen Anhängern. Ein Beispiel dafür findet sich in Sure 2: »Sie befragen dich über Alkohol und Glücksspiel. Sprich: ›In beiden liegt großes Übel und Nutzen für die Menschen. Doch ihr Übel ist größer als ihr Nutzen‹«, heißt es in Vers 219. Auf die Frage der Gemeinde erfolgt eine vergleichsweise ausgewogene Aussage. Aber als die Gläubigen beim Gebet oft von betrunkenen Mitbetenden gestört wurden, folgte in Sure 4:43 eine ernste Ermahnung: »O ihr, die ihr glaubt, nahet nicht dem Gebet, wenn ihr betrunken seid, bis ihr versteht, was ihr sprecht.«

Das spätere Aussprechen eines generellen Alkoholverbotes hatte – neben der erhofften positiven Wirkung auf die Soldaten – aber auch einen persönlichen Hintergrund: Mohameds Gefährte und Schwiegervater Omar war vor seiner Bekehrung ein heftiger Trinker gewesen. Inzwischen strikter Abstinenzler, hatte Omar Mohamed aufgefordert, eine klare Aussage zum Thema Alkohol zu machen. Und die lautete, nachzulesen in Sure 5:90: »O ihr, die ihr glaubt! Berauschendes, Glücksspiel, Opfersteine und Lospfeile sind ein Gräuel, das Werk des Satans. So meidet sie, auf dass ihr erfolgreich seid.«

Einen solchen direkten Einfluss auf den Koran übten aber natürlich nicht alle Gläubigen aus, sondern nur Stammesführer von Medina oder wichtige Kämpfer und Weggefährten wie Omar. Dennoch wird hier deutlich, dass nicht alle Anhänger Mohameds den Koran als ein vertikales Buch verstanden haben, das von oben nach unten diktiert wird, sondern sich als Mitgestalter dieses Textes sahen. Eine Vorstellung, die dem Stellenwert des Koran nach dem Tod Mohameds widerspricht. Denn je weiter man sich von der Zeit der Offenbarung entfernte, desto unantastbarer wurden Mohamed und der Koran und desto kleiner wurde der Spielraum bei der Auslegung der Texte.

Kapitel 3

Von Medina nach Kufa: Die vier ermordeten Kalifen und das islamische Schisma

Als Mohamed im Jahr 632 nach kurzer Krankheit überraschend starb, war der Islam noch immer eine Religion im Werden. Es gab zwar viele Gesetze, die den Alltag der Menschen regelten, aber kein klares Herrschaftssystem. Und die Gemeinde, die Mohamed hinterließ, war nicht qualifiziert, um einen Staat zu bilden. Denn sie bestand nach wie vor aus Wüstenarabern und Kriegern, denen die Idee des Staates fremd war. Die Stammesloyalität war immer noch der Motor dieser Gemeinde, und das erzeugte viele Konflikte. Das größte Problem aber war, dass Mohamed keine Regeln zur Bestimmung seines Nachfolgers hinterlassen hatte.

Kurz vor seinem Tod fragte er nach Tinte und Schafshaut, um seinen letzten Willen aufzuschreiben, doch sein Schwiegervater Omar lehnte dies ab: »Der Prophet halluziniert«, sagte er. Für Mohameds Onkel al-Abbas war Omars Verhalten eine Katastrophe. Hätte er die Niederschrift zugelassen, wäre die innermuslimische Geschichte weit weniger blutig verlaufen.

Die Anhänger von Mohameds Onkel und seinem Cousin Ali waren überzeugt, der Prophet habe Ali zu seinem Nachfolger ernennen wollen und Omar habe genau das verhindert. So lautet das zentrale Narrativ der Schiiten, die sich um die Macht betrogen sahen.

Wenig später starb Mohamed und hinterließ eine unvollendete Religion, die den Krieg in sich trägt wie die Wolke den Regen. Seine Anhänger stritten sich um die Nachfolge. Die Haschimiten wollten Ali als Nachfolger haben, und die Stämme von Medina wollten einen der Ihren zum Kalifen ernennen, da sie zur Gründung des Staates des Propheten am meisten beigetragen hätten. Und um das Chaos perfekt zu machen, wollten Mohameds Schwiegerväter Abū Bakr und Omar selbst die Nachfolge antreten – beide hatten einige »Oligarchen« aus Mekka auf ihrer Seite. In einem geheimen Treffen kamen die beiden überein, dass Abū Bakr Mohameds Nachfolger werden und Omar ihm später nachfolgen sollte.

Diese Nacht- und Nebelaktion hatte nicht nur Auswirkungen auf die Nachfolge Mohameds, sondern auf die Geschichte des Islam insgesamt. Denn diese ist nicht nur vom Dauerkonflikt zwischen Sunniten und Schiiten gekennzeichnet, sondern auch von Kämpfen zwischen zahlreichen islamischen Gruppen um die Legitimation der Macht und die Interpretation des Koran. Von nun an werden nicht die Frommen, sondern die Mächtigen sowohl über die politische als auch über die theologische Ausrichtung des Islam bestimmen. Von nun an wird die Stammesloyalität über der Religion stehen.

Die Nachricht vom Tod des Propheten und vom Machtkampf um seine Nachfolge erreichte die arabischen Stämme erst mit einiger Verzögerung. Viele von ihnen hatten den Islam entweder aus Angst vor Mohamed oder aus Profitsucht angenommen, jetzt wandten sie sich vom Glauben ab und verweigerten seinem Nachfolger Abū Bakr die Treue. Und, was besonders schmerzlich war, die Steuerzahlungen. Abū Bakr ging mit aller Brutalität gegen die abtrünnigen Stämme vor. Bevor der Islam mit dem Schwert in die Welt getragen wurde, musste er durch einen Krieg gegen die Abtrünnigen in den eigenen Reihen verteidigt werden. Der Abfall vom Glauben gilt seit dieser Zeit als Hochverrat, der die Existenz der *Umma* gefährdet. Deswegen wird ein Apostat im Islam laut Scharia mit dem Tod bestraft.

Nach nur zwei Jahren an der Macht starb Abū Bakr 634. Man

munkelt, er sei vergiftet worden. Sein Nachfolger Omar wollte es besser machen und setzte – wie zuvor Mohamed – darauf, dass ein gemeinsamer Feind die Araber dauerhaft zusammenschweißen und unter dem Dach des Islam vereinen würde. Er erinnerte sie an Mohameds Versprechen, dass die Araber die persische und die byzantinische Krone erben würden. Das Momentum schien auf seiner Seite. Omar profitierte von der großen Armee, die Mohamed hinterlassen hatte, und konnte auch die arabischen Stämme an der Grenze, Vasallen der beiden rivalisierenden Großmächte, von der Idee eines eigenen Reiches überzeugen.

Die folgenden zehn Jahre bis zum Tod Omars 644 standen ganz im Zeichen der Expansion. Seine Truppen konnten zunächst Persien und den Irak erobern. Bei der legendären Schlacht am Yarmuk 636 konnten die Araber Byzanz schlagen und Syrien und Palästina erobern. Danach waren Armenien, Ägypten und Nordafrika an der Reihe. Sechs Jahre später war das Sassaniden-Reich Geschichte. Und Byzanz musste viele Gebiete an die Araber abtreten.

Als Omar im November 644 an den Folgen einer Stichverletzung starb, die ihm ein ehemaliger Sklave und Soldat beigebracht hatte, bestimmten die Mitglieder der sogenannten *Schūrā* über seinen Nachfolger. Omar hatte die Mitglieder des Gremiums selbst ausgewählt, um erneuten Machtstreitigkeiten vorzubeugen. Die *Schūrā* wählte ʿUthmān ibn ʿAffān, auch bekannt unter dem Namen Usman, zum dritten Kalifen.

Ali und das Schiedsgericht

Der Beginn des Umayyaden-Staates wird häufig mit dem Jahr 661 verbunden, in dem Muaʾāwiya I. zum Kalifen erhoben wurde. Er war zweifelsohne einer der bedeutendsten Herrscher in der arabischen Geschichte, aber die Wurzeln zur Errichtung des Umayyaden-Imperiums reichen weiter zurück: in die Zeit des dritten Kalifen Usman.

Usman aus dem einflussreichen Stamm der Umayyaden war mit zwei Töchtern Mohameds verheiratet und hatte von Anfang an als einer der Favoriten für die Nachfolge Omars gegolten. Ebenfalls Chancen ausgerechnet hatte sich aber Mohameds Cousin Ali vom Stamm der Haschimiten. Dass er erneut übergangen wurde, sollte nicht ohne Folgen bleiben.

Von Beginn an setzte Usman Familienangehörige und Mitglieder seines Clans auf zentralen Positionen ein und baute so die Macht der Umayyaden systematisch aus. Für die reichsten und politisch wichtigsten Provinzen in Ägypten, Syrien und Irak ernannte er umayyadische Gouverneure. Diese einseitige Favorisierung der eigenen Sippe und die Korruptheit vieler Statthalter, die sich auf Kosten des Volkes bereicherten, führten jedoch zu mehreren Revolten in den Provinzen. Vor allem im Irak und Ägypten hatte Vetternwirtschaft des Kalifen zur Bildung einer starken Opposition geführt. 656 brachte die Ernennung eines neuen Gouverneurs das Fass zum Überlaufen. Die Rebellen marschierten nach Medina, stürmten die Residenz des Kalifen und lynchten ihn.

Jetzt war endlich ein Haschimit an der Reihe: Mohameds Cousin Ali wurde in dieser turbulenten Zeit im Jahr 656 zum Kalifen ernannt, doch die Umayyaden verweigerten ihm die Gefolgschaft. Ein Bruch mit dem Prinzip der *Baia'a*, mit dem Treueeid, der auf das Gefolgschaftsversprechen der ersten Muslime gegenüber Mohamed zurückgeht. Ausgerechnet Ali, dem ersten Gefährten des Propheten, die Loyalität zu verweigern, war ein Eklat. Für die Umayyaden war das allerdings nur folgerichtig: Sie warfen Ali vor, Usman nicht rächen zu wollen. Keiner der Rebellen, die für seinen Tod verantwortlich waren, wurde belangt. Und so stand die Ermordung Usmans und die Ernennung Alis zum Kalifen am

Anfang der Spaltung der islamischen *Umma*, der Gemeinschaft der Muslime, in verschiedene religiöse und politische Lager.

Ali verlegte die Hauptstadt seines Kalifats von Medina nach Kufa im Irak, um sich dem Einfluss der Umayyaden zu entziehen. Doch deren Macht reichte weit, überall organisierten sie Revolten gegen den neuen Kalifen. Selbst Mohameds jüngste Ehefrau Aischa führte eine Armee gegen ihn ins Feld. In der sogenannten Kamelschlacht bei Basra im Dezember 656 fielen Zehntausende Muslime. Enge Gefährten Mohameds, die der Prophet zu leuchtenden Wegweisern der Muslime ernannt hatte, brachten sich gegenseitig um.

Während er gegen Aischa noch erfolgreich gewesen war, konnte Ali seine Macht gegen Usmans Cousin Muaʾāwiya, damals Statthalter in Syrien, nicht so leicht durchsetzen. Auch der mobilisierte eine Armee, und in der Schlacht von Siffin am Euphrat standen sich die Truppen der beiden gegenüber. Nach einigen kleineren Scharmützeln belauerte man sich über hundert Tage, es gab Verhandlungen, wieder kleine Kämpfe, aber den entscheidenden Angriff scheuten beide lange. Erst im Juli 657 kam es zu großen Gefechten, die sich zugunsten von Ali zu entwickeln schienen. Daraufhin schickte Muaʾāwiya eine Schar Kämpfer in Alis Lager, die Koranblätter an die Spitzen ihrer Lanzen geheftet hatten als Zeichen, dass auch sie Muslime seien. Sie forderten, die Entscheidung dem heiligen Buch zu überlassen und bis dahin die Kampfhandlungen ruhen zu lassen. Ali willigte ein.

Der Cousin des Propheten war kein großer Fan von militärischen Auseinandersetzungen, deshalb galt seine Regentschaft allgemein als relativ friedlich. Doch das war auch ein Nachteil seines Führungsstils. Mohamed und die ersten drei Kalifen vor ihm hatten gewusst, wie sie gegen sie gerichtete Revolten durch militärische Razzien unterbinden und Feldzüge gegen neue Feinde kanalisieren konnten. Ali hätte den innermuslimischen Bürgerkrieg in einen Eroberungskrieg umwandeln können, aber er tat es nicht.

Dass nun erneut Bruder gegen Bruder im Namen der Religion gegeneinander kämpften, war für den Idealisten unerträglich – sein Widersacher Mua'āwiya wusste dies zu nutzen.

Er war der Sohn von Mohameds früherem Erzfeind Abū Sufyān, Clanoberhaupt und Kaufmann in Mekka zur Zeit des Propheten. Nach der Schlacht von Badr 624 war er zum mächtigsten Mann in der Stadt aufgestiegen und hatte Mohamed massiv bekämpft. Erst als dessen Kämpfer Mekka erfolgreich belagerten, gab er seinen Widerstand auf, bereitete die friedliche Übergabe der Stadt vor und konvertierte quasi in letzter Minute zum Islam.

Sein Sohn war als Statthalter in Damaskus mit der modernen Kriegsführung und der byzantinischen Administration gut vertraut. Und er hatte Alis Verlegung der Machtzentrale in den Irak genutzt, um die Position der Umayyaden weiter zu festigen. Jetzt schlug der clevere Taktiker ein Schiedsgericht vor, um die Machtfrage zu regeln. Ali willigte ein, um weiteres Blutvergießen zu verhindern. Bei seinen Anhängern stieß das auf Kritik. Sie verwiesen auf den Koran, der den Kampf gegen Rebellen gebietet. Ein Schiedsgericht hätte ein menschliches Urteil zur Folge, ein Sieg in der Schlacht hingegen sei als Gottesurteil zu verstehen. Alis Anhängerschaft spaltete sich in verschiedene Lager auf. Vor allem die Charidschiten aus der Gegend um Kufa sahen bereits in der Zustimmung zu diesem Schiedsgericht einen Akt des Unglaubens.

Für das Schiedsgericht im Jahr 658 hatten die beiden Kontrahenten zwei Vertreter ernannt. Diese hatten davor heimlich vereinbart, dass weder Ali noch Mua'āwiya, sondern ein Dritter zum Kalifen gewählt werden sollte, um den Bürgerkrieg dauerhaft zu beenden. Alis Vertreter war zuerst an der Reihe und kündigte dessen Verzicht auf die Macht an. Mua'āwiyas Vertreter hingegen hielt sich nicht an die Absprache, sondern bekräftigte dessen Anspruch auf das Kalifat.

Für einen Teil von Alis Anhängern war das ein Zeichen, dass

Ali die *Umma* verraten und die Macht an die Umayyaden verkauft habe. Damit hatte er neue Gegner aus den ehemals eigenen Reihen, die in der Folgezeit immer wieder Revolten anzettelten, die einen hohen Blutzoll forderten. Ali selbst, dessen Position immer stärker erodierte, starb 661 in der Moschee von Kufa durch die Hand eines Charidschiten. Mit ihm endete für die Sunniten die Phase der »Rechtgeleiteten Kalifen«, die die Gemeinschaft der Gläubigen vor deren Spaltung in Schia und Sunna führten.

Das Schicksal der ersten vier Kalifen sollte zu einer traurigen Tradition bei der Machtübergabe in der islamischen Welt werden. Nicht selten ließ ein Kalif seinen Bruder, Onkel, Cousin, Sohn oder sogar Vater ermorden, um an die Macht zu kommen oder sie zu sichern. Im islamischen Kollektivgedächtnis wird das Kalifat dennoch als die gerechte Form des Regierens romantisiert. Und gerade die Phase der ersten vier rechtgeleiteten Kalifen wird maßlos glorifiziert, obwohl mindestens drei von ihnen wegen ihres ungerechten Herrschaftsstils umgebracht wurden. Die Ermordung Alis war der Beginn der Spaltung der Muslime in Schiiten und Sunniten, die sich bis heute wegen eines Machtkampfes aus dem 7. Jahrhundert immer noch gegenseitig bekämpfen.

In der Justiz gibt es ein Prinzip: Was auf Unrecht gebaut wurde, hat keine Gültigkeit. Und aus der Architektur ist bekannt: Wer auf ein schiefes Fundament baut, gefährdet das Gebäude und seine Bewohner mit jedem neuen Stockwerk, das darauf errichtet wird. Das politische System des Islam wurde auf einem Fundament aus Unrecht und Gewalt errichtet. Ein gefährliches, ein schiefes Fundament, das dazu führte, dass trotz anfänglicher schneller und großer Erfolge alles Weitere, was darauf errichtet wurde, instabil blieb. Bürgerkriege und Konflikte, die damals ihren Ausgangspunkt nahmen, beschäftigen die islamische Welt bis heute. Der erste Irakkrieg zwischen dem Iran und dem Irak, mit über zwei Millionen Toten auf beiden Seiten, der Bürgerkrieg in Syrien mit Hunderttausenden Toten und Millionen Flüchtlingen, der

Bürgerkrieg im Jemen, der unzählige Kinder das Leben gekostet hat, die Rivalität zwischen dem Iran und Saudi-Arabien, die den gesamten Nahen Osten jahrzehntelang destabilisierte – all diese Konflikte haben ihr Wurzeln im innerislamischen Schisma vor 1400 Jahren.

Kapitel 4

Von Kufa nach Damaskus: Die Umayyaden an der Macht

Auch für Alis Widersacher lief zunächst nicht alles glatt. Im Rahmen des Schiedsgerichts hatte sein Vertreter zwar seinen Machtanspruch bekräftigt, doch umsetzen konnte er ihn erst nach Alis Tod – und nicht ohne Widerstand. Im Irak war Alis Sohn Hasan zum Kalifen ernannt worden, während die Umayyaden Mua'āwiya an der Macht sehen wollten. Sie schickten Truppen in den Irak und forderten die Anerkennung seines Rechts auf den Kalifenthron. Nach zähen Verhandlungen, der Zahlung einer großen Summe und der Zusage, Hasans Nachkommen würden in Zukunft bei der Thronnachfolge zum Zuge kommen, konnten sie Hasan dazu bewegen abzudanken. Doch ebendiesen Pakt sollte Mu'āwiya später brechen, indem er seinen Sohn Yazīd zum Nachfolger bestimmte.

Damit führte er ein neues Herrschaftssystem ein, bei dem er sich am Byzantinischen Reich und dem der Sassaniden orientierte. Das Prinzip der *Baia'a*, bei dem die Frömmigkeit, die Nähe zum Propheten und die Verdienste um den Islam bei der Wahl zum Kalifen gewürdigt wurden, gehörten endgültig der Vergangenheit an. Mua'āwiya setzte an seine Stelle das dynastische System und ließ sich wie ein byzantinischer Kaiser krönen. Kein Rat der Weisen mehr, nur das Blutrecht und das Recht des Stärkeren bestimmte von nun an über den Anführer der Muslime. Das war einerseits ein Rückfall in vorislamischen Tribalismus, andererseits brachte die Herrschaft Mua'āwiyas den Islam aber auch zu neuer Blüte.

Natürlich wurde seine Ernennung zum Kalifen von Revolten begleitet, doch er griff auf die alten Methoden zurück, um sie zu kanalisieren. Schon als Statthalter von Syrien hatte er die Armee modernisiert und die erste arabische Flotte aufgebaut, die im Jahr 655 die byzantinische Flotte in der Schlacht von Phönix im Mittelmeer schlug. Jetzt vergrößerte er die islamischen Gebiete, eroberte den Maghreb und steckte die Kriegsbeute in die Erneuerung des Herrschafts- und Administrationssystems. Er modernisierte die Bewässerungssysteme und führte neue Steuern ein. Während seiner Herrschaft waren die Staatskassen gut gefüllt, auch dank hoher Tributzahlungen aus den eroberten Gebieten.

Die schnelle Ausdehnung des Reiches brachte jedoch neue Probleme mit sich. Wie konnte der Kalif all diese Gebiete mit ihren unterschiedlichen Ethnien zusammenhalten? Könnte die Religion das leisten? Tatsächlich sah sich der Umayyaden-Herrscher weniger als Verkünder des Islam, sondern eher als arabischer König, der imperialistische Ziele verfolgte, die vor allem der Stärkung der eigenen Machtposition dienten. Der Islam war ein Mittel zum Zweck, aber seine Verbreitung kein Kernanliegen.

Zur Erinnerung: Der mächtige Stamm der Umayyaden gehörte lange zu den erbittertsten Feinden Mohameds. Erst als es ihm gelang, eine starke Armee in Medina zu formieren und die meisten Stämme in der Mitte und im Süden Arabiens unter seine Führung zu bringen, nahmen auch die Umayyaden den Islam an und kämpften an Mohameds Seite. Wenn man so will, waren sie Zwangsbekehrte, wie viele der im Zuge der Expansion unterworfenen Völker.

Jetzt, angesichts des immer größer werden Reiches, erkannte Muaʾāwiya den Nutzen der Religion. Unter ihm und seinen Nachfolgern wurde der Islam von einer Religion, die Gleichheit und Gerechtigkeit predigte, zu einer Religion, die die Araber favorisierte und ihnen mehr Reichtum und mehr Macht auf Kosten anderer Völker verschaffen sollte. Die Umayyaden verfolgten

Andersdenkende und schufen eine Version des Islam, die herrschaftstauglich war und jede Form von Ungerechtigkeit im Namen des Kalifats rechtfertigte.

Ähnlich war Kaiser Konstantin vorgegangen. Als das Christentum sich als eine unabhängige Religion präsentierte, wurde es vom Römischen Reich stark bekämpft, seine Anhänger wurden schikaniert und verfolgt. Nachdem sich die christliche Botschaft aber trotz Verfolgung in allen Ecken des Reiches verbreiten konnte, erkannte Konstantin, dass ihm diese Religion als Machtinstrument dienen könnte. Der Kaiser wurde Christ und schuf eine Version des Christentums, das herrschaftstauglich war, obwohl der Gründer dieser Religion gesagt hatte: »Mein Reich ist nicht von dieser Welt.« Die Umayyaden nutzten das Schwert des Islam, um ein Imperium zu schaffen, das sich zwischen China und Spanien erstreckte.

Die Umayyaden hatten vor dem Islam ihren Rivalen, den Haschimiten, die Angelegenheiten der Pilgerfahrt nach Mekka überlassen und sich um den Handel mit Byzanz gekümmert. Mohamed wusste, dass er seine Gegner in Mekka empfindlich treffen würde, wenn er diese Handelsbeziehungen stören würde. Deshalb hatte er immer wieder Karawanen überfallen, woraus die erste Schlacht des Islam hervorging. Auch bei anderen Kriegen zwischen Mohamed und den Mekkanern waren die Umayyaden immer an vorderster Front dabei. Sie schmiedeten eine arabische Allianz gegen ihn, der in nur wenigen Jahren zu ihrem stärksten Rivalen aufgestiegen war. Doch Mohameds Allianz war mächtiger. Nicht weil er zahlenmäßig überlegen gewesen wäre, sondern weil seine Idee stärker war.

Aber als Mohamed Mekka gewaltsam einnahm, löschte er die Umayyaden nicht aus, obwohl er dies hätte tun können. Er holte sie mit ins Boot, weil er ihre Verbindungen zu Byzanz und ihre Handels- und Kampferfahrungen nutzen wollte. Seinem Erzfeind Abū Sufyān gab er den Posten eines Armeeführers, obwohl der dafür im Grunde viel zu alt war und den Islam nicht aus Überzeugung angenommen hatte. Die prestigeträchtige Stellung Abū Sufyāns diente allein dem Ziel, die Umayyaden auf seine Seite zu ziehen. So wie Mohamed sie benutzt hatte, um Teile Arabiens unter seine Kontrolle zu bringen, so nutzten sie nun seine Botschaft als machtpolitischen Kitt für ihr großes Imperium.

Johannes von Damaskus

Abū Sufyāns Sohn Muʾāwiya wird in sunnitischen Quellen als muslimischer Anführer bezeichnet, der für die Sache des Islam kämpfte. Schiitische Quellen dagegen sehen in ihm einen blutrünstigen Betrüger, der nur durch eine Intrige gegen den rechtmäßigen Nachfolger des Propheten an die Macht gekommen war. Manche zweifeln sogar an, dass er überhaupt ein Muslim war. Münzen und Inschriften aus seiner Zeit tragen christliche Symbole, woran auch seine unmittelbaren Nachfolger festhielten. Auf einer Mauer in Taʿif ist neben seinem Namen ein Kreuz eingraviert. Auch seine Krönung wirft Fragen auf. Denn er wurde nicht in Mekka oder Medina, auch nicht in Damaskus, der Hauptstadt seines Reiches, gekrönt – sondern in Jerusalem, und zwar an jener Stelle, wo Jesus gekreuzigt wurde. Danach betete er nicht in einer Moschee, sondern in der Marienkirche. Gleichzeitig gibt es andere Inschriften, die ihn als *Amir al-Muʾminin* bezeichnen, als Anführer der Gläubigen, ein Titel, den die muslimischen Kalifen trugen.

Christ oder Muslim? Diese Frage lässt sich nicht mit Gewissheit beantworten. Es ist durchaus möglich, dass er ein Christ war, der eine andere Glaubensrichtung hatte als Byzanz; es ist aber auch möglich, dass er die Nähe zum Christentum vortäuschte, um Revolten in Syrien, Ägypten und dem Irak zu vermeiden.

Denn die Mehrheit der Untertanen seines neuen arabischen Reiches waren zu diesem Zeitpunkt christlich. Vermutlich war er weder ein frommer Muslim noch ein devoter Christ, sondern wie sein Vater ein Opportunist und Machtstratege.

Fakt ist, dass es in der Zeit der ersten vier Umayyaden-Kalifen eine große Toleranz gegenüber Christen gab. Diskriminiert wurde nicht aufgrund der Religion, sondern aufgrund der Ethnie. Menschen wurden in Araber und *Mawali*, also Nichtaraber unterteilt. Während der Herrschaft von Muʾāwiya war ein Christ namens Sarjun ibn Manṣūr Schatzmeister des Kalifen. Sein Sohn Yaḥyā, in westlichen Quellen bekannt als Johannes von Damaskus, wurde im Kalifenpalast erzogen. Johannes, der zu einem berühmten Theologen und Kirchenvater werden sollte, war der Spielgefährte von Yazīd, dem künftigen Kalifen. Während seiner Regentschaft hat er das Amt des Hauptrates von Damaskus *(Protosymboulos)* bekleidet.

Erstaunlich ist, dass Johannes eine sehr kritische Haltung zum Islam hatte und dies auch öffentlich kundtat. Er nannte Mohamed einen falschen Propheten und betrachtete dessen Lehre als eine christliche Häresie. Seine Kritik war die erste theologisch und philosophisch begründete Islamkritik der Geschichte. Die Außensicht von Christen wie Johannes von Damaskus trug zur Entstehung der islamischen Theologie bei, als Reaktion auf die frühe Islamkritik. Dass Johannes wegen solcher Äußerungen nicht einmal seine Stellung verlor, wirft Fragen auf nach der Bedeutung der Religion für die ersten Umayyaden-Herrscher. Denn wie konnten sie im Namen einer Religion regieren, die ihr höchster Beamter als christliche Häresie bezeichnete? Wie konnten sie sich überhaupt »Nachfolger des Propheten« nennen, wenn Johannes von Damaskus diesen ungestraft einen falschen Propheten nennen durfte?

Vier Jahre vor seinem Tod erklärte Muʾāwiya seinen Sohn Yazīd zum designierten Nachfolger. Selbst in den eigenen Reihen wurde Yazīd als denkbar ungeeignet für die Aufgabe betrachtet; er galt als korrupt, Alkohol und Glücksspiel zugeneigt und charakterlich schwach. Davon berichtet der erste muslimische Historiograph at-Tabarī, der außerdem erwähnt, dass Yazīd das Gebet nicht verrichtete.[1]

Als Yazīd 680 tatsächlich die Nachfolge seines Vaters antrat, forderte er den Treueeid aller Provinzen. Jeder, der sich weigere, werde geköpft. Es waren keine leeren Drohungen. Hussein, ein Enkel des Propheten, stellte sich an die Spitze des Aufstands gegen den in seinen Augen unrechtmäßigen Kalifen. In der islamischen Geschichte steht die Schlacht von Kerbela im Oktober 680 für den Kampf zwischen Gut und Böse. Sie ist eine Zäsur, denn sie war der Beginn eines neuen Bürgerkriegs zwischen Schiiten und Sunniten, der bis heute andauert. Hussein und seine Anhänger wurden vernichtend geschlagen. Es heißt, er habe sich mit dem Schwert in der einen und dem Koran in der anderen Hand in die Schlacht gestürzt, doch vergebens. Sein abgetrennter Kopf soll an Yazīd gesandt worden sein.

Für die Schiiten ist Kerbela ein Schlüsselereignis, das sie später in ihrer Ideologie weiterentwickelten. Der Tod im Namen der Religion im Kampf gegen einen übermächtigen Gegner ist bis heute zentrales Element schiitischer Dschihadisten und wurde im 20. Jahrhundert auch politisch instrumentalisiert, etwa beim Umsturz im Iran.

Yazīds Herrschaft war geprägt von Gewalt und Willkür, was zunehmend für Unruhe in der Bevölkerung sorgte. Gerüchte über seinen ausschweifenden Lebensstil ließen Zweifel an seinem Glauben aufkommen. Medina wagte als Erstes den Aufstand und sagte sich von Yazīd los; wenig später kam es in Mekka zu einer großen Revolte gegen die Umayyaden. Ein gewisser ʿAbdullāh ibn az-Zubair (624–692), ein Neffe Aischas und Enkel des ersten Kalifen Abū Bakr, erhob sich gegen Yazīd, der die Stadt belagern ließ. Dabei wurde die Kaaba durch einen Brand schwer beschädigt.

Als Yazīd im November 683 überraschend mit 38 Jahren starb – die Gerüchte reichen von einer Lungenentzündung bis hin zu einem Sturz vom Pferd im Suff –, ließ sich ʿAbdullāh zum Gegenkalifen ausrufen.[2] Die Phase des mekkanischen Gegenkalifats dauerte bis 692 und ging als zweite *Fitna*, als Zeit der Glaubensspaltung in die islamische Geschichte ein.

Erst der fünfte Umayyaden-Kalif ʿAbd al-Malik ibn Marwān konnte die Revolte endgültig niedergeschlagen. ʿAbdullāh wurde in Mekka öffentlich gekreuzigt.

Mythos Jerusalem

ʿAbd al-Malik ibn Marwān, der bis 705 herrschte, prägte das Bild des Islam, das wir heute kennen. Denn erst unter seiner Herrschaft kam es zu einer klaren Besinnung auf den Islam und somit auch zu einer antichristlichen Politik im arabischen Reich. Christen, darunter auch Johannes von Damaskus, wurden aus hohen Ämtern entfernt, Arabisch wurde zur offiziellen Amtssprache, was viele Perser und Nichtaraber den Job kostete.

Nach der Revolte von Mekka erkannte der neue Kalif die Wichtigkeit der Wiederbelebung des Mohamed-Kults, ließ neue Geldstücke prägen, auf deren Rand »Mohamed ist der Gesandte Gottes« stand und auf der flachen Seite Vers 1 aus Sure 112: »Sprich: Er ist Allah, ein Einziger.« Er ließ den Felsendom in Jerusalem als Gegenpol zur Kaaba von Mekka errichten und Inschriften über den Koran und den Propheten anbringen, und solche, die die islamische Haltung zu Jesus verdeutlichen. Es geht um die Ablehnung der Dreieinigkeit und die Stellung Jesu als Gottessohn. Die

Inschriften verfolgen das Ziel, Mohamed und Jesus auf das gleiche heilsgeschichtliche Niveau zu heben. Dazu muss Jesus zum menschlichen Gottesdiener herabgestuft werden, während Mohamed, der im Koran als Gesandter Gottes und Prophet fungiert, eine transzendente Dimension erhalten muss. Die Nennung Jesu als »Diener Gottes und sein Gesandter« und Vers 19 aus Sure 3 markieren den Beginn einer neuen Zeit: »Wahrlich, die Religion bei Allah ist der Islam.« Sechzig Jahre nach seinem Tod werden Mohamed und das Wort »Islam« zum ersten Mal schriftlich erwähnt. Ein Rätsel, das die Historiker bis heute nicht lösen konnten.

Aber warum ausgerechnet Jerusalem? Das hat mit ʿAbdullāh ibn az-Zubair zu tun. Dessen Revolte gegen Yazīd war für die Geburtsstunde vom Mythos Jerusalem als muslimisches Heiligtum verantwortlich. Während seines Gegenkalifats in Mekka empfing Ibn az-Zubair während ihrer Pilgerfahrt viele einflussreiche Händler und Fürsten, die er von einer Rebellion gegen die Umayyaden überzeugen wollte – auch, um sein Kalifat auf Teile des Irak auszudehnen. Die Zeit schien günstig, denn ʿAbd al-Malik hatte in den ersten Jahren seiner Herrschaft mit verschiedenen Krisen zu kämpfen. Zwei verheerende Pestepidemien wüteten, es gab Hungersnöte und Angriffe von Byzanz auf Syrien, dazu immer wieder Revolten in verschiedenen Provinzen, vor allem im Irak.

Um den Gegenkalifen zu schwächen, wollte ʿAbd al-Malik zunächst die Stellung Mekkas als Pilgerstätte schwächen und erteilte den Auftrag zum Bau des Felsendoms. Dann verhalf ihm ein Friedensvertrag mit Byzanz dazu, seine Kräfte auf Mekka und den Irak zu konzentrieren. Im Jahr der Fertigstellung des Doms schickte der Kalif eine Armee nach Mekka, ließ die wiederaufgebaute Kaaba zerstören und seinen Gegenspieler hinrichten.

Um Pilger zu seiner neuen Stätte zu locken, hatte ʿAbd al-Malik Theologen und Hadith-Sammler eine Legende um Jerusalem wiederaufleben lassen, in deren Zentrum Mohameds Nachtreise nach Jerusalem und seine Himmelfahrt stehen. Eine angebliche Aussage Mohameds, Jerusalem sei eine Destination der Pilgerfahrt, taucht erstmals in der Zeit von ʿAbd al-Malik auf. In diesem Zusammenhang ist es erstaunlich, dass der Kalif jenen Vers im Koran, der über Mohameds Nachtreise berichtet, nicht auf die Wände des Felsendoms schreiben ließ. Vielleicht, weil Vers 1 von Sure 17 Jerusalem nicht direkt beim Namen nennt: »(...) Gepriesen sei der, der bei Nacht seinen Diener von der heiligen Moschee zu der fernen Moschee, deren Umgebung wir gesegnet haben, hinführte. (...)«

Mekka und Medina sollten zwar die wichtigsten Heiligtümer des Islam bleiben, aber Jerusalem hatte fortan eine besondere Stellung, weil es Knotenpunkt und Kampfzone aller abrahamitischen Religionen war. Wer die Macht über Jerusalem hatte, der hatte die Deutungshoheit über den Monotheismus. Seit ʿAbd al-Malik steht der Kampf um Jerusalem im Zentrum der Beziehung zwischen der islamischen Welt und dem Westen. Später gelang es den Kreuzrittern, Jerusalem kurz wieder unter christliche Herrschaft zu bringen; die Rückeroberung durch Saladin im 12. Jahrhundert markierte die Rückkehr der Legende des Heiligen Krieges für die Heilige Stadt.

Mohameds Werk und ʿAbd al-Maliks Beitrag

ʿAbd al-Malik führte die erste arabische Währung ein und zwang den byzantinischen Kaiser Justinian III., den Tribut an die Umayyaden in dieser Währung zu zahlen. Er baute ein modernes Postsystem auf, um über die Entwicklungen in den fernen Provinzen auf dem Laufenden zu sein, strukturierte die Verwaltung neu und besetzte sensible Positionen mit seinen Brüdern und Söhnen. In seiner Zeit wurden nicht nur viele neue Gebiete erobert, sondern auch Berichte über die Kriege des Propheten zusammengestellt, die ein Neffe von Mohameds Frau Aischa unter dem Titel *maghazi* niedergeschrieben hatte. Diese Erzählungen über den Kampfgeist Mohameds und seiner Soldaten dienten in der Zeit der islamischen Eroberung als wichtiges Propagandamittel.

Da ʿAbd al-Malik immer wieder mit Revolten zu kämpfen hatte, suchte er auch immer wieder nach neuen Legitimationen für seine Macht. Und so tauchten in seiner Zeit viele Hadithe auf, die eine Rebellion gegen den Herrscher untersagten, selbst wenn dieser ungerecht und unmoralisch war. Andere Hadithe lobten offen die Umayyaden und ihre Unterstützung des Propheten. Ein Prinzip, das seine Söhne ebenso fortführten wie die Expansion.

Der Kalif hinterließ seinen Söhnen ein stabiles und reiches Imperium mit einer starken Armee, einer soliden Verwaltung und einer auf die Bedürfnisse des Reiches zugeschnittenen islamischen Theologie. Während ihrer Dynastie, die bis ins Jahr 750 andauerte, konnten die Umayyaden-Kalifen die Grenzen des Reiches bis zur Iberischen Halbinsel und bis zum Indus verschieben. Die Religion hat ihnen dabei ermöglicht, dem Reich eine gemeinsame Identität zu geben und die Massen zu kontrollieren. Doch wie islamisch war die Zeit der Umayyaden?

Viele sind stolz auf Errungenschaften wie den Bau des Felsendoms, das Bezwingen von Byzanz und die Eroberung Andalusiens. Doch gleichzeitig gelten vielen die Taten der meisten Umayyaden-Kalifen als unislamisch. Sie vertreten die Auffassung, die Umayyaden hätten sich kaum für die Religion interessiert, denn sie zerstörten die Kaaba und töteten fast alle Nachfahren Mohameds im Bürgerkrieg. Selbst Reformer meinen, die Umayyaden hätten den Islam seines spirituellen Inhalts entleert und ihn nur als Mittel der Eroberung und Unterdrückung eingesetzt. Aus meiner Sicht haben die Umayyaden das, was bereits da war, von der Ebene des Stammes und der kleinen Gemeinde auf die Ebene eines großen Reiches übertragen. Sie haben einer Religion im Werden ihre Konturen gegeben und sie institutionalisiert. Sie haben den Islam erweitert und vervollständigt, nicht entstellt. Das geschah bereits mit jeder Religion und mit jeder Ideologie. Aber wie schon Mohamed und die ersten Kalifen nach ihm, waren auch sie von der Logik des Krieges und der Macht getrieben. Auch ihre Version des Islam entstand in einer Zeit voller Konflikte, Intrigen und Revolten und trug die Narben dieser Zeit. Der Islam von Mohamed passte zu seiner Gemeinde und ihren Bedürfnissen, und der Islam der Umayyaden passte zu ihrem Imperium und seinen Herausforderungen.

Islamische Quellen loben nur einen gerechten Umayyaden-Kalifen, Umar II., der von 717 bis 720 regierte. Sie erzählen, dass den Kalifen viele Klagen von benachteiligten Untertanen erreicht haben. Gerade die Nichtaraber litten stark unter der Politik der Umayyaden-Herrschaft und unter den hohen Steuern. Umar II. sagte: »Allah hat den Propheten Mohamed als Mahner, nicht als Steuertreiber gesendet.« Er startete eine große Enteignungskampagne unter den Fürsten, die sich in den vergangenen Jahren massiv bereichert hatten, und verteilte das Geld unter den Unterdrückten und Benachteiligten. Er ließ die Kopfsteuer abschaffen und führte stattdessen die Bodensteuer ein. Und er sorgte für eine starke Islamisierung der Gesellschaft, ließ Kreuze zerstören und ordnete per Edikt an, dass Christen und Juden ihre Kleidung mit Abzeichen kenntlich machen müssten, um sie auf den ersten Blick von Muslimen unterscheiden zu können.

Umars soziale Reformen waren jedoch nicht von langer Dauer. Nach wenigen Jahren an der Macht fiel er einer Palastintrige zum Opfer. Muslimen gilt er heute als Vertreter des wahren Islam, der aus ihrer Sicht nur Frieden und Gerechtigkeit kennt. Aber auch seine Islamisierungsbestrebungen dürften hier eine Rolle spielen.

Die selektive islamische Lesart der Geschichte der Umayyaden ist widersprüchlich. Man kann nicht auf die Eroberung Andalusiens stolz sein, aber gleichzeitig die aggressive Machtpolitik der Umayyaden kritisieren. Man kann Jerusalem nicht als eine heilige Stadt des Islam betrachten und gleichzeitig übersehen, dass erst die Umayyaden diese Stadt aus politischen Gründen zu einer heiligen machten. Man kann nicht darauf stolz sein, dass sich das arabisch-islamische Reich im 8. Jahrhundert zwischen China und Spanien erstreckte und gleichzeitig behaupten, der Islam sei eine Religion des Friedens.

Eine sachliche Betrachtung der Geschichte des Islam in den Zeiten der Umayyaden kann uns zeigen, unter welchen Umständen der sunnitische Islam konstituiert wurde. Denn die Version des sunnitischen Islam, die heute dominant ist, wurde in der Zeit der Umayyaden inmitten eines Bürgerkrieges zwischen Sunniten und Schiiten geboren und diente in erster Linie dazu, die politischen Ziele dieser Dynastie zu unterstützen. So gesehen ist die islamische Theologie genau wie der Mythos Jerusalem eine Erfindung der Umayyaden. Manche Historiker wie Tom Holland würden noch weiter gehen und behaupten, der Islam, der Koran und Mohamed selbst seien eine Erfindung der Umayyaden, um dem arabischen Imperium eine spirituelle Identität zu geben. Aber da wir bei den Fakten bleiben wollen, klingt eine andere These noch nachvollziehbarer: Es gab einen islamischen Kern in Arabien und eine unvollständige Religion, die seit ihrer Geburt politisch war und später von den Umayyaden vervollständigt wurde. Wir wissen, dass es einen arabischen Propheten namens Mohamed gab, und wir wissen, dass er Händler und später Krieger war. Es ist allerdings nicht auszuschließen, dass um diesen historischen Kern herum viele Erzählungen und angebliche Aussagen des Korans und des Propheten später aus politischen Gründen hinzugedichtet wurden. Wie wir noch sehen werden, geschah das nicht nur in der Zeit der Umayyaden, die ihre Macht trotz aller

Bemühungen nicht dauerhaft konsolidieren konnten. Denn Mitte des 8. Jahrhunderts sollte es in den eroberten persischen Gebieten erneut zu einer Revolte gegen ihre Herrschaft kommen, die aufgrund einer überraschenden Allianz das Ende dieser Dynastie einläutete.

Exkurs

Von Delhi bis Marrakesch: Die Ausbreitung des Islam

Als der britische Offizier Edward Thomas Lawrence, auch bekannt als Lawrence von Arabien, die beduinischen Stämme der Arabischen Halbinsel während des Ersten Weltkriegs überzeugen wollte, mit den Engländern gegen die Türken in Aqaba (im heutigen Jordanien) zu kämpfen, versprach er ihnen als Gegenleistung die Gründung eines vereinten arabischen Staates. Doch einer der Stammesführer entgegnete: »Ich kenne keine Araber, ich kenne nur meinen Stamm.« Erst als Lawrence ihm erklärte, dass es in Aqaba viel Gold zu holen gebe und dass die Vertreibung der Türken aus der Stadt ihn und seinen Stamm reich machen würde, wechselte er das Lager und kämpfte auf der Seite der »ungläubigen« Engländer gegen die muslimischen Türken.

Ein Vorfall wie dieser hätte sich auch 1300 Jahre früher ereignen können. In einer Zeit ohne gemeinsame Identität, in der nur die Zugehörigkeit zum eigenen Stamm zählte. In der es ums Überleben ging, um Wasserquellen und Oasen, nicht um Ideen. Manche behaupten, der Islam habe sich allein durch seine Botschaft und die Prinzipien der neuen Religion ausgebreitet, andere meinen, der Islam sei nur mit Hilfe des Schwertes in der Welt verbreitet worden. Ein Forscherteam der Universität Basel geht wiederum davon aus, dass Dürreperioden im 6. Jahrhundert in Südarabien große Migrationswellen Richtung Norden provoziert haben. Dies habe zu massiven sozialen Veränderungen geführt, die sowohl die Entstehung als auch die Ausbereitung des Islam begünstigt hätten.[1]

Genauso wie mehrere Faktoren für das Entstehen des Islam verantwortlich waren, spielten auch bei seiner Ausbereitung mehrere Faktoren eine Rolle. Die klimatischen Bedingungen und die sozialen Veränderungen auf der Arabischen Halbinsel dürften durchaus eine Rolle gespielt haben, aber ohne das Schwert wäre der Islam wohl nie in den Irak, nach Persien, Syrien, Ägypten, Nordafrika und Andalusien gekommen. Und ohne das Schwert hätte man auch niemals die vielen Revolten gegen die muslimischen Herrscher in den eroberten Gebieten niederschlagen können. Gleichwohl muss man darauf hinweisen, dass nach den ersten Eroberungswellen die Mehrheit der neuen Untertanen ihre ursprüngliche Religion lange Zeit beibehalten konnten. Wenn sie in dieser Phase konvertierten, geschah das aus unterschiedlichen Gründen. Einige waren theologisch motiviert, andere wirtschaftlich oder gesellschaftlich. So nahmen manche den Islam nur an, um im arabischen Reich zur Elite gehören und wichtige Ämter bekleiden zu können.

Die Zeit der religiösen Toleranz deutet darauf hin, dass die Verbreitung des Islam nicht erstes Ziel der frühen Eroberer war, sondern erst im Nachhinein eingesetzt wurde, um dem immer größer werdenden Reich eine gemeinsame Identität zu stiften. Wenn wir die Geschichte anderer Nomadenvölker betrachten, die ein großes Reich gründen konnten, stellen wir fest, dass fast alle ihre Eroberungen als Raubzüge begannen. Die Etablierung eines Wertesystems oder einer neuen Religion erfolgte in der Regel erst später, um einen gemeinsamen Nenner für die unterschiedlichen Gruppen innerhalb des Reiches zu schaffen.

Die Frage: erst das Schwert und dann die Religion oder umgekehrt? hat die Forschung auch bei der Entstehung des Osmanischen Reiches Ende des 13. Jahrhunderts beschäftigt. Dazu gibt es zwei Thesen. Der österreichische Historiker und Orientalist Paul Wittek vertrat schon Ende der 1930er-Jahre die sogenannte Ghazi-These, der zufolge die frühen Osmanen eine religiös motivierte Gemeinschaft von Glaubenskriegern gewesen seien. Das Wort *Ghāzī*, Eroberer, Titel vieler osmanischer Sultane, leitet sich vom arabischen Wort *ghazw* ab. Damit bezeichneten die Stämme der Arabischen Halbinsel vor dem Islam Raubzüge gegen andere Stämme. Mohamed machte sich dieses Prinzip zunutze, als er von Medina aus Überfälle auf Karawanen organisierte. Später wurde daraus der Einsatz »für die Sache Gottes«.

Getrieben von religiösem Eifer, so Wittek, hätten die türkischen Glaubenskrieger ihre Nachbarn mit Kriegen überzogen. Für den Orientalisten war der Aufstieg der Osmanen zu einer Weltmacht ein direktes Ergebnis ihrer Frömmigkeit und ihres Willens, den Islam in die Welt zu tragen. Den Niedergang des Osmanischen Reiches führt er konsequenterweise auf den Verlust des religiösen Eifers in einem modernisierten Reich zurück.[2]

Die Ghazi-These galt jahrzehntelang als aufschlussreichste Erklärung zur Entstehung des Osmanischen Reiches, auch wenn es frühe Kritiker an Witteks Einschätzung gab. Die Religion als alleiniger Motor könne die Komplexität der Reichsgründung nur unzureichend abbilden, so etwa argumentierte der türkische Historiker Mehmet Fuat Köprülü. Bis sich eine neue Theorie durchsetzen konnte, sollte es allerdings bis zum Jahr 1983 dauern. Der amerikanische Historiker Rudi Paul Lindner konnte damals durch neue wissenschaftliche Erkenntnisse belegen, dass die frühen Osmanen ein Verband nomadisch lebender Stämme waren. Anders als in Arabien hätten aber nicht Blutsverwandtschaft und die Sippenloyalität, sondern gemeinsame Interessen die Gemeinschaft geprägt. Wechselnde Allianzen waren die Folge, mit dem Ziel, geeignetes Weideland zu suchen oder Kriegsbeute zu machen.[3]

Vor allem die Suche nach Weideland sei eine wichtige Triebfeder für Expansionsbewegungen gewesen. Zu Beginn der osmanischen Expansion nach Westen habe der Nomadenverband in den byzantinischen Grenzgebieten im Nordwesten Anatoliens geeignete Flächen vorgefunden, die vom byzantinischen Heer kaum verteidigt worden seien.

Lindner zitiert in seiner Studie auch den Geschichtswissenschaftler Ömer Lütfi Barkan, der Witteks Ghazi-These in Teilen widerspricht und darauf verweist, dass berühmte osmanische Persönlichkeiten der Frühzeit christliche Namen getragen hätten, andere Heiden gewesen seien.[4] Und der Osmanist Halil İnalcık konnte Beispiele für eine Kooperation zwischen Osmanen und den christlichen Byzantinern in der Frühzeit nachweisen, was die These der islamischen Frömmigkeit als Triebfeder der ersten osmanischen Expansionswelle ebenfalls in Zweifel zieht.[5]

Neueren Forschungen zufolge war das erste Ziel der Osmanen also nicht die Errichtung eines islamischen Weltreiches, sondern das Bestreben, etwas vom Reichtum des Oströmischen Reiches abzubekommen. Wie für die Araber vor ihnen war Byzanz für sie Feind und Vorbild zugleich. Und wie die Araber nutzten sie die Schwächen der einstigen Großmacht. Als Mehmed II. im Mai 1453 Konstantinopel eroberte, nannte er sich ganz bewusst *Ḳayṣer-i Rūm*, Kaiser der Römer. Die Bezeichnung Kalif kam erst viel später, um der osmanischen Herrschaft in den eroberten islamischen Gebieten in Syrien und Ägypten im 16. Jahrhundert eine religiöse Legitimation zu verleihen.

Die frühen Osmanen waren in erster Linie Nomaden und Kämpfer, die sehr weltliche Ziele verfolgten. Die Religion wurde erst viel später zu einer neuen Komponente ihres Handelns. Vor allem für die gefürchteten Janitscharen war der Islam ein wichtiger Motivator. Die Elitetruppe hat ihren Ursprung im 14. Jahrhundert. Damals wurden zahlreiche Kriegsgefangene gemacht, wehrfähige Männer, die allerdings oft einem anderen Glauben anhingen. So, wie man zuvor schon auf dem Balkan mit den christlichen Mamluken verfahren war, verfuhr man auch jetzt mit den Gefangenen. Sie wurden in Lager gesteckt und »umerzogen«. Kinder wurden ihren Eltern weggenommen und zu fanatischen Muslimen erzogen.

Auch als Legitimation des Herrschers in den eroberten muslimischen Gebieten spielte die islamische Identität eine wichtige

Rolle. Denn nur als islamisches Kalifat wurde die osmanische Herrschaft von den Muslimen zumindest weitgehend akzeptiert. Aber die entscheidende Triebfeder für die frühen Expansionen war sie nicht.

Man kann die beiden unterschiedlichen Thesen, die Nomaden- und Ghazi-These, auch auf die ersten arabischen Eroberungen im 7. Jahrhundert übertragen. Wir verfügen kaum über nicht islamische Quellen, die uns etwas über die Motivation der ersten arabischen Krieger verraten könnten, die in einem sehr kurzen Zeitraum den Irak, Persien, Syrien, Jerusalem und Ägypten erobert haben. Die islamischen Quellen selbst bezeichnen sie als religiöse Eiferer, die keine Angst vor dem Tod gehabt hätten und deshalb auch große Armeen hätten besiegen können, die ihnen weit überlegen gewesen seien.

Tatsächlich wären die Nomaden von der Arabischen Halbinsel zu diesem Zeitpunkt weder zahlenmäßig noch militärisch imstande gewesen, Persien, Abessinien, Byzanz und auch die christlichen arabischen Stämme in die Knie zu zwingen, um später ein Gebiet von Andalusien bis China zu erobern, geschweige denn dieses komplexe Gebilde zu regieren. Naheliegender scheint zu sein, dass erst die Allianz der nomadischen Stämme mit den christlich-arabischen Bundesgenossen, den Vasallen von Persien und Byzanz, Siege gegen diese Weltmächte möglich gemacht haben. Ihre Armeen verfügten nicht nur über moderne Waffen und Kampftechniken, sondern auch über wichtige Informationen über Strategien und Schwachpunkte der persischen und byzantinischen Truppen. Eine Allianz, von der beide Seiten profitierten: Die Nomaden wollten endlich Wohlstand und ein Stück von der Macht haben, und die arabischen Christen wollten nicht länger den mächtigen Reichen Persien und Byzanz dienen, sondern selbst zur Großmacht aufsteigen.

Hinzu kommt, dass der Islam zum Zeitpunkt der ersten Eroberungen noch keine theologischen Konturen hatte, die ihn vom Christentum oder Judentum abgrenzten. Deshalb finden wir weder in den arabischen noch in den byzantinischen, syrischen, koptischen oder armenischen Quellen aus dieser Zeit die Begriffe Islam oder Muslim im Zusammenhang mit den Eroberungen. Die Rede ist hier von den Arabern, den Sarrazenern oder auch den Hagariten, in Anlehnung an Abrahams Sklavin Hagar, die ihm Ismael gebar, der als Vater der Araber gilt.

Patricia Crone und Thomas Cook gehen davon aus, dass auch Juden Teil dieser Koalition waren, in der Hoffnung, so der byzantinischen Herrschaft und der drohenden Zwangschristianisierung zu entgehen. So gesehen war nicht der Islam an sich, sondern die gemeinsamen Interessen einer multireligiösen Koalition ausschlaggebend für diese Eroberungswelle. Da die Muslime siegreich daraus hervorgingen und die Geschichte dieser Eroberung selbst schrieben, sorgten sie im Nachhinein dafür, sie wie einen religiösen Siegeszug aussehen zu lassen.

Erst später wird die Religion eine entscheidende Rolle nicht nur bei den Eroberungen, sondern auch bei der Etablierung einer gemeinsamen Identität in den eroberten Gebieten spielen. Und erst während der Regentschaft des fünften Umayyaden-Kalifen ʿAbd al-Malik gewann der Islam als eine unabhängige Religion an Konturen. Neben ersten Bruchstücken einer Mohamed-Biographie wurde der Koran verschriftlicht, frühere fragmentarische Versionen wurden verbrannt. In zwei Versen aus ʿAbd al-Maliks Version des Koran taucht das Wort »Islam« zum ersten Mal auf. In der bereits mehrfach erwähnten Sure 3:19 heißt es: »Wahrlich, die Religion bei Allah ist der Islam.« Und in Sure 3:85 ist zu lesen: »Und wer eine andere Religion als den Islam begehrt: Nimmer soll sie von ihm angenommen werden, und im Jenseits wird er unter den Verlierern sein.«

Diese beiden Verse widersprechen deutlich anderen Versen aus dem Koran. So heißt es zum Beispiel in Sure 2:62: »Wahrlich, diejenigen, die glauben, und die Juden, die Christen und die Sabäer, wer an Allah und den Jüngsten Tag glaubt und Gutes tut – diese haben ihren Lohn bei ihrem Herrn, und sie werden weder Angst haben noch werden sie traurig sein.«

Hier haben wir es ganz offensichtlich mit zwei unterschiedlichen Phasen zu tun. Jener, in der Mohameds Anhänger mit Vertretern anderer Religionen ein gemeinsames Ziel verfolgten (etwa die Befreiung von bzw. die Eroberung von Byzanz), und einer späteren Phase, in der nur die Moslems die Macht für sich beanspruchten und alle anderen als Untertanen zweiter Klasse betrachteten. Tatsächlich gibt es aus der Zeit ʿAbd al-Maliks historische Belege über die Praxis der *Dschizya*, der Kopfsteuer für Juden, Christen und andere Nichtmuslime. Es ist deshalb nicht auszuschließen, dass jener Vers aus dem Koran, der die *Dschizya* rechtfertigt, erst in der Zeit ʿAbd al-Maliks zum Koran hinzugefügt wurde: »Kämpft gegen diejenigen, die nicht an Allah (…) glauben (…) und die nicht dem wahren Glauben folgen (…) bis sie eigenhändig den Tribut in voller Unterwerfung entrichten.« (Sure 9:29) Einen Vers später heißt es, Allahs Fluch solle über die irregeleiteten Juden und den Christen kommen.

Da wir jedoch nicht über eine vollständige Version des Koran vor der Zeit ʿAbd al-Maliks verfügen, können wir nur mutmaßen. So könnte noch ein weiterer Vers aus seiner Zeit stammen. In Sure 4:59 heißt es: »O ihr, die ihr glaubt, gehorcht Allah und gehorcht dem Gesandten und denen, die unter euch Befehlsgewalt besitzen. Und wenn ihr über etwas streitet, so bringt es vor Allah und den Gesandten, wenn ihr an Allah glaubt und an den Jüngsten Tag. Das ist das Beste und nimmt am ehesten einen guten Ausgang.«

Vorgeblich regelt dieser Vers eine Angelegenheit zu Lebzeiten Mohameds. Doch der Inhalt passt nicht zur Zeit des Propheten, da Mohamed nur eine kleine Gemeinde hatte und er der Einzige war, der dort über Befehlsgewalt verfügte. Alle Entscheidungen sollten in seiner Hand liegen, um einer Spaltung der Gemeinde vorzubeugen. Hinzu kommt, dass sich in islamischen Quellen keinerlei Hinweise über einen großen Streit oder gar eine Spaltung zu Mohameds Zeit finden, die so einen Vers rechtfertigen würden. Bitter nötig war dieser Vers jedoch zu ʿAbd al-Maliks Zeit, denn er herrschte über ein riesiges Imperium, in dem immer wieder Revolten ausbrechen konnten.

Und noch ein weiterer Hinweis deutet auf ihn: Parallel zum Auftauchen dieses Verses kursierten nämlich außerkoranische Aussagen Mohameds, die einem Muslim befahlen, dem Herrscher auch dann zu gehorchen, selbst wenn der ungerecht sei. ʿAbd al-Malik gilt nicht umsonst als zweiter Gründer des Islam, denn erst in seiner Zeit wurde der Koran verschriftlicht und um Hadithe und Auslegungen ergänzt, die den ersten Kern einer islamischen Theologie ausmachten. ʿAbd al-Malik entwarf einen Islam für ein multiethnisches und multireligiöses Imperium.

Das Gleiche gilt für alle späteren islamischen Kalifate, Sultanate, Königreiche und Emirate, die aus einer ethnischen oder politischen Bewegung entstanden, sich später mit Hilfe des Islam legitimierten und ihren Machtbereich ausdehnten. Und auch die Spaltung der Muslime in Sunniten und Schiiten war in erster Linie ein politisches Schisma. Die islamischen Quellen bezeichnen dieses Schisma als einen Machtkampf zwischen zwei Stämmen der Quraisch in Mekka, zwischen den Haschimiten und den Umayyaden.

Mit dem Tod Mohameds und dem Kampf um seine Nachfolge wurden die Araber und vor allem die Mekkaner favorisiert. Mit dem Erfolg der arabischen Eroberungen immigrierten viele Stammesführer in die neuen Gebiete und bildeten dort neue Eliten. Das alte Herrschaftssystem, wonach ein Freund Mohameds der Nachfolger sein sollte, taugte von nun an nicht mehr, zumal viele Freunde Mohameds im innerislamischen Bürgerkrieg nach der Ermordung des dritten Kalifen ʿUthmān getötet wurden. Es kam zu einer Identitätskrise im jungen Reich.

Die Umayyaden kopierten das persische und das römische Herrschaftssystem und führten das dynastische System ein, in dem ein Herrscher seinem Sohn oder Bruder die Macht vererbt. Das erzürnte die Anhänger des 4. Kalifen Ali (Schiiten), die der folgenden Dynastie der Umayyaden vorwarfen, den Islam für ihre Zwecke missbraucht und verfälscht zu haben. Die Umayyaden brachten die sunnitische Richtung des Islam hervor, die nach Meinung der Schiiten der ursprünglichen Version des Islam maßgeblich widerspricht.

Elf Ideen, sie zu einen

Der Aufstieg der Araber in der Anfangsphase ist vom Aufstieg der Hunnen und der Mongolen kaum zu unterscheiden: Nomadische Stämme, die am Rande einer Hochkultur lebten und sahen, wie sich diese Hochkultur von innen heraus auflöste, und die mit Hilfe von wilden Kämpfern diese Hochkultur angriff, um ihren Reichtum zu plündern. Doch weder die Hunnen noch die Mongolen konnten ein Weltreich errichten, das bis heute politisch wie kulturell lebendig ist. Die Araber dagegen schafften das mit Hilfe des Islam, einer Religion, die ein klares Gottesbild hat und klare Handlungsanweisungen, Gesellschaftsordnung und militärische Ziele vorschreibt.

Vermutlich wäre selbst das Christentum nur eine Minderheitsreligion geblieben, wenn Kaiser Konstantin es nicht zur offiziellen Religion des Römischen Reiches erhoben hätte. Umgekehrt wäre sein Imperium vielleicht untergegangen, wenn das Christentum nicht als identitätsstiftendes Element gedient hätte. Ein Reich braucht eine große Idee, die es im Inneren zusammenhält, und eine große Idee wiederum braucht eine Macht, die sie in die Welt hinausträgt.

Ähnlich verhält es sich mit dem Islam. Ohne die Religion als einendes Element hätten die arabischen Kämpfer vielleicht einige

Gebiete von Byzanz und Persien erobern oder plündern können, doch diese Erfolge wären nicht von Dauer gewesen, wenn dahinter kein heiliger Auftrag gesteckt hätte.

Der Islam mit seiner weltlichen, aber auch mit seiner metaphysischen Dimension hat dem arabischen Reich nicht nur einen Gründungsmythos, sondern auch Legitimation und Orientierung gegeben. Militärische Stärke und Kampfeswillen allein sind nicht genug, um ein Reich zu gründen und vor allem dieses Reich jahrhundertelang an der Macht zu halten. Man braucht eine Idee, die im Zentrum dieses Reiches steht. Und der Islam bescherte den Arabern gleich elf mächtige Ideen:

1. Unterwerfung: Muslime sind nur stark und erfolgreich, wenn sie sich Allah und seinem Willen unterwerfen.
2. Überlegenheit: Muslime sind anderen Völkern überlegen und der Islam ist die einzig wahre Religion.
3. Universalität: Der Islam ist keine Religion für die Araber allein, sondern für alle Menschen.
4. Blinder Gehorsam: Muslimen ist geboten, Allah, dem Propheten und ihren Herrschern zu gehorchen.
5. Scharia: Allah ist der Gesetzgeber, und seine Gesetze sind überall und zu jeder Zeit bindend.
6. *Dschizya*: Nicht muslimische »Schutzbefohlene« haben die eroberten Gebiete zu verlassen oder unter der Herrschaft des Islam zu leben und eine Kopfsteuer zu entrichten.
7. Dschihad: Der Kampf für die Sache Gottes ist eine Pflicht für jeden Gläubigen. Jeder Muslim ist automatisch ein Soldat im Heer Allahs.
8. Angst: Die Angst vor der Hölle, vor Körperstrafen, vor dem Abfall vom Glauben, vor der Strafe für die Apostasie sind im Gewissen jedes Muslims eingebaut.
9. Das sinnliche Paradies: Im Jenseits werden Gläubige mit Essen, Wein und Frauen belohnt.

10. Spiritualität: Für Menschen, die gegen den Krieg und die strengen Körperstrafen waren, ging aus dem Islam die spirituelle Bewegung des Sufismus hervor. Die Sufis konnten die Gewaltpassagen im Koran spiritualisieren und predigten göttliche Liebe statt Angst vor der Hölle. Vor allem im asiatischen und afrikanischen Raum fand der mystische Islam viele Anhänger.
11. Flexibilität und Adaptionsfähigkeit: Der Islam konnte sich in den meisten eroberten Kulturen etablieren, weil er sich in einem gewissen Maße mit den dortigen Bräuchen und Weltbildern vermischte. So finden wir bis heute eine Synthese von Islam und Schamanismus in Afrika, von Islam und Konfuzianismus in China. Und in Indien übernahm der Islam das traditionelle hinduistische Kastensystem. Selbst das Matriarchat überlebte in manchen Gebieten Indonesiens innerhalb muslimischer Communities. Dort ist es selbstverständlich, dass die Frau das Sagen hat und mehrere Männer gleichzeitig heiratet.

Die zentrale Idee des Islam ist die Hingabe. Das Wort Islam bedeutet Unterwerfung unter den Willen Gottes. Diese Idee lesen wir in Sure 6:162: »Sprich: Mein Gebet und meine Opferung und mein Leben und mein Tod gehören Allah, dem Herrn der Welten.« Die zweite und wichtigste Idee des Islam ist eine Würdigung der Muslime und ein Auftrag an sie zugleich. In Sure 3:110 lesen wir: »Ihr seid die beste Gemeinde *(Umma)*, die für die Menschen entstand. Ihr gebietet das, was rechtens ist, und ihr verbietet das Unrecht, und ihr glaubt an Allah.« Eine weitere Idee des Islam ist die Universalität dieser Religion. In Sure 34:28 spricht Allah zu Mohamed: »Und Wir haben dich nur als Bringer froher Botschaft und Warner für alle Menschen entsandt.«

Die Idee, dass der Islam nicht nur eine Botschaft ist, die sich an die Araber richtet, sondern eine Religion für alle Menschen, beflügelte die Missionsarbeit für die Ausbereitung dieser Religion. Wie in vielen Religionen steht das Prinzip des Gehorsams im Mittelpunkt des Islam, doch der Islam weitete dieses Gehorsamsprinzip aus, um nicht nur für Allah und den Propheten, sondern für alle Befehlshaber zu gelten. Auch wenn die Scharia brutale Körperstrafen beinhaltet, war sie imstande, ein stabiles Justizsystem zu begründen. Die Angst der Untertanen vor Körperstrafen machte die Gemeinschaften in Zeiten des Friedens sicherer. Mord und Diebstahl waren Seltenheiten. Auch die *Dschiziya*, also die Kopfsteuer für Nichtmuslime, spielte eine entscheidende Rolle, denn diese Steuer füllte die Staatskassen; andererseits konvertierten viele zum Islam, um genau diese finanzielle Belastung zu umgehen.

Schließlich kommt der Dschihad als eines der wichtigsten Prinzipien, die zur Ausbereitung des Islam beigetragen haben. In allen Kulturen ist die Verteidigung der eigenen Heimat ein hohes Gut. Im Koran gibt es viele Verse, die Muslime zum Kampf gegen Ungläubige und Andersgläubige motivieren. Doch aus diesen Versen geht nicht hervor, ob es sich hier um einen universellen Kampf gegen alle Nicht- und Andersgläubige zu jeder Zeit handelt oder ob sie sich einfach nur auf die Zeit von Mohamed bezogen. Inspiriert vom Koran hat die islamische Theologie jedoch den Krieg in zwei Kategorien mit zwei Zwecken unterteilt: in den Dschihad zur Verteidigung und den Dschihad zur Ausbreitung des Islam. Jener zweite Dschihad meint den Kampf gegen Reiche und Staaten, die die muslimischen Gebiete zwar nicht angegriffen haben, jedoch die Verbreitung des Glaubens in den eigenen Gebieten zu unterbinden versuchen. Gerade diese Form des Dschihad verhalf dem arabisch-islamischen Reich zu großem Reichtum und neuen Gebietsgewinnen und machte die Konversion zum Islam zu einer Möglichkeit für christliche, persische oder berberische Kämpfer, Teil des muslimischen Heeres zu werden und sich somit an der Kriegsbeute zu beteiligen.

Am Ende kommt die Vorstellung des islamischen Paradieses als Belohnung für fromme Gläubiger oder gefallene Märtyrer. Das macht den Kämpfer für die Sache Gottes in jedem Fall zu einem Gewinner. Siegt er im Krieg, gelangt er zu Reichtum. Fällt er als Märtyrer, kommt er ins Paradies und vergnügt sich mit Essen, Wein und schönen Frauen.

So gesehen hatte die Ausbreitung des Islam:

1. Politische Gründe: Ambitionen der arabischen Stämme der Haschimiten und der Ummayyaden, Byzanz und Persien zu beerben.
2. Wirtschaftliche Gründe: Dürren und Hungersnöte, die die Araber zwangen, sich Richtung Byzanz und Persien zu bewegen, überschüssiges Geld aus *Dschizya*, Kriegsbeute und Sklavenhandel, aber auch die Hoffnung der nicht muslimischen Untertanen, von diesem Wohlstand etwas abzubekommen.
3. Theologische Gründe: Klares Gottesbild, klare Handlungsanweisungen des Islam für den Alltag und Dschihad als eine religiöse Pflicht. Klare Abgrenzung des Islam vom Judentum und Christentum.
4. Große Ideen: Universalität, Überlegenheit und die Erfüllung des Auftrags Gottes.
5. Spirituelle Gründe: Sufismus als Konterrevolution gegen Dschihad und Scharia.
6. Kulturelle Gründe: Der Islam ließ sich auf lokale Bräuche seiner neuen Untertanen ein, befruchtete sie und ließ sich von ihnen befruchten. So konnten Asiaten und Afrikaner den Islam übernehmen und ihn mit ihren lokalen Traditionen und Ritualen vermischen.

Die Ausbreitung des Islam erfolgte in mehreren Phasen. Auf der Arabischen Halbinsel verbreitete sich die neue Religion erst nach den militärischen Siegen Mohameds gegen die arabischen

Stämme im Süden und in der Mitte Arabiens. Die Stämme erkannten, dass Mohamed der siegreiche Player in Arabien sein würde und sahen in seiner Botschaft nicht nur die Möglichkeit einer Befriedung, sondern auch die Chance auf große Gewinne durch Razzien und Kriege gegen die umliegenden Großreiche Persien und Byzanz.

Nach dem Tod des Propheten folgte zunächst die Phase der Rückeroberung Arabiens, denn viele arabische Stämme, die Mohamed gegenüber loyal waren und ihm Steuern zahlten, fielen vom Islam ab oder weigerten sich, an seinen Nachfolger Abū Bakr die Steuer zu entrichten. Diese kriegerischen Konflikte waren essenziell für den Fortbestand des Islam. Nachdem sie beigelegt waren, richteten die Herrscher das kämpferische Potenzial der Stämme auf einen gemeinsamen Feind: auf die zwei Weltmächte Persien und Byzanz.

Dann kam die Phase des Imperiums, in der Anhänger des Islam als Besatzungsmacht in neue Gebiete kamen. Dass die Mehrheit der Menschen in den eroberten Gebieten ihre ursprüngliche Religion behielt, war durchaus im Interesse der arabischen Machthaber, denn Nichtmuslime waren Schutzbefohlene (sogenannte *Dhimmi*, Monotheisten mit eingeschränktem Rechtsstatus) und mussten höhere Steuern zahlen. Ihre Konversion zum Islam hätte unnötige Verluste für die Staatskasse bedeutet. Aus pragmatischen Gründen betrachteten die arabischen Eroberer sogar ihre persischen Untertanen, die der Zarathustra-Religion angehörten, als Monotheisten oder Leute des Buches, um eine Kopfsteuer erheben zu können.

Gleichwohl stand die Tür der Konversion zum Islam offen. Vor allem Wissenschaftler, Philosophen, Übersetzer und begnadete Kämpfer konnten durch die Konversion zum Islam Teil der islamischen Elite werden. Auch einflussreiche Priester, Händler und Kämpfer konnten Karriere im arabischen Reich machen, ohne zum Islam zu konvertieren, indem sie mit den neuen arabischen

Herrschern kooperierten. Und diese neuen Machthaber waren sehr geschickt im Umgang mit ihren Untertanen. Sie kamen selten direkt mit ihnen in Berührung, sondern engagierten lokale Kräfte in den eroberten Gebieten, um die Steuern einzutreiben und Konflikte zu schlichten. Dadurch wurden nicht sie als Aggressoren wahrgenommen, Kritik richtete sich lediglich gegen die lokalen Autoritäten und Statthalter.

Ebenfalls geschickt war, dass sie neue Kräfte in ihre Feldzüge einbanden. Christliche Araber waren für die Eroberung von Syrien und Ägypten zuständig. Berber-Truppen, die gerade von den Arabern besiegt worden waren, widmeten sich der Aufgabe der Eroberung Andalusiens und kämpften tapfer für den Ruhm der Araber, für Gott und vor allem für Kriegsgewinne. Dieser Schneeballeffekt war für die militärische Stärke der arabischen Heere verantwortlich. Ein neues Gebiet wird erobert, neue Truppen werden aus diesem Gebiet rekrutiert, die zu einem Teil der nächsten Eroberung werden.

Viele Gebiete erreichte der Islam aber auch ohne Schwert, wie etwa Indonesien, den Balkan und Westafrika. Es waren hauptsächlich muslimische Händler, die in diesen Gebieten die Gedanken vom mystischen Sufi-Islam verbreiteten. Vor allem dort vermischte sich der Islam mit den lokalen Traditionen und konnte sich aufgrund dieser Symbiose ausbreiten.

Zu einer der größten Konversionswellen der Geschichte kam es erst während der Kreuzzüge zwischen dem 11. und dem 13. Jahrhundert. Vor allem die Christen in Ägypten und Syrien, die dort bis zum 10. Jahrhundert die Mehrheit stellten, mussten konvertieren, um ihre Loyalität gegenüber den muslimischen Herrschern unter Beweis zu stellen. Diese misstrauten ihren christlichen Untertanen und fürchteten, sie könnten mit den Kreuzrittern aus dem Westen gegen sie koalieren. Die Muslime waren es gewohnt, diejenigen zu sein, die angriffen und eroberten. Nun schien sich das Blatt gewendet zu haben, und islamische Gebiete mussten christliche Angriffe abwehren. Ihre Wut und Verunsicherung ließen die Gläubigen an religiösen Minderheiten aus. Erneut sollten Christen und Juden ihre Kleidung markieren, damit man ihre Religion erkennt. Der Bau neuer Kirchen wurde untersagt, die Kopfsteuer für *Dhimmis* erhöht.

Die Zeit zwischen dem ersten Kreuzzug 1096 und dem letzten 1291 war die Zeit, in der die religiöse Demographie im Nahen Osten zugunsten des Islam verändert wurde. Es kam zu Massenkonversionen von Juden, Christen und Zoroastriern, die dem Misstrauen der Muslime und den hohen Steuern nicht länger standhielten. Bis dahin waren fast sechzig Prozent der Syrer und Ägypter Christen geblieben.

Kapitel 5

Von Damaskus nach Bagdad: Die Abbasiden und der Streit der Gelehrten um Glauben und Vernunft

Jeder Erfolg hat einen Preis. Und so, wie die Ausdehnung des arabischen Reiches unter der Herrschaft der Umayyaden zwar manche inneren Konflikte beseitigen konnte, so legte diese Ausdehnung auch viele Risse im jungen Reich offen. Völker wie die Berber in Nordafrika, die Perser im Iran, die Christen im Irak, die Juden von Jerusalem, die Syrer, die Ägypter, die Kurden und die Westgoten wurden unter der Umayyaden-Herrschaft marginalisiert und ausgebeutet. Revolten und Intrigen führten dazu, dass die Kalifen ihre Gouverneure und Armeeführer mit viel Geld und Ländereien schmierten, um sie dem Herrscherhaus gewogen zu halten. Auch einflussreiche Stammesführer aus Arabien wurden mit Gold zum Schweigen gebracht, damit sie nicht rebellierten. All das geschah auf Kosten der Nichtaraber. Sie mussten durch hohe Steuern den Luxus der arabischen Fürsten und Warlords finanzieren.

Lange hatten die Umayyaden ihre Gegner im Reich erfolgreich bekämpfen können, weil es nur vereinzelte rebellische Armeen gewesen waren, die den Aufstand probten, und weil die Umayyaden über begnadete Kämpfer und viele einflussreiche Unterstützer verfügten, die das Reich mit aller Vehemenz verteidigten. Doch nach neunzig Jahren Umayyaden-Dynastie kam es zu einer ungewöhnlichen Allianz: Schiiten aus dem Irak, Perser aus der Provinz Churasan und sunnitische Abbasiden aus der Sippe der Haschimiten verbündeten sich gegen die Umayyaden.

Die Allianz hatte eine politische und eine religiöse Legitimation. Die unterdrückten Völker, die unter der Umayyaden-Herrschaft am meisten litten, verbündeten sich mit dem Stamm des Propheten, der einen religiösen Anspruch auf das Kalifat erheben konnte. Was zunächst wie ein kleiner Aufstand aussah, mündete in den meisten Provinzen in eine große Revolte gegen die Umayyaden. Deren Vermischung von Politik, Nationalismus und Religion hatte viele Kämpfer mobilisiert, die mit den Umayyaden noch eine Rechnung offen hatten. Und auch aus der normalen Bevölkerung konnten viele Freiwillige rekrutiert werden, bei denen der Ruf nach Gerechtigkeit und nach einem Kalifen aus dem Hause des Propheten auf offene Ohren stieß.

Angeführt wurden die Truppen der Rebellen von dem schiitisch-persischen Fürsten Abū Muslim al-Churāsānī (718–755). Es gelang der Allianz, im Osten eine Provinz nach der anderen zu erobern. Im Jahr 750 stürmten die Rebellen schließlich Damaskus. Der letzte Kalif der Dynastie, Marawān Ibn Mohammed, musste nach Ägypten fliehen, wo er jedoch wenig später getötet wurde. Einzig ein Prinz namens Abd ar-Rahman überlebte den Umsturz, indem er über den Maghreb nach Andalusien floh. Getrieben von Rachsucht, plünderten die Rebellen nicht nur die Paläste und fürstlichen Residenzen, sondern schändeten auch die Grabstätten der Umayyaden-Herrscher und stellten deren Leichen auf der Straße zur Schau.

Es war die erste persisch-arabische und die erste sunnitisch-schiitische Allianz in der Geschichte – und die letzte. Die Schiiten dachten, nun sei ihre große Stunde gekommen, und träumten von einem schiitischen Staat. Doch der Einsatz der Perser und Iraker wurde nicht belohnt. Wie zuvor schon die Umayyaden erhoben nun die sunnitischen Abbasiden den alleinigen Herrschaftsanspruch. Mit der Begründung, ihre Linie lasse sich bis zum Onkel des Propheten, Al-ʿAbbās ibn ʿAbd al-Muttalib, zurückführen. Das neue Kalifat wurde unter dem Namen »Abbasiden-Reich« bekannt, der Urenkel des Namensgebers zum ersten Kalifen.

Der neue Mann an der Spitze, Abu l-Abbas, der bis 754 an der Macht war, regierte mit so eiserner Hand, dass man ihm den Beinamen *as-Saffah*, verlieh, »der Blutvergießer«. Er wollte und musste Stärke zeigen, und verfolgte konsequent all jene, die von den Umayyaden profitiert oder dieses unterstützt hatten.

Als wahrer Begründer des Reiches der Abbasiden gilt sein Bruder und Nachfolger al-Mansūr, der von 754 bis 775 regierte. Er war ein geschickter Stratege, der sich für Philosophie und Wissenschaft interessierte und eine neue Hauptstadt errichten ließ, die schon zu seinen Lebzeiten zur Weltstadt wurde: Bagdad. Warum gerade Bagdad? Erstens, weil Damaskus, die Residenzstadt der Umayyaden, in der Nähe lag, und zweitens, weil die enttäuschten Perser, die auf einen eigenen schiitischen Staat gehofft hatten, Ärger in den östlichen Provinzen machten. Bagdad lag strategisch günstig, um sie im Auge zu behalten. Der Kalif installierte ein Spitzelsystem und ließ, als Warnung an alle potenziellen Aufrührer, Abū Muslim al-Churāsānī hinrichten, ohne dessen Hilfe die Allianz gegen die Umayyaden nie erfolgreich gewesen wäre.

Ibn Ishāq und der erste »Mohamed-Roman«

Da die neue Dynastie ihre Karriere auf einer religiösen Legitimation begründet hatte, brauchte das neue Reich eine neue theologische Ausrichtung. Die Umayyaden hatten vorgelegt, prachtvolle Moscheen gebaut und den Koran verschriftlicht. Was es in ihrer Zeit aber noch nicht gegeben hatte, war eine zusammenhängende Biographie des Propheten, die seine Geschichte vom Anfang bis zum Ende erzählt.

Seitens der neuen politischen Elite in Bagdad war eine Biographie des Propheten nicht nur gewollt, sie wurde sogar gezielt gefördert. Sie sollte die Rolle des Clans als Unterstützer Mohameds betonen und den Abbasiden einen noch festeren religiösen Unterbau für ihr Kalifat liefern. Al-Mansūr beauftragte den Hadith-Gelehrten Ibn Ishāq damit, die Geschichte des Propheten niederzuschreiben. Ein schier unmögliches Unterfangen, denn der Koran erzählt kaum etwas über das Leben des Propheten, Zeitzeugen lebten längst nicht mehr, und die unterschiedlichen mündlichen Überlieferungen über das Leben des Propheten ließen sich nicht verifizieren. Doch der Auftrag des Kalifen war Befehl.

Ibn Ishāq stammte aus einer christlichen Familie, die im Zuge der arabischen Eroberungen aus dem Irak verschleppt, versklavt und zur Konversion zum Islam gezwungen worden war. Unter den Umayyaden galten Leute wie sie als Bürger zweiter Klasse, und hatten kaum eine Chance auf einen sozialen Aufstieg. Doch die Abbasiden gingen geschickter mit ihren Untertanen um. Wer etwas konnte, bekam eine Chance, sein Können unter Beweis zu stellen. Für Ibn Ishāq war der Auftrag des Kalifen die Chance seines Lebens, aus dem Schatten der Sklavengeschichte seiner Familie herauszutreten. Er wusste, dass seine Mohamed-Biographie nur wenige Seiten umfassen würde, wenn er sich nur auf die als gesichert geltenden Erzählungen beschränken würde. Er wusste auch, dass der Abbasiden-Kalif nicht nur den Propheten, sondern auch seinen Stamm der Haschimiten in einem guten Licht erscheinen lassen wollte. Und so schrieb er keine Biographie im historiographischen Sinne, sondern einen Roman über Mohamed, eine Leidensgeschichte, die von einem großen Erfolg gekrönt war.

Darin wird der Stamm der Haschimiten, zu dem die Abbasiden gehören, als nobel und edel dargestellt, während die Umayyaden als hinterhältige Feinde des Propheten daherkommen. Ibn Ishāq sah sich auch genau an, was am Hofe des Kalifen geschah, und rechtfertigte das Treiben dort geschickt mit Erzählungen aus dem Leben des Propheten wie etwa dessen Ehe mit der sechsjährigen Aischa oder die mit Zeinab bint Dschahsch, seiner Schwiegertochter.

Das »Große Buch« des Ibn Ishāq bestand aus drei Teilen. Das »Buch des Anfangs« erinnert an die Bibel und beschreibt die Schöpfung der Welt bis zum Auftreten Mohameds. Mohameds genealogische Abstammung wird bis zum Anfang der Menschheit, bis zu Adam, zurückverfolgt. Die Erzählung beginnt mit der Schwangerschaft seiner Mutter, mit den himmlischen Zeichen, die sie sah, als sie Mohamed empfing, und mit Prophezeiungen, die seine Geburt begleiteten. Das erinnert frappierend an Maria und Jesus.

Obwohl der Koran berichtet, Mohamed habe keine Wunder gewirkt, ist Ibn Ishāqs Biographie voll von Erzählungen über wundersame Ereignisse und Taten: Eine einzelne Wolke habe den Propheten während seiner Reise von Mekka nach Medina begleitet, um ihm Schatten in der heißen Wüste zu spenden. Als er sich vor seinen Feinden in einer Höhle versteckte, schützte eine Spinne den Eingang mit einem gesponnenen Netz und eine Taube legte dort ihre Eier ab. Mohamed sah eine alte Frau mit einer alten Ziege, die keine Milch mehr gab, aber als er die Brust der Ziege berührte, gab sie wieder Milch im Überfluss. Als Pilgern auf dem langen Weg durch die Wüste das Wasser ausging, steckte Mohamed seine Hand in sein Wassergefäß, woraufhin es wie eine Quelle zu sprudeln begann – ganz so wie Moses, der Wasser aus einem Stein fließen ließ. Er heilte das Bein eines Kranken und vermehrte wenige Datteln, um so seine ganze Armee satt zu kriegen. Solche Parallelen zu Jesus ziehen sich wie ein roter Faden durch das Werk, das sich zudem an der Struktur des Matthäusevangeliums, dem Alten und dem Neuen Testament orientiert.

In der Biographie von Ibn Ishāq finden wir auch den ersten ausführlichen schriftlichen Bericht über Mohameds angebliche Nachtreise nach Jerusalem auf dem Rücken eines fliegenden Reittiers und die Erzählung von seiner späteren Himmelfahrt. Die Legende der Himmelfahrt durch eine Himmelsleiter war bereits vor Mohamed in mehreren Kulturkreisen bekannt. Eine mögliche

Quelle könnte Genesis 28:11–17 sein. Laut biblischer Erzählung sieht Jakob während seiner Flucht von Be'er Scheva nach Harran in einer Traumvision eine Leiter, die von der Erde bis in den Himmel reicht. Auf ihr sieht er Engel, die auf- und niedersteigen, mit Gott auf der obersten Stufe. Und auch für den »Nachtflug« nach Jerusalem finden sich ältere Vorbilder. In der *Avesta*, der Heiligen Schrift der Zoroastrier, fliegt Zarathustra auf dem Rücken eines großen Vogels gen Himmel.

Dass diese beiden Erzählungen Eingang in Ibn Ishāqs Biographie gefunden haben, könnte daran liegen, dass viele Perser und Christen in Bagdad damals mit Muslimen über Mohamed debattierten und ihn mit Jesus oder Zarathustra verglichen. Was solche Wundertaten anging, sollte der Prophet wenigstens nicht schlechter abschneiden als die beiden anderen.

Die beiden übrigen Teile des Werkes, das »Buch der Entsendung« und das »Buch der Feldzüge« beschäftigen sich mit Mohameds Zeit in Mekka und den Feldzügen der Phase von Medina. Es geht um die Kriege des Propheten und die Heldentaten seiner Armee. Hier dürften die persischen Chroniken über die sassanidischen Könige und ihre Kriege Pate gewesen sein und die Propagandaerzählungen der Umayyaden-Vorlage.

Ibn Ishāq war klug genug, um zu erkennen, dass diese Biographie für die Abbasiden, die Muslime und die nicht muslimischen Untertanen unterschiedliche Funktionen erfüllen musste. Er gab jedem, was er wollte. Für die Machthaber war es die Botschaft, dass sie von einem fabelhaften Clan abstammten und die legitimen Erben eines fehlerlosen Propheten waren. An die Christen im Reich erging die Botschaft, dass Mohamed Jesus das Wasser reichen kann, was Wunder und Himmelfahrt angeht. Und den Persern, die so stolz waren auf ihre alten Könige und deren siegreiche Kriege, präsentierte er den Propheten als erfolgreichen Feldherrn und Eroberer.

Als Ibn Ishāq sein Werk vorlegte, zu dem einigen Quellen zufolge auch noch ein vierter Teil gehört haben soll (das »Buch der Kalifen«), erschien es al-Mansūr als zu lang. Der Gelehrte musste es stark kürzen.[1] Weil keiner der Teile im Original erhalten ist, geschweige denn »Arbeitsfassungen« des Autors, lässt sich nicht nachvollziehen, an welchen Stellen der Kalif den Rotstift ansetzte. Aus den überlieferten Werken späterer Autoren lässt sich aber schließen, dass Ibn Ishāq der Spagat zwischen den Bedürfnissen der Volksseele, den Ansprüchen der Gelehrten und den Interessen der Machthaber von Bagdad gelungen ist. Entstanden ist eine Mischung aus unterhaltsamen Erzählungen und alten Mythen in neuen Gewändern, die einigermaßen chronologisch geordnet präsentiert wurden. Eine Biographie, die in der Tradition der biblischen Erzählungen, der persischen Kriegschroniken und auch der arabischen Märchenerzählungen steht. Die Biographie von Mohamed und die Sammlung »Tausendundeine Nacht« wurden fast zeitgleich in Bagdad verfasst.

Ibn Ishāqs Werk entstand gut 130 Jahre nach dem Tod des Propheten und war die wichtigste Grundlage für spätere Biographien. Auch wenn es bereits zu seinen Lebzeiten teils scharfe Kritik an seiner Methodik und Quellentreue gab; einige Gelehrte warfen ihm gar »Scharlatanerie« vor. Dennoch setzte sich das »Große Buch« in seinen späteren überarbeiteten und kommentierten Versionen als offizielle Mohamed-Biographie durch und prägt bis heute das Bild des Propheten.

Bestrebungen von manchen Reformern, sowohl die Hadith-Überlieferungen als auch die Biographie des Propheten zu dekonstruieren, scheiterten bislang an konservativen religiösen Institutionen wie etwa Al-Azhar in Ägypten und anderen orthodoxen Hardlinern. Dabei wäre das geboten, denn nicht nur der Auftraggeber al-Mansūr, sondern auch spätere Gelehrte der verschiedenen Rechtsschulen verfolgten bei ihrer Bearbeitung ganz eigene Ziele. So erwähnt etwa der Geschichtsschreiber Ibn Hischām in der Einführung zu seiner Version aus dem frühen 9. Jahrhundert, er habe all jene Erzählungen oder Gedichte weggelassen, in denen der Prophet nicht oder nur am Rande erwähnt worden sei; dazu alles, was »schändlich« oder »beleidigend« sein könnte.[2]

Die Konterrevolution gegen den klassischen Islam

Der Wohlstand, die relative Toleranz gegenüber Christen, Persern und Juden und die intensive Beschäftigung mit den Werken der Antike in der ersten Phase der Abbasiden-Herrschaft lösten vier nicht intendierte Konterrevolutionen gegen den klassischen Islam aus: eine theologische Revolution, die die Vernunft zur höchsten Instanz im Umgang mit den religiösen Texten erklärte. Eine wissenschaftliche Revolution, die sich mit religiösen Erklärungen für die Entstehung der Welt nicht länger begnügen mochte. Eine philosophische Revolution, die nach der »Wahrheit« jenseits der Metaphysik suchte. Und eine spirituelle, mystische Revolution, die sich gegen eine politisch instrumentalisierte Religion wandte, die die Spiritualität vernachlässigte. Diese Phase des Umbruchs hätte der Beginn einer islamischen Aufklärung sein können. Die Zeichen dafür standen günstig.

Anders als unter den Umayyaden hatten Perser, Christen und die Juden im Kalifat der Abbasiden mehr Freiheiten und wurden als Handwerker, Beamte und Übersetzer engagiert. Die muslimischen Theologen waren offen für Debatten über die Natur Gottes und den wahren Glauben. Viele Herrscher aus den Reihen der Abbasiden waren wissbegierig, lasen übersetzte Werke der griechischen Philosophen und interessierten sich für Mathematik und Naturwissenschaften. Schon al-Mansūr hatte eine große Bibliothek in seinem Palast bauen lassen, die er mit Büchern aus der ganzen Welt füllte. Einer seiner Nachfolger gründete eine Akademie, die er *Dār al-Ḥikma* nannte, Stätte der Weisheit. Hier arbeiteten Dutzende Experten, darunter viele Christen und Juden, an Übersetzungen der berühmtesten Werke der Antike aus dem Griechischen, Aramäischen und Persischen. Auch ein Observatorium gehörte zur Akademie. Und im Palast des Kalifen fanden Debatten zwischen muslimischen, jüdischen und christlichen Theologen über die wahre Religion statt, dazu wurden die Texte berühmter Mathematiker, Astronomen, Mediziner und Philosophen diskutiert.

All das führte dazu, dass das Reich zu einer wirtschaftlichen und kulturellen Blüte gelangte, die unter der Regentschaft des fünften Kalifen, Hārūn ar-Raschīd (786–809), einen Höhepunkt erreichte. Das arabische Reich war das größte und modernste der Welt, es unterhielt Handelsbeziehungen mit Indien und China, von wo schon im 8. Jahrhundert das Wissen um die Papierherstellung auf die Arabische Halbinsel gelangt war. Auch mit Europa gab es regen Austausch, vor allem mit dem Frankenherrscher Karl dem Großen.

Bagdad war nicht nur architektonisch ein prachtvolles Zentrum, sondern auch Vorreiter, was Musik, Philosophie, Medizin, Mathematik und Kulinarik anbelangt. Viele dieser Errungenschaften sind Persern zu verdanken, die in ihrer Zeit von muslimischen orthodoxen Theologen als »Ungläubige« bezeichnet wurden. So stand der persische Mathematiker und Astronom al-Chwarizmi (780–850), der die Mathematik revolutionierte, in dem Ruf, ein Zoroastrier zu sein. Und Dschābir ibn Hayyān (721–815), der als »Vater der arabischen Chemie« gilt und als Erster versuchte, die Elemente zu klassifizieren, wurde als Häretiker bezeichnet, weil die Gelehrten in praktischer Chemie einen Eingriff in die göttliche Schöpfung sahen.

Auf Kritik bei den konservativen Theologen stieß auch der persische Philosoph und Musiker al-Fārābī, der sich bereits Anfang des 10. Jahrhunderts von den islamischen Vorstellungen über das Herrschaftsprinzip und die *Umma* löste. Nach dem Vorbild von Platons *Politeia* entwarf er eine politische Utopie für ein Staatsgebilde, das von philosophischer Erkenntnis und Vernunft regiert wird. Kein Prophet, sondern ein Philosoph sollte an der Spitze stehen, denn nur er könne seine Handlungsanweisungen vernünftig durch logische Überprüfung belegen.

Ebenfalls im 10. Jahrhundert machte sich ein persischer Wissenschaftler, der in Europa unter dem Namen Alhazen (965–1014) bekannt ist (eigentlich Ibn al-Haitham), um das Gebiet der Optik in der Wissenschaftstheorie verdient. Bis dahin war es üblich, Erkenntnisse nur durch logische Schlussfolgerungen zu gewinnen und Experimente – wenn überhaupt – zur Veranschaulichung durchzuführen. Er drehte den Spieß um und führte zuerst Experimente durch, um anhand der Versuchsergebnisse Theorien aufzustellen. Von ihm stammt folgendes Zitat, das nicht nur auf die Wissenschaft, sondern auf alle Formen des Erkenntnisgewinns übertragen werden kann: »Wer nach der Wahrheit sucht, muss nur seinem Verstand vertrauen und alles, was er von den Schriften der Gelehrten liest, in Zweifel ziehen. Selbst die Ergebnisse der eigenen Forschung sollte man anzweifeln, um die Bequemlichkeit und den Bestätigungsfehler zu vermeiden. Die Suche nach der Wahrheit muss um der Wahrheit willen geschehen. Der Wahrheitssuchende ist nicht derjenige, der die Schriften der Alten liest und diesen blind vertraut, sondern wer seinen Glauben in ihnen außer Acht lässt und sich fragt, was sie ihm wirklich gebracht haben. Er soll niemandem blind vertrauen, dessen Natur voller Mangel und Unzulänglichkeit ist.«[3]

Wegen solcher Gedanken wurde auch er von den religiösen Gelehrten seiner Zeit zum Häretiker erklärt. Ein Schicksal, das er mit unzähligen anderen teilte, ohne deren Erkenntnisse und Errungenschaften die moderne Welt nicht denkbar wäre. Dass Universalgelehrte wie sie – unabhängig von ihrem Glauben – forschen konnten, lag an den Herrschern im Kalifenpalast. Sie unterstützten die Revolution des Wissens und ließen auch das Volk daran teilhaben, indem sie die großen Bibliotheken der Öffentlichkeit zugänglich machten. Nicht die Religion stand im Zentrum, sondern Toleranz und Pragmatismus, um das Reich voranzubringen. Das belegt auch die Korrespondenz von Kalif Hārūn ar-Raschīd mit Karl dem Großen. Es ging um Geschäfte und politische Allianzen, nicht um den Glauben. Der Kalif schenkte dem König eine kunstvolle Wasseruhr mit Automatenwerk und einen Elefanten namens Abu al-Abbas, wobei die Franken angeblich mehr über die Präzision der Uhr als über den Dickhäuter gestaunt haben.

Karl und ar-Raschīd hatten gemeinsame Feinde: das christliche Byzanz und das muslimische Reich in Andalusien, das als einziges nicht unter der Herrschaft der Abbasiden stand. Nicht nur sie schlossen immer wieder auch Allianzen mit christlichen Reichen, um ihre Interessen gegen Muslime durchzusetzen, die ihre Herrschaft bedrohten. Auch wenn diese Verbindungen nur vorübergehend waren, sahen konservative Gelehrte darin ein ebenso großes Übel wie in den wissenschaftlichen Quantensprüngen und dem Treiben am Hof des Kalifen von Bagdad. In der Stadt regierten nicht die Gesetze der Scharia, hier gehörten Tanz, Gesang, Alkohol und Poesiewettbewerbe, in denen sogar der Prophet kritisiert wurde, zum Alltag.

Die Rechtsschule der Vernunft

In Europa ist Hārūn ar-Raschīd weniger bekannt als Förderer von Wissen und Philosophie, sondern vor allem durch die Erzählungen aus der Sammlung »Tausendundeine Nacht«. Dort wird er als lüsterner Frauenheld dargestellt, der sich mit 2000 Sklaveninnen vergnügt. Das ist zwar eine übertriebene Darstellung, aber einen historischen Kern hat sie doch. Denn die Expansion des Reiches und die islamische Tradition, Frauen der unterlegenen Soldaten als Kriegsbeute zu betrachten, bescherte dem Abbasiden-Reich reichlich Sklavinnen. Der Kalif hatte zwei Lieblingsfrauen: eine Araberin, die ihm seinen Sohn al-Amīn schenkte, und eine persische Sklavin, die seinen Sohn al-Ma'mūn zur Welt brachte. Der spätere Machtkampf zwischen den beiden Brüdern hätte das Kalifat beinahe gespalten. Doch nach vier Jahren Bürgerkrieg gelang es al-Ma'mūn, die Macht an sich zu reißen. Wie sein Vater war der siebte Kalif ein Freund und Förderer der Wissenschaften. Aber er musste seine schützende Hand sehr viel stärker über die Philosophen und Universalgelehrten halten, denn in seiner Zeit ereignete sich eine theologische Konterrevolution.

Im sunnitischen Islam gibt es vier unterschiedliche Rechtsschulen, die allesamt konservativ ausgerichtet sind, da sie nur wenig Spielraum für eine Interpretation des Koran oder der Hadithe lassen. Die konservativste unter ihnen ist die sunnitische Rechtsschule der Hanbaliten. Sie wurde im 9. Jahrhundert von Ahmad ibn Hanbal (780–855) in Bagdad gegründet und sah in der Philosophie eine Verwirrung der Gläubigen und eine Verfälschung der authentischen islamischen Theologie.

Zur Erinnerung: Die ersten Versuche einer islamischen Theologie in der Zeit der Umayyaden hatten das Ziel, deren Herrschaft zu legitimieren und zu stärken. Zu Beginn der Abbasiden-Zeit hatte die neue Theologie die Revolution gegen die Umayyaden rechtfertigen und die neuen Herrscher als legitime Erben darstellen sollen. In der Phase des Umbruchs war die islamische Theologie damit beschäftigt, den Islam gegenüber christlicher, persischer und jüdischer Kritik zu verteidigen und abzugrenzen. Während der Zeit der großen multireligiösen Debatten mussten Theologen auch philosophische Werke lesen, um ihre Religion durch vernünftige Argumente zu verteidigen.

Die erste theologische Frage, die die Muslime damals beschäftigte, war die nach der Natur Gottes. Hat Gott einen Körper oder nicht? Im Koran steht, dass Gott eine Hand, ein Auge, einen Fuß und einen Thron hat. Doch der Koran sagt auch, dass Gott nichts ähnlich ist. Die Theologie musste diesen Widerspruch auflösen. Christliche Theologen dieser Zeit haben den Widerspruch der Natur Jesu durch die Philosophie aufgelöst und konnten mit ihrer Hilfe darlegen, dass Jesus sowohl die Natur des Menschseins als auch die Natur des Gottseins in sich vereint.

Manche muslimische Theologen, die in der Philosophie bewandert waren, meinten, Gottes Körperteile im Koran seien nur Symbole seiner Eigenschaften. So sei Gottes Hand Symbol seiner Großzügigkeit gegenüber den Gläubigen, seine Ohren symbolisierten seine Fähigkeit, die Bittgebete zu erhören, seine Augen stünden für sein Wissen, sein Thron für seine Macht. Durch diese Logik konnten sie auch einige Erzählungen im Koran als sinnbildlich und nicht historisch interpretieren.

Aus diesen Debatten heraus entstand die Schule der Mu'tazila, die die Vernunft zur höchsten Instanz in der Theologie erklärte. Diese Schule hatte eine für ihre Zeit sehr fortschrittliche Haltung zur Freiheit des Menschen. Anders als die klassische Theologie sahen die Mu'taziliten den Menschen als ein Wesen mit freiem Willen, dessen Taten unabhängig vom Willen Gottes seien. Auch ihre Haltung gegenüber dem Koran war revolutionär. Die klassische islamische Theologie geht davon aus, dass der Koran ewig und älter als die Schöpfung selbst und wörtlich zu verstehen sei. Die Mu'taziliten dagegen sagten, der Koran sei erschaffen worden, und zwar in einem bestimmten historischen Kontext. Während die klassischen Theologen Mohameds Nachtreise nach Jerusalem und seine Himmelfahrt als eine reale Begebenheit betrachteten, gingen die Mu'taziliten davon aus, dass es sich dabei nur um eine spirituelle Reise im Traum gehandelt haben könne, denn die Erzählung vom fliegenden Reittier verstoße gegen die Vernunft.

Die revolutionären Gedanken der Mu'taziliten führten zu einem Aufruhr unter den Hanbaliten, denn deren fünf Prinzipien widersprachen zum Teil massiv der klassischen Theologie (dazu gleich mehr). Sie lauten:

1. Einheit Gottes: Gott ist eine absolute Einheit. Ihm ist nichts gleich und ihm kommen keine Wesensattribute zu. Texte, die derartiges suggerieren, sind symbolisch zu interpretieren.
2. Gerechtigkeit: Der Mensch ist frei und vor Gott für seine Taten verantwortlich. Ohne Willensfreiheit gibt es keine Verantwortung und keine Gerechtigkeit.
3. Vernunft: Alles für die Erlösung des Menschen notwendige Wissen geht aus seiner Vernunft hervor; sowohl vor als auch nach der islamischen Offenbarung konnten die Menschen allein durch das Licht der Vernunft Wissen erwerben. Das macht Wissen verbindlich für alle Menschen, überall und zu jeder Zeit.
4. Strafe und Belohnung: Himmel und Hölle sind real. Ein Ungläubiger oder jemand, der eine schwere Sünde begeht, wird ewig in der Hölle schmoren. Ein Gläubiger, der gute Taten begeht, wird im Paradies für sein Tun belohnt.
5. Das Gute gebieten und das Böse verbieten: Es ist die Aufgabe des Muslims, das Gute zu gebieten und das Böse zu verbieten.

Die Hanbaliten hielten diese theologischen Ansätze für eine Verfälschung des authentischen Islam und hetzten die Bevölkerung gegen die Muʿtaziliten auf. Kalif al-Maʾmūn musste intervenieren und schlug sich auf die Seite der Vernunftgeleiteten. Als der einflussreiche sunnitische Theologe Ahmad ibn Hanbal es wagte, den Kalifen wegen seiner Haltung zu kritisieren, ließ al-Maʾmūn ihn hinter Gitter sperren und foltern. Es war das erste Mal in der islamischen Geschichte, dass ein Theologe gegen den Herrscher aufbegehrte.

Der Kalif beließ es nicht dabei, sondern erklärte die Prinzipien der Muʿtaziliten zur Staatsdoktrin: Vernunft im Umgang mit der

Religion bedeutet, dass alles, was in Widerspruch zur Vernunft steht, nicht akzeptiert wird. Seine Intervention hatte jedoch fatale Folgen, die weit in die kommenden Jahrhunderte hineinreichten. Denn er erstickte die theologische Debatte im Keim und erklärte eine Schule zum Sieger, bevor diese die Massen durch Argumente überzeugen konnte. Er nötigte die Gläubigen damit, ihre Religion so zu interpretieren, wie er es für richtig befand, und machte die Hardliner zu Märtyrern, indem er sie ins Gefängnis warf. Daraus wurde später eine ungute Tradition im islamischen Denken. Der jeweilige Herrscher setzte die Version des Islam durch, die ihm passte, und unterdrückte andere Versionen, die seinen Zielen nicht dienlich war. Das verengte den Raum für Debatten, in denen man offen Gedanken und Argumente hätte austauschen können. Nicht das bessere Argument obsiegte, sondern der Wille der Macht. Und so blieben Philosophen und Reformtheologen nur eine elitäre Erscheinung, die nie imstande war, zu einer starken Bewegung zu werden, die eine echte Aufklärung hätte herbeiführen können.

Auch Reformansätze in der modernen Zeit versuchten immer wieder, in die Fußstapfen des aufgeklärten Despoten al-Maʾmūn zu treten: Muhammad Ali Pascha versuchte Anfang des 19. Jahrhunderts in Ägypten, die Moderne per Dekret zu installieren. Doch er scheiterte, weil er nur die halbe Moderne haben wollte. Er gewährte den Eliten Zugang zu westlichen Konsumgütern, ließ aber nicht zu, dass das Gedankengut der Aufklärung in die Köpfe der Bevölkerung sickerte. Kemal Atatürk wiederum hat den Einfluss der orthodoxen Gelehrten minimiert, um die Türkei in Richtung Moderne zu bewegen, doch eine Atmosphäre der Freiheit, in der die Aufklärung aufblühen konnte, hat er nicht zugelassen. Auch der Schah von Persien versuchte mit eiserner Hand, die Macht der Mullahs zu brechen, aber gleichzeitig gab er den demokratischen Kräften keine Möglichkeit, um einen Gegenpol zu den religiösen Hardlinern zu bilden. All diese Autokraten scheiterten, weil sie die Aufklärung und die Moderne nur zur Hälfte einführen wollten. Sie wollten die Macht der Religion brechen, um ihre eigene Macht auszubauen. Sie plädierten für religiöse Freiheit, haben ihren Untertanen aber politische Freiheiten vorenthalten. Und so kam es, wie es kommen musste. Was Muhammad Ali Pascha eingeführt hatte, machten die Islamisten in Ägypten im 20. Jahrhundert rückgängig. Die Säkularisierung, die Atatürk in die Türkei gebracht hatte, wurde von Erdoğan und seiner AKP aufgehoben. Und die Spuren der Moderne im Iran wurden nach der islamischen Revolution 1979 von Ayatollah Khomeini gelöscht.

Und genauso war es damals mit al-Maʾmūn und seinen Reformen. Wenige Jahre nach dessen Tod wechselte Kalif al-Mutawakkil (822–861) das Lager, stellte sich auf die Seite der texttreuen Hanbaliten und ließ die Muʿtaziliten verfolgen. Seit dieser Zeit haben Philosophen und Reformer zwar immer wieder versucht, das harte Brett der klassischen Theologie zu durchzubohren, aber es ist ihnen nie gelungen, die Traditionalisten zu schlagen. Im Gegenteil. Je stärker die muslimische Welt in der Vergangenheit unter Druck geriet, desto höher schlugen die Wellen der Orthodoxie. Und daran hat sich bis heute nichts geändert.

Reformer im Sinne der Aufklärung?

Viele moderne Islamreformer und westliche Islamwissenschaftler vergleichen die Gedanken der Muʿtaziliten mit denen der europäischen Aufklärung. Doch der Vergleich hinkt. Denn die Muʿtaziliten betrachteten zwar die Vernunft als höchste Autorität im Umgang mit dem heiligen Text, doch der Text stand für sie dabei über der Vernunft, die nur das Instrument war, um den Text zu interpretieren. Sie waren auch strenger als andere konservative Rechtsschulen in ihrer Haltung gegenüber einem Muslim, der eine große Sünde wie Totschlag oder Ehebruch begangen hatte. Die

Konservativen waren der Meinung, dass der reuige Sünder vor seinem Tod von Gott begnadigt werden könne oder nur für eine gewisse Zeit in der Hölle schmoren müsse. Für die Mu'taziliten war der Verbleib in der Hölle jedoch ewig, denn dies bestätigt ein klarer Vers im Koran. Das hat alles wenig mit Aufklärung zu tun.

Auch wenn sie meinten, der Mensch handele unabhängig von Gott und sei somit frei, war diese Freiheit doch eher eine Last, denn der Mensch muss vor Gott für seine Taten geradestehen. Er kann sich sogar vom Glauben abwenden, aber die Konsequenz dafür war aus der Sicht der Mu'taziliten die ewige Höllenqual. Für die europäische Aufklärung hingegen war der Mensch, nicht die Religion oder Gott, das Ziel der Vernunft und der Freiheit. Da gab es keinen Raum für die Angst vor Gott oder vor der Hölle.

Und dennoch waren die Gedanken der Mu'taziliten sehr fortschrittlich für ihre Zeit. Wären sie nicht so elitär gewesen und hätte der Kalif ihre Doktrin nicht mit Gewalt durchgesetzt, hätten ihre Ansätze tatsächlich den Beginn eines Prozesses darstellen können, der später vielleicht so etwas wie eine Aufklärung hervorgebracht hätte. Aber eine auf Vernunft basierende Interpretation der Religion war weder den Herrschern dienlich noch für die Untertanen spirituell erfüllend. Die anderen sunnitischen und schiitischen Rechtsschulen konnten die Massen begeistern. Sie schmückten ihre Konzepte von Religion mit Legenden und Riten, die sie volksnah machten. Das Gottesbild der Mu'taziliten war abstrakt und unattraktiv, verglichen mit der Vorstellung der klassischen Theologen, er war eher wie der Gott Spinozas, ohne Bilder und ohne Emotionen. Und deshalb blieb er nur ein Gott für eine kleine Elite, nicht für Massen, die Gott mit Emotionen aufladen wollten.

Trotzdem war die Denkschule der Mu'tazila ein wichtiges Aufbegehren gegen die dominierende sunnitische Interpretation des Islam. Die erste Revolution hatten die Schiiten gewagt, die allerdings die gleiche dogmatische Haltung gegenüber dem Koran einnahmen wie die Sunniten. Nur in der Frage der Herrschaft unterscheiden sich die beiden stark. Für die Schiiten muss der Herrscher (der Imam) aus dem Hause des Propheten stammen. Die Sunniten betrachten das nicht als zwingend notwendig. Im Grunde ist der schiitische Islam in gewisser Weise die Fortsetzung persischer Traditionen in islamischen Gewändern. Deshalb konnten sich die schiitischen Vorstellungen auch stärker im Irak und im Iran durchsetzen als in Syrien und Ägypten, die unter den Umayyaden die Fortsetzung byzantinischer Traditionen in Sachen Herrschaftssystem und Administration erlebt hatten. Die Gesetze im sunnitischen Saudi-Arabien und im schiitischen Iran beispielsweise unterscheiden sich jedoch bis heute kaum voneinander. Denn die Differenz war und ist immer noch politisch. Und vermeintlich religiöse Spaltungen, wie es sie in der Geschichte des Islam mehrfach gegeben hat, waren oft nicht theologisch motiviert, sondern Ausdruck von Macht auf der einen und dem Gefühl der Unterdrückung auf der anderen Seite.

Religionskritik und Philosophie als Ausdruck von »Irregeleitetheit«

Die innerislamischen politischen Differenzen haben die Schiiten und Charidschiten hervorgebracht. Der Wohlstand, die Ausbreitung des Reiches und der Zugang der Muslime zu anderen Religionen und Wissenskulturen haben die Philosophie und den Sufismus hervorgebracht. Beide Begriffe entstammen dem altgriechischen Wort *Sophía*, Weisheit. Beide sind Produkte der Übersetzungswelle im 8. und 9. Jahrhundert, und beide wurden stark vom Neoplatonismus und der christlichen Gnosis beeinflusst. Beide werden sich vom orthodoxen sunnitischen Islam lösen und nach neuen Antworten in Sachen Kosmos und Glauben suchen.

Zahlreiche Arabisch sprechende Philosophen und Sufis bescherten der Welt revolutionäre Ideen und konnten das islamische Denken zeitweise von alten Dogmen befreien, bis ein persischer Theologe namens al-Ghazālī im 11. Jahrhundert Philosophie und Sufismus entstellen und für die Zwecke der islamischen Orthodoxie vereinnahmen konnte (dazu später mehr). Al-Ghazālī lehnte die Philosophie als Weg zur Wahrheit ab und diffamierte Muslime wie al-Fārābī und Avicenna als Ungläubige, die durch ihren Umgang mit den Werken der antiken Philosophen den islamischen Glauben verderben wollten. Er nannte die Philosophie, die die Vernunft hochschätzt, eine »Irreführung« und verfasste eine ganze Abhandlung über die Irrwege der Philosophen, die bis heute Salafisten Argumente liefert, warum kritisches Denken eine Gefahr für den Glauben sei. Und ein wirklicher Erneurer wie Averroës wurde im 12. Jahrhundert aufgrund der Schriften des längst verstorbenen al-Ghazālī zum Ketzer erklärt und musste Andalusien verlassen. Seine Bücher, darunter unzählige Kommentare zu den Werken Aristoteles', wurden verbrannt, denn seine Versuche, die Religion mit Vernunft, Wissenschaft und Philosophie zu versöhnen, galten als Ausdruck seiner »Irregeleitetheit«.

Schon die Schule der Mu'tazila hatte die Denker nicht nur animiert, den Islam zu rationalisieren, sondern auch, ihn zu kritisierten. Der Theologe Ibn ar-Rāwandī, anfangs selbst Mitglied der Mu'tazila, lehnte bereits im 9. Jahrhundert die Idee einer göttlichen Offenbarung ab und sah Mohamed nicht als Propheten. Er gilt als der erste muslimische Islamkritiker, der sowohl theologisch als auch philosophisch gebildet war. Doch er musste Bagdad verlassen, um einer Verfolgung zu entgehen. Auch Abū Bakr ar-Rāzīs (865–925) zog sich mit seinen religionskritischen Äußerungen die Feindschaft der orthodoxen Gelehrten zu. In Europa ist der persische Arzt, Alchemist und Philosoph unter dem Namen Rhazes bekannt; seine medizinischen Abhandlungen waren hier bis ins 18. Jahrhundert Lehrstoff an medizinischen Fakultäten.

Zu den Widersprüchen im Koran hatte Rhazes eine ganz

eigene Meinung, die die Gläubigen seiner Zeit schockiert haben muss. Er meinte, die Werke von Poeten und Rhetorikern seien besser als der Koran, denn ihre Formulierungen seien treffender und kürzer. Für ihn war der Koran voller Widersprüchlichkeiten und ohne wertvolle Informationen.[4] Wegen dieser ketzerischen Auffassung musste er seine Position als Leiter des Krankenhauses in Bagdad aufgeben und starb verarmt im Haus seiner Schwester im persischen Rey.

Ein weiterer Kritiker war der persische Arzt und Universalgelehrte Avicenna (eigentlich Ibn Sīnā, 980–1037). Er war Theologe und Philosoph, Astronom, Arzt und Musiktheoretiker. Sein mehrbändiges Meisterwerk »Kanon der Medizin« blieb auch fünf Jahrhunderte nach seinem Tod ein Standardwerk der Medizin, auch in Europa. Zu seinen wichtigsten Schriften gehört aber sein Buch der Genesung, »Kitāb aš-šifāʾ«. Darin geht es um das Thema Seelenheil durch Glauben, Meditation und Musik. Deshalb war gerade dieses Werk so wichtig für die mystischen Sufis. In Europa wurde Avicenna im 13. Jahrhundert bekannt, als seine Schriften ins Lateinische und Spanische übersetzt wurden. Während er dort sowohl von Medizinern als auch von Philosophen der Scholastik gefeiert wurde, bezeichneten ihn muslimische Theologen seiner Zeit als Häretiker, weil seine Vorstellung von der Seele von der des Koran abwich. Denn für ihn war die Seele nicht ewig, sondern ein Zwilling des Körpers. Für Avicenna waren Körper und Seele, Vernunft und Emotionen untrennbar miteinander verbunden.[5] Außerdem war er der Meinung, der Mensch brauche für die Wahrheitsfindung keine Religion, sondern könne sich dabei allein auf seinen Intellekt verlassen. Doch muslimische Theologen fanden in genau diesem Gedanken eine Hintertür zur Häresie, denn Avicenna würde damit den Intellekt auf eine quasi göttliche Stellung heben und die heiligen Texte als Quelle der Wahrheit ignorieren. Für al-Ghazālī eine Steilvorlage. In seinem Buch über die »Inkohärenz der Philosophen« *(»Tahāfut al-falāsifa«)* geißelte der Theologe Avicenna und al-Fārābī posthum, sie würden die Philosophie nicht in den Dienst des Glaubens stellen, sondern zur Verwirrung der Gläubigen nutzen. Seine kritische Haltung prägt bis heute die islamische Haltung zur Philosophie. Da sie nicht zur Grundausbildung von Theologen gehörte, blieb sie ein Fremdkörper im islamischen Denken. Aufgrund der Tatsache, dass die Philosophie ihre Ursprünge im »heidnischen« Griechenland und keine islamischen Wurzeln hat, blieben die muslimischen Philosophen Einzelkämpfer. Während die Philosophie im alten Griechenland auf dem weiten Feld der Mythologie gedeihen konnte, blieb sie in der islamischen Welt gefangen im engen Feld der Theologie. Die islamischen Mythen wurden durch die Religion zu Geschichte und erhielten damit den Stellenwert der absoluten Wahrheit. Der Raum für freies Denken, für die Vorstellungskraft, die gerade in den alten arabischen Mythen so bedeutsam gewesen war, wurde mit der Theologie des Islam geschlossen. Und deshalb hatten diese brillanten muslimischen Philosophen, Wissenschaftler und Universalgelehrten letztlich mehr Einfluss auf Europa als auf die islamische Welt.

Exkurs

Der Sufismus oder die mystische Revolution einer Frau, die von den Männern vereinnahmt wurde

In der Regel beginnt eine neue Religion als eine geistige und soziale Revolution gegen die bestehenden Zustände und Strukturen. Im Laufe der Zeit wird sie institutionalisiert, ein politisches, juristisches und ideologisches System wird um sie herum errichtet, das andere unterdrückt oder vereinnahmt. Durch die Institutionalisierung wird die Religion zum Herrschaftsinstrument, was wiederum dazu führt, dass Kritik an den bestehenden Zuständen und Forderungen nach Erneuerung laut werden. Wie die Philosophie der Versuch einer Revolution der Vernunft gegen die starren Dogmen des Islam war, so war der Sufismus der Versuch einer Revolution des Geistes.

Diese mystische Bewegung war eine Reaktion auf die Entwicklungen in den islamischen Gebieten: Der plötzliche Wohlstand nach den ersten Eroberungen führte dazu, dass viele Muslime den Pfad der Religion verließen und sich mehr um ihre Besitztümer und Sklavinnen kümmerten. Die innerislamischen Kriege und der Separatismus ließen zudem viele an der Idee des islamischen Zusammenhalts zweifeln. Und auch die theologischen Auseinandersetzungen zwischen Sunniten und Schiiten bzw. zwischen Mu'taziliten und Hanbaliten zeigten, dass es kaum eine verbindliche spirituelle Orientierung für die *Umma* gab. Weder die Dogmatisierung des Islam durch die Orthodoxen noch seine starke Rationalisierung durch die Mu'tazila schienen für die Muslime spirituell erfüllend zu sein. Zudem brachte der Kontakt der arabischen Eroberer mit der christlichen Gnosis und den mystischen

Traditionen in Persien und später Indien neue Ideen in die islamische Welt. Die Übersetzung neoplatonischer Werke ins Arabische und die Auseinandersetzung mit der Philosophie der Stoiker, die Verzicht predigt, waren ebenfalls prägend für die Entstehung der Sufi-Bewegung.

Vorläufer der Sufis waren muslimische Asketen, die *al-bakka'in* genannt wurden, »die Weinenden«. Es handelte sich um eine Gruppe von Schiiten, die die Ermordung von Mohameds Enkel al-Hussein in der zweiten Hälfte des 7. Jahrhunderts betrauerten, indem sie an den Straßenrändern saßen und einfach nur weinten. Diese Schiiten sahen für sich nur zwei Optionen: entweder gegen die sunnitischen Umayyaden zu kämpfen oder sich in einen asketischen Rückzugsraum zu verabschieden.

Der erste Sufi im eigentlichen Sinne war möglicherweise eine Frau, die im 8. Jahrhundert im Irak lebte. Rābiʿa al-Adawiyya, ein Waisenmädchen, war Sklavin eines Clans in Basra. Doch anstatt sich ihrem Herrn sexuell zu unterwerfen, zog sie sich zurück, vertiefte sich ins Gebet, meditierte und fastete tagelang. Sie lehnte es ab, dass ein Mann, den sie sich nicht ausgesucht hatte, ihren Körper entweihte. Ihr muslimischer Herr war von ihrer tiefen Frömmigkeit so beeindruckt, dass er sie freiließ. Rābiʿa schloss sich einer Schule weiblicher Asketen in Basra an, ähnlich einem Frauenkloster im Christentum, und entschloss sich, allem Weltlichen zu entsagen und zölibatär zu leben. Eine kleine Revolution, denn der Zölibat ist im Islam geächtet, da die Ehe von Gott gegeben ist und Enthaltsamkeit im archaischen Stammesdenken den Fortbestand der Sippe gefährdet.

Man kann Rābiʿa von Basra, wie sie auch genannt wird, durchaus mit Hildegard von Bingen vergleichen, denn sie war eine Ausnahmeerscheinung in einer von Männern dominierten religiösen Welt. Rābiʿa war die Erste im islamischen Kontext, die das Konzept von Himmel und Hölle ablehnte und Gottesdienste als Ausdruck der Liebe zu Gott verrichtete. Der Legende nach sah man

Rābiʿa einmal in den Straßen von Basra mit einem Eimer Wasser in der einen Hand und einer Fackel in der anderen. Als sie gefragt wurde, was dies zu bedeuten habe, antwortete sie: »Ich will Wasser in die Hölle gießen und Feuer ans Paradies legen, damit diese beiden Schleier verschwinden und niemand mehr Gott aus Furcht vor der Hölle oder in Hoffnung auf das Paradies anbete, sondern nur noch um seiner ewigen Schönheit willen.«[1]

Rābiʿa stellte den muslimischen Glauben auf den Kopf und führte eine neue mystische Dimension ein, die nicht nur für ihre Zeit wichtig war. Ihr Vermächtnis wäre der Welt verloren gegangen, hätten nicht ein paar Männer einige ihrer Aussagen dokumentiert. Denn anders als die Sufi-Meister nach ihr, hinterließ Rābiʿa keine schriftlichen Belege ihres Wirkens. Einige ihrer Gedichte, Aussprüche und Anekdoten wurden jedoch von dem persischen Theologen al-Ghazālī verschriftlicht und kommentiert. Al-Ghazālī machte den Sufismus im 11. Jahrhundert von einer elitären, philosophischen Erscheinung zu einer Massenbewegung, indem er die mystischen Gedanken des Sufismus in die orthodoxe Theologie integrierte. Das war der Beginn der Vereinnahmung dieser wunderbaren Frau und des Sufismus selbst.

Al-Ghazālī, der als größter sunnitischer Theologe der Geschichte gilt, wandte sich von der Askese als Grundprinzip ab und legte 17 Punkte fest, in denen er Philosophen Ketzerei vorwarf. Einer dieser Punkte war seine Kritik an der politischen Philosophie von al-Fārābī, die er als eine »alternative Religion« zum Islam sah. Außerdem warf er dem Philosophen vor, die Vernunft über die Offenbarung Gottes zu stellen. Für Al-Ghazālī hatte sich die Philosophie ganz in den Dienst der Religion zu stellen. Was den Sufismus anging, gelang es ihm, diesen nicht nur der Theologie unterzuordnen, sondern ihn auch für den Kampf gegen den Schia-Islam zu instrumentalisieren und in den Dienst des Dschihad zu stellen. Dafür nutzte er Anekdoten über Selbstüberwindung und Askese von frühen Sufis wie Rābiʿa. Er schrieb Briefe an die muslimischen Berber in Nordafrika und rief sie zum Dschihad gegen die Christen in Andalusien auf; eine Tat, die Rābiʿa sicherlich abgelehnt hätte, denn von ihr stammt die Aussage: »Die Liebe zu Gott hat mein Herz so erfüllt, dass es keinen Platz mehr in ihm gibt, um den Teufel zu hassen.«

Heute ist die Erinnerung an diese bemerkenswerte Frau vor allem im einfachen Volkssufismus erhalten geblieben, wenngleich hier Fakten und Legenden vermischt und Rābiʿa übernatürliche Fähigkeiten und Wundertaten zugeschrieben werden.

Der Sufismus zwischen Askese und sozialer Revolution

Zur Askese als Prinzip des frühen Sufismus kam später eine soziale und eine philosophische Komponente hinzu, da die Sufis den Kontrast zwischen der ursprünglichen Lehre des Islam und der Realität unter der Herrschaft der Umayyaden und Abbasiden deutlich sahen. Von dieser Lehre, die soziale Gerechtigkeit, Verzicht und moderaten Konsum anmahnte, hatten sich die herrschenden Eliten weit entfernt, die in Genuss und Verschwendung schwelgten, während ihre Untertanen in Armut und Leid verharrten. Auch die Vermischung von Herrschaft, Geld und Theologie stieß bei den Sufis auf Kritik, denn sie sahen den Islam als eine spirituelle und soziale Bewegung, die weder gekommen war, um ein Imperium zu gründen, noch, um Kriege zu führen, Geld anzuhäufen oder Menschen zu versklaven.

Wie die Philosophie und die Wissenschaft erblühte auch der Sufismus nicht in Mekka und Medina, sondern in Persien, im Irak, in Ägypten und Andalusien. Und wie die Philosophie und die Wissenschaft wurde der Sufismus von den meisten muslimischen Theologen scharf angegriffen und zu einer Verfälschung des Glaubens erklärt. Einer der ersten Sufis, Dschābir ibn Hayyān

(721–815), ein Philosoph und Wissenschaftler, der sich im 8. Jahrhundert mit Chemie und Alchemie befasste, aber auch Texte über Askese und Verzicht schrieb, wurde wegen seiner wissenschaftlichen und philosophischen Aktivitäten zum »Ungläubigen« erklärt.

Die Verbindung von Sufismus und Philosophie ist nicht von der Hand zu weisen. Zwar meinen einige Sprachwissenschaftler, das arabische Wort für Sufismus *(sufiyya)* leite sich von *suf* (Wolle) ab, weil die ersten Sufis angeblich ausschließlich Wolle getragen hätten; aber die Mehrheit geht davon aus, dass das griechische Wort für Weisheit *(Sophía)* hier Pate gestanden hat.

Auch die Philosophie der Stoiker hatte einen deutlichen Einfluss auf die Sufis, die, wie die Stoiker, in der Askese und in der Schicksalsergebenheit einen Weg in die Zufriedenheit fanden. Ein Sufi, der sowohl die Philosophie als auch den Glauben und sowohl die soziale Revolution als auch die Schicksalsergebenheit miteinander verbunden hat, war al-Hallādsch. Der »Märtyrer der göttlichen Liebe«, wie er genannt wird, wirkte Anfang des 10. Jahrhunderts vor allem in Bagdad. Er nahm Rābiʿas Gedanken über die Liebe zu Gott auf und ging noch einen – revolutionären – Schritt weiter: Er sagte: »*Anā al-ḥaqq*« – »ich bin die (göttliche) Wahrheit« –, und meinte damit das hohe Ideal der Auflösung des Ichs in Gott. Al-Hallādsch sagte auch: »Er (Allah) und ich sind zwei Seelen, die in einem Körper leben«, und meinte damit, Gott und Mensch seien eine Wahrheit und nicht voneinander getrennte Wesen. Doch weil *al-ḥaqq* auch einer der Namen Allahs im Koran ist, hörten die islamischen Gelehrten, was sie hören wollten: Dass al-Hallādsch behauptete, Gott zu sein. Mehrfach wurde der Sufi-Dichter der Ketzerei beschuldigt und ins Gefängnis gesperrt.

Sein Schicksal war besiegelt, als er im Zuge der Revolten der schwarzen Sklaven *(Zanadsch)* und der schiitischen Qarmaten die Politik der Abbasiden kritisierte und sich auf die Seite der Rebellen schlug. Ein sunnitischer Richter in Bagdad urteilte, al-Hallādsch sei vom Glauben abgefallen und müsse getötet werden. Der Kalif genehmigte die Hinrichtung, al-Hallādsch wurde stundenlang gefoltert, man hackte ihm die Beine und Hände ab und ließ ihn, an ein Kreuz gebunden, ausbluten. Das alles geschah in der Phase, die man Blütezeit des Islam nennt. Heute würde man ihn einen »Menschenrechtler« nennen. Damals kosteten ihn seine revolutionären Gedanken zu der Beziehung von Gott und Mensch und seine Forderungen nach sozialer Gerechtigkeit und der Befreiung der Sklaven das Leben.

Al-Hallādschs Leiche wurde verbrannt und seine Asche im Fluss verstreut, weil man in Bagdad fürchtete, sein Grab könnte zu einem Wallfahrtsort für Rebellen werden. Auch sein literarisches Vermächtnis wäre uns fast verloren gegangen, denn nach seinem Tod verschwanden die meisten seiner sechzig Werke. Vieles, was wir heute über al-Hallādsch wissen, geht auf den französischen Orientalisten Louis Massignon (1883–1962) zurück, der in zeitgenössischen orientalischen Manuskripten nach den Spuren des Mystikers suchte und dessen Leben und Werk rekonstruierte.

Al-Hallādsch hätte in der islamischen Welt gefeiert werden können, doch keine politische Macht förderte seine Gedanken, denn die meisten muslimischen Kalifen befürworteten eine Theologie, die herrschaftstreu und revolutionsscheu ist. Stattdessen wurden Denker und Sufis wie er verfolgt, ihre Werke wurden verbrannt oder versteckt, denn allein durch ihr Dasein unterliefen die Sufis die enge Verbindung von Politik und Religion. Ähnlich erging es dem persischen Sufi-Meister Suhrawardi, der im 12. Jahrhundert von Sultan Saladin zum Tod verurteilt wurde, weil er angeblich die Gläubigen mit seinen Gedanken verwirrt habe. Suhrawardi war ein sehr belesener Mann und reiste viel nach Indien, Persien, Syrien und Ägypten. Er sah die Quelle der Weisheit nicht im Koran, sondern in den Weisheiten der alten Ägypter und in der hermetischen Philosophie. Er schrieb Kommentare zu Aristoteles und lobte die Spiritualität der christlichen Gnosis. Seine Gedanken erfuhren große Beliebtheit, selbst im Palast des Sultans. Der Thronfolger Saladins war ein Schüler Suhrawardis und glaubte an dessen Erleuchtungsphilosophie. Saladin fürchtete um das Seelenheil seines Sohnes und ließ Suhrawardi hinrichten. Als die Henker im Gefängnis von Aleppo ihn fragten, auf welche Weise er sterben wolle, bat Suhrawardi darum, man möge ihn einfach verhungern und verdursten lassen.

Die Religion der Liebe

Die Verfolgung durch die Herrscher und die Verdammung durch die Theologen hielten die Sufis jedoch nicht davon ab, ihren mystischen Weg weiterzugehen und ihre philosophischen Gedanken zu äußern. Allein im 13. Jahrhundert lebten vier Meister des Sufismus zeitgleich, die den philosophischen Sufismus bis heute prägen: Fariduddin Attar in Persien, Ibn ʿArabī im andalusischen Murcia, Schams-e Tabrizi und Rumi in Konya. Ähnlich wie der Theologe Ibn Taimīya hatte Rumi nach dem Überfall der Mongolen aus seiner Heimat fliehen müssen. Während diese Erfahrung bei Ibn Taimīya zur Forderung nach einer Rückkehr zur strengen Religiosität führte, suchte Rumi nach seiner Flucht den Sinn des Lebens und fand ihn im Sufismus. Zentrales Element seiner Lehre war die Sichtweise auf das Universum als harmonisches Ganzes, das getragen wird durch die Liebe des Menschen zu Gott und allem, was er erschaffen hat.

Ibn Taimīya betrachtet das Konzept des Monotheismus *(tauhīd)* als originär islamisch, denn er lehnt damit die christliche Trinität als Ausdruck von Ungläubigkeit ab. *Tauhīd* meint das Bekenntnis zum Glauben an die Einheit Gottes. Selbst Schiiten oder Sufis gelten für Ibn Taimīya nicht als Monotheisten. Sein Monotheismus bedeutete, sich von allen und allem zu lösen, was nicht islamisch und sunnitisch ist.

Ibn ʿArabī dagegen verstand den Monotheismus als Einheit des Seins *(wahdat al-wudschūd)*. Wie al-Hallādsch sieht er, dass Gott und Mensch ein und dasselbe Wesen sind. Er geht sogar einen Schritt weiter und meint, Gott und Natur sind eins – ein Gedanke, der Jahrhunderte später über die sephardischen Juden von Andalusien nach Europa gelangte und Baruch Spinozas Vorstellung von Gott und Natur prägte. Während Ibn Taimīya das Konzept einer Loslösung von allem Unislamischen predigte, rief Ibn ʿArabī in seinem berühmten Gedicht »Religion der Liebe« zu religiöser Toleranz und zur Inklusion aller Religionen und Glaubensrichtungen auf:

»Mein Herz hat angenommen jegliche Gestalt: Für die Gazellen ist es ein Weideplatz, für Christenmönche Kloster, Tempel für Götzenbilder, Kaaba für die Pilger, Schriftrollen für die Thora und die Verse des Korans.

Meine Religion ist die Liebe:

Wo die Karawane auch hinziehen mag, ist Liebe meine Religion.«[2]

Diese Toleranz war ein Grund, warum Ibn Taimīya seinen Zeitgenossen Ibn al-ʿArabī so scharf kritisierte und seine Philosophie als Unglauben bezeichnete.

Von der Randerscheinung zur Volksdroge

Der Sufismus wäre vermutlich eine philosophisch-elitäre Randerscheinung geblieben, hätte der Theologe al-Ghazālī im 11. Jahrhundert in ihm nicht einen spirituellen Weg zum sunnitischen Islam entdeckt. Diese Verbindung war Teil der Strategie der Theologen, den Schia-Islam zu schwächen, der über die Mystik immer mehr Anhänger fand. Nach al-Ghazālī kam Ibn Taimīya, der sowohl Sufismus als auch Philosophie als Ausdruck des Unglaubens verdammte; dennoch lobte er einige konservativen Sufis, die den Pfad des sunnitischen Islam nicht verließen. Heute haben diese beiden Theologen mehr Einfluss auf das islamische Denken als alle muslimischen Philosophen und Sufis zusammen. Und das hat auch einen politischen Hintergrund.

Im 10. Jahrhundert konnte die schiitisch-ismailitische Sufi-Gruppe der Fatimiden ein großes Reich in Ägypten und in Nordafrika gründen und ein Gegenkalifat zum sunnitischen Abbasiden-Reich ausrufen. Sie bauten die Al-Azhar-Moschee in Kairo und machten sie zu einem Zentrum für den Schia-Islam. Mit den Fatimiden kamen die Sufis erstmals an die Macht, aber das war keine Befreiung des Glaubens, sondern eine politische Instrumentalisierung des Sufismus. Die Fatimiden waren Christen und Frauen gegenüber sehr intolerant. Kalif al-Hākim (996–1021) zerstörte die Grabeskirche in Jerusalem und verbot den Schuhmachern, Schuhe für Frauen zu machen, damit diese zu Hause blieben.

Nachdem der sunnitische Sultan Saladin im 12. Jahrhundert Ägypten erobert und von den schiitischen Fatimiden »befreit« hatte, wollte er Ägypten und Nordafrika zum sunnitischen Islam zurückbringen. Er ließ die Schiiten verfolgen, Zehntausende wurden getötet, und machte die Al-Azhar-Moschee zu einer sunnitischen Einrichtung. Saladin importierte den sunnitischen Sufismus von al-Ghazālī nach Ägypten, um ein Gegengewicht zum schiitischen Sufismus zu haben. Er förderte jene Sufi-Orden, die Aberglauben, Heiligenverehrung, Wundererzählungen und den Rückzug aus der Politik predigten. Das hatte wenig zu tun mit der Sufi-Welt von al-Hallādsch, Rumi und Ibn al-ʿArabī, das war Sufismus als Volksdroge, um die Menschen von der Politik und damit von möglichen Revolten fernzuhalten.

Auch heute noch werden Sufi-Orden in manchen muslimischen Ländern von der Politik gefördert, weil sie im Gegensatz zum politischen Islam keinen Regimewechsel anstreben. Aber genauso, wie die Sufis im 13. Jahrhundert von Ibn Taimīya als Ungläubige diffamiert wurden, wurden sie im 18. Jahrhundert vom Wahhabismus bekämpft und heute von den Salafisten. Immer wieder werden Anschläge auf Sufi-Moscheen überall in der islamischen Welt verübt. Einer der verheerendsten war der Angriff von Terroristen auf die al-Rawda-Moschee im ägyptischen Sinai im Jahr 2017, bei dem über 400 Menschen getötet wurden.

Die Konkurrenz von Sufismus und Salafismus hat eine lange Tradition, die auf den Wahhabismus zurückgeht, jene sehr rückständige Spielart des Islam, die heute in Saudi-Arabien und Katar Staatsdoktrin ist. Muhammad Ibn ʿAbd al-Wahhab (1703–1792) und seine Nachfolger schändeten schon im 18. Jahrhundert auf der Arabischen Halbinsel und im Irak die Gräber der Sufi-Heiligen. Die dem Christentum nicht unähnliche Heiligenverehrung sei Ausdruck von Vielgötterei und verstoße damit gegen den Kern des Islam.

Taugt der Sufismus als Alternative zum orthodoxen Islam?

In der westlichen Welt hat sich das Bild der islamischen Mystik als Gegengewicht zu Salafismus und Orthodoxie festgesetzt. Es ist sicher nicht grundfalsch, aber doch komplexer, als es auf den ersten Blick scheint. Weder ist der Sufismus an sich von Grund auf apolitisch noch im westlichen Sinne progressiv. Denn auch unter Sufis finden sich Islamisten und andere mystische Bruderschaften erlangten staatstragende Bedeutung.

Schon seit dem 10. Jahrhundert wurden der Sufismus und der Dschihad aufgrund der Thesen von al-Ghazālī als ein Paket betrachtet. Seine Gedanken spielten eine große Rolle bei der Eroberung Andalusiens durch die Berber. Auch bei den Senussi- und

Mahdi-Bewegungen im 20. Jahrhundert war der Sufismus die Triebfeder der dschihadistischen Bewegungen in Nordafrika und im Sudan. Bei diesen Bewegungen hieß es, die Liebe zu Gott bedeute, seine Feinde (in diesem Fall Engländer und Franzosen) zu hassen und gegen sie zu kämpfen. Der Gründer der Muslimbruderschaft, Hassan al-Bannā (1906–1949), las in jungen Jahren die Werke von al-Ghazālī und fühlte sich zu dessen Sufismus hingezogen, der den Dschihad als Bestandteil des geistigen Wegs im Islam sieht. Bevor er die fundamentalistische Muslim-Bruderschaft gründete, war al-Bannā fünf Jahre Angehöriger des Hasafiyya-Sufi-Ordens im Nildelta. Die stramme Organisation des Sufi-Ordens und seine Gedanken über den kleinen Dschihad (gegen die Feinde des Islam) und den großen Dschihad (Selbstüberwindung) waren al-Bannā Vorbild für die Muslimbruderschaft. Und der türkische Prediger Fethullah Gülen beruft sich auf den Sufismus; gemeinsam mit Recep Tayyip Erdoğan soll er eine Zeit lang Kontakt mit einem Sufi-Meister des Naqschbandia-Ordens im türkischsprachigen Teil Zyperns gehabt haben. Doch Scheich Nazim habe angeblich Erdoğans neoosmanische Visionen nicht teilen wollen, weshalb sich die Wege wieder trennten. Heute macht der türkische Präsident den einstigen Weggefährten Gülen für den Putschversuch 2016 verantwortlich und verfolgt dessen Anhänger. Staatsgründer Kemal Atatürk übrigens hatte die Sufi-Orden verboten, da er fürchtete, sie könnten sich dem Anspruch des neuen säkularen Staates widersetzen.

Der Sufismus, der als eine friedliche geistige und soziale Revolution begann, wurde im Laufe der Zeit zu einer Schützenhilfe für kämpfende Truppen, radikale Bewegungen oder für Despoten umgedeutet, die ihre Untertanen mit Legenden betäuben wollten. Dennoch halten viele gerade im Westen den Sufismus für eine eigene Glaubensrichtung innerhalb des Islam, und sehen in dieser mystischen Bewegung einen Hoffnungsträger, um den Islam zu reformieren. Doch es gibt nicht den einen Sufismus: Es gibt den elitär-philosophischen, den schiitischen, den sunnitisch-legalistischen, den dschihadistischen und den Volkssufismus. Deswegen halte ich Hoffnungen, der Sufismus könne als kollektive Alternative für den streng konservativen oder den radikalen Islam dienen, nicht für berechtigt. Auf privater Ebene kann er sehr wohl eine Alternative sein für spirituelle Menschen, nicht aber als politische oder gesellschaftliche Bewegung. Denn die meisten heutigen Sufi-Bewegungen lehren nicht Vernunft, Liebe und Unabhängigkeit, sondern unterstützen Patriarchat, Hierarchie, politische Passivität und magisches Denken und sind somit antiaufklärerisch.

Das Scheitern des Sufismus als revolutionäre Bewegung hat den gleichen Grund wie das Scheitern der Philosophie in der islamischen Welt: die Stärke und die Unversöhnlichkeit der islamischen Orthodoxie und die Unfähigkeit der muslimischen Intellektuellen, ihre Gedanken in eine Massenbewegung zu verwandeln, ohne daraus eine Herrschaftsideologie oder eine Volksdroge zu machen. Es spricht nicht für die islamische Kultur, dass viele wunderbare Philosophen, Wissenschaftler und Sufis wie al-Fārābī, Avicenna, Averroës, al-Hallādsch, Rumi oder Ibn ʿArabī von lediglich zwei Theologen wie al-Ghazālī und Ibn Taimīya in den Schatten gestellt werden konnten. Es spricht nicht für diese Kultur, dass die aggressiven Gedanken von Ibn Taimīya nicht nur die Geschichte des Islam in eine neue Richtung lenkten, sondern auch heute das Leben von Millionen Muslimen weltweit bestimmen, während das Wirken all dieser brillanten Köpfe nur noch in Büchern dokumentiert wird, die von Muslimen kaum gelesen oder diskutiert werden.

Kapitel 6

Von Bagdad nach Córdoba: Ein Musikmeister, zwei Kalifate und der Mythos von Al-Andalus

Im 9. Jahrhundert war Bagdad die reichste Stadt der Welt und eine blühende Metropole von Wissenschaft, Philosophie, Kunst und Unterhaltung. Sklaven, die künstlerisch begabt waren, waren sehr begehrt. Die Hautfarbe spielte keine Rolle, solange man durch seine Talente die Machthaber oder die Bevölkerung beeindrucken konnte. Und so konnte auch der Musikschüler Ziryab (789–857) eine außergewöhnliche Karriere erst in Bagdad und später in Córdoba machen.

Über seine Herkunft streiten sich die Historiker: Manche gehen davon aus, er sei Perser gewesen, andere sehen seine Wurzeln in Afrika, denn sein Spitzname Ziryab bedeute »Schwarzdrossel«, was wiederum auf seine Hautfarbe verweise. Bekannt ist, dass Ziryab aus einer Familie stammte, die als nicht arabische Schutzbefohlene im Irak lebte. Diese sogenannten *Mawālī* waren unter der Herrschaft der Umayyaden sehr benachteiligt, konnten unter den Abbasiden aber Karriere in den Bereichen Wissenschaft, Kunst und Philosophie machen. Selbst in der Theologie brillierten viele *Mawālī*, wie etwa Ibn Ishāq, der die erste Biographie des Propheten verfasste.

Vor dem Islam kannten die Araber Musik nur in einer recht einfachen Form, man schlug Trommeln oder spielte Flöte. Durch die arabische Expansion kam man mit der deutlich weiterentwickelten musikalischen Kultur in Persien in Kontakt. Auch den Bauchtanz übernahmen die Araber von den Persern. Ziryab war Schüler des persischen Musikmeisters Ishaq al-Mawsili in Bagdad, doch rasch übertraf er seinen Meister und wurde Dauergast am Hof des Kalifen Hārūn ar-Raschīd, der entzückt von Ziryabs Oud-Klängen und seinem Gesang war. Ziryab war nicht nur Sänger, Komponist und Lautenspieler, sondern auch bewandert in Philosophie, Geographie, Astronomie und Geschichte und schrieb wunderschöne Liebesgedichte. Auch in Sachen Botanik, Kochkunst, Kosmetik und Mode war Ziryab ein Pionier und Universalgelehrter. Trotz seiner schwarzen Hautfarbe und seines familiären Hintergrunds war er ein selbstbewusster, stolzer Mann, der selbst in der Gegenwart von Abbasiden-Fürsten nicht klein beigab. Nach einem Streit mit einem dieser Fürsten verfasste Ziryab ein Schmähgedicht, das er auch öffentlich vortrug. Der wütende Fürst forderte, dass Ziryab Bagdad verlassen müsse. Andere Erzählungen berichten, dass sein einstiger Lehrer aufgrund der Beliebtheit seines Zöglings um seine Stelle als Hofmusiker gebangt und ebenfalls in diese Richtung interveniert habe.

Wie auch immer, Ziryab musste gehen und gelangte über Syrien nach Nordafrika, wo die Aghalbiden in Ifriqīya (Tunesien) gerade einen von den Abbasiden unabhängigen Staat gegründet hatten. Seine Talente ermöglichten ihm einen Aufenthalt am Hof des Emirs, doch sein Stolz verdarb ihm erneut seine Karriere. Er überwarf sich mit dem Emir und wurde 822 ausgewiesen. Ziryab schien vor den Trümmern seiner Existenz zu stehen, denn ein nicht arabischer Künstler, der dafür bekannt war, Fürsten zu beleidigen, würde schwerlich einen neuen Förderer finden. Doch dann erhielt er eine Einladung, die sein Leben für immer verändern sollte: Sie kam vom Hof des Umayyaden-Emirs im andalusischen Córdoba.

Das Exilreich der Umayyaden setzt kulturell neue Maßstäbe

Im Jahr 711 war es den Umayyaden mit Hilfe der nordafrikanischen Berber gelungen, die Westgoten auf der Iberischen Halbinsel zu besiegen und Andalusien zu erobern. Auf diese Niederlage folgte ein muslimischer Eroberungsfeldzug in Richtung Süden und Nordosten, der dazu führte, dass die Muslime die Pyrenäen überquerten und Südfrankreich besetzten. Erst in der Schlacht von Tours und Poitiers im Jahr 732 konnte dieser Griff nach Europa durch Karl Martell gestoppt werden. Der Verlust Spaniens öffnete den europäischen Kräften die Augen für die Gefahr, die von den arabischen Eroberern ausging. Schließlich wollten sie nicht das gleiche Schicksal wie Byzanz erleiden, das den größten Teil seiner Gebiete im Osten an die Muslime verloren hatte. Das Projekt der *Reconquista*, der Rückeroberung Andalusiens, begann bereits im 8. Jahrhundert mit der Gründung des westgotischen Königreichs von Asturien, das den Kern des Widerstandes der spanischen Christen gegen die arabische Herrschaft bilden sollte (dazu später mehr).

Gut vier Jahrzehnte später hatten die Abbasiden die Dynastie der Umayyaden abgelöst und aus Persien, dem Irak, Syrien und Ägypten vertrieben. Nur deren letzte Enklave in Andalusien konnten sie nicht erobern. Dorthin hatte sich Prinz Abd ar-Rachman im Jahr 755 durchgeschlagen und ein Jahr später das Emirat von Córdoba begründet, ein umayyadisches Exilreich, das im 10. Jahrhundert zu einem zweiten Kalifat werden sollte.

Trotz der tiefen Feindschaft zwischen Abbasiden und Umayyaden übernahm al-Andalus viel aus Bagdad. Alle Trends starteten dort, wurden aber in Córdoba verfeinert und weiterentwickelt. Das galt für die Philosophie wie für die Wissenschaft und selbstverständlich auch für die Musik. Die besten Voraussetzungen also für einen neuen Karrierestart Ziryabs. Aber die »Schwarzdrossel« schien eher ein Pechvogel zu sein. Schon bei seiner Ankunft in Andalusien starb Emir al-Hakam I., der ihn eingeladen hatte. In den Monaten der Trauer war es unangebracht, Musik zu spielen oder irgendeine Form von Unterhaltung darzubieten. Ziryab war arbeitslos. Sollte er Andalusien wieder verlassen und anderswo nach einem neuen Förderer suchen? Doch dann holte ihn der neue Emir Abd ar-Rahman II. an seinen Hof und gewährte ihm ein Monatsgehalt von 200 Golddinaren. Ziryab revanchierte sich dafür, indem er nicht nur die Musikkultur in Andalusien revolutionierte. Er führte auch neue Standards ein, was Etikette, Bekleidung, Speisen und Tischmanieren anging. Er gilt als Erfinder des Drei-Gänge-Menüs mit Suppe als Vorspeise, Hauptspeise mit Fleisch oder Fisch und einer süßen Nachspeise oder einem Obstsalat mit Nüssen zum Dessert. Er führte Tischdecken, Servietten und unterschiedliche Gläser für unterschiedliche Getränke ein. Seine Errungenschaften erfreuten sich nicht nur bei den Fürsten und Aristokraten großer Beliebtheit, sondern auch beim Volk. Hier waren es vor allem die Trends in Sachen Mode und Kosmetik, mit denen er Maßstäbe setzte. Je nach Saison plädierte er für unterschiedliche Stoffe und Designs für die Kleidung der Frauen, dazu praktische Kurzhaarschnitte und Bartrasur für die Männer, elegante Parfüms und Deodorants, um schlechte Gerüche zu beseitigen, und selbst eine Zahnpasta entwickelte das Universalgenie. Alles, was er anpackte, wurde zu einem Erfolg und der schwarze Mann aus einer *Mawālī*-Familie zu einem der reichsten Männer Andalusiens.

Trotz dieser enormen Bandbreite blieb seine größte Leidenschaft die Musik. Er profitierte von den Techniken der persischen Musik, die er in Bagdad erlernt hatte, vermischte sie mit der lokalen andalusischen Musik und führte neue Klänge ein, die bis heute in der modernen arabischen Musik, aber auch im andalusischen Flamenco allgegenwärtig sind. Er fügte eine fünfte Saite zur

Laute hinzu und machte somit einen entscheidenden Schritt zur Entwicklung der modernen Gitarre, die die spanische Musik später maßgeblich prägte. Ziryab gründete eine hochprofessionelle Musikschule für Frauen und Männer, die erste ihrer Art in der Welt. Dort lernten die Schüler das Spielen auf Instrumenten und dazu Gesangs- und Atemtechniken, die Ziryab selbst entwickelt hatte.

Ein Hort der Toleranz?

Mit der Proklamation des unabhängigen Kalifats unter Abd ar-Rahman III. im Jahr 929 erlebten alle Künste einen enormen Aufschwung. Dichter, Maler und Musiker tummelten sich am Hof, dazu Gartenbauer und Architekten. Die schönen Bauten in Córdoba und später auch in Sevilla und Granada sind bis heute Zeugen einer ästhetischen Baukultur, die mehrere Traditionen in sich vereinte. Die nomadischen Araber kannten derlei nicht, da sie nicht sesshaft waren und kaum über Baumaterial in der Wüste verfügten. Erst mit der Ausdehnung des arabischen Reiches nach Churasan, Bagdad, Damaskus und Ägypten kamen sie überhaupt mit Baukulturen in Kontakt. Architekten aus Persien, Syrien und Ägypten schufen unter arabischer Herrschaft eine Symbiose ihrer verschiedenen Baukünste. Das einzig islamische Element darin war der Verzicht auf Bilder von Menschen und Tieren, die aus religiösen Gründen durch Kaligraphien ersetzt wurden.

In der ersten Phase des andalusischen Kalifats, das bis 1031 andauerte, stand die Tür für Perser, aber auch für Juden und Christen offen, die neue Kultur in Andalusien mitzugestalten. Der Wohlstand und die Entfernung von den religiösen und politischen Konflikten in der übrigen arabischen Welt machten das möglich und begründeten den Ruf von al-Andalus als Hort der

Toleranz. Aber stimmt das wirklich? Was davon ist Legende? Und wie kam es überhaupt zu dieser Sichtweise?

Tatsächlich rankt sich um das tolerante Miteinander von Muslimen, Juden und Christen eine romantische Legende, die erst in unserer Zeit erfunden wurde. Jüdische Intellektuelle waren im ausgehenden 19. und beginnenden 20. Jahrhundert entsetzt über den zunehmend aggressiven Antisemitismus in Europa und suchten in der Geschichte nach Beispielen, die belegen sollten, dass Juden mit den Angehörigen anderer Religionen friedlich zusammenleben können. Sie stießen auf die Geschichte Andalusiens und romantisierten diese Blütezeit. Muslime, Christen und Juden hätten acht Jahrhunderte lang in Andalusien friedlich und gleichberechtigt miteinander gelebt und eine Oase der Toleranz geschaffen, die das Erblühen der andalusischen Hochkultur erst ermöglicht habe.

In der Tat galten in Andalusien – wie auch in Bagdad – im 9. Jahrhundert die Regeln der Scharia nicht, Alkohol wurde öffentlich getrunken, Gesang, Tanz und erotische Literatur gehörten zum Alltag, Juden durften hohe Ämter bekleiden und waren in der Politik und in der Armee tätig. Die vermutlich toleranteste Phase in Andalusien war wohl die in der ersten Hälfte des 9. Jahrhunderts unter der Herrschaft des Emirs al-Hakam I. (796–822) und später unter der seines Sohnes Abd ar-Rahman II. Es war die Phase, in der auch Ziryab nach Córdoba gekommen war und die schönen Künste das Leben am Hof prägten. Für Juden und Christen eine Zeit des Aufatmens, die mit dem nächsten Emir von Córdoba zu Ende ging. Muhammad I. (852–886) ordnete die Zerstörung aller Kirchen an, die nach der arabischen Eroberung Spaniens gebaut worden waren, und ließ zwischen 851 und 859 fast fünfzig christliche Mönche hinrichten, weil diese den Islam kritisierten. Sie gingen als »Märtyrer von Córdoba« in die Geschichte ein.

Eine neue Phase der relativen Toleranz begann 912 unter Abd

ar-Rahman III. und seinem Sohn al-Hakam II. Viele Juden Andalusiens kamen zu großem Reichtum im neu ausgerufenen Kalifat von Córdoba und leisteten in Wissenschaft, Handwerk und Handel einen großen Beitrag zum Wohlstand des islamischen Reiches, das während dieser Zeit sogar zu einem Zufluchtsort für unterdrückte Juden anderer Länder wurde. Mit dem Ende des 10. Jahrhunderts war es mit der Toleranz in Andalusien allerdings vorbei.

Der puritanische Islam erobert Andalusien

Denn nun lösten sich einige Provinz-Gouverneure vom Kalifat und gründeten kleine unabhängige Staaten, die Taifa-Königreiche genannt werden. Diese muslimischen Taifas, von denen es zeitweise an die dreißig gab, begannen bald, sich in wechselnden Koalitionen selbst zu bekriegen. König Alfons VI. von Kastilien sah in der Zersplitterung der Muslime seine große Chance, Andalusien zurückzuerobern. Nachdem er Toledo unter seine Gewalt gebracht hatte, wandten sich die Kleinkönigreiche mit einem Hilfegesuch an den Almoraviden-König Yusuf ibn Taschfin (Regentschaft von 1061–1106) im heutigen Marokko. Die streng religiösen Almoraviden, die einer Mischung aus Sufismus und sunnitischem Islam anhingen, überquerten daraufhin die Straße von Gibraltar und schlugen Alfons VI. in der Schlacht bei Zallaqa im Jahr 1086 vernichtend. Nach diesem Sieg kehrten sie aber nicht in ihre Heimat zurück, sondern wandten sich gegen ihre muslimischen Brüder, die in ihren Augen zu sehr weltlichen Dingen anhingen. In den kommenden Jahrzehnten annektierten sie ein Taifa-Königreich nach dem anderen.

Mit den Almoraviden kam ein puritanischer Islam nach Andalusien, der den Einwohnern bislang fremd war. Die Ära der Ästhetik und Freiheit, die mit Ziryab begonnen hatte, endete mit der Ankunft der Berber. Die neuen Machthaber sahen, wie Frauen mit Männern gemeinsame Bootsausflüge auf dem Fluss Guadalquivir machten, sie sahen, wie Gesang und Alkohol zum Alltag der Muslime gehörte, und bemängelten, dass Juden und Christen hohe Positionen im Staat und in der Gesellschaft einnahmen. Das hielten sie für unislamisch und unterbanden es. Nach dem Zerfall des Almoraviden-Reichs im 12. Jahrhundert kamen die Almohaden an die Macht, eine noch religiösere und striktere Berber-Dynastie, die bis 1269 über weite Teile des Maghreb und von al-Andalus herrschte.

Dennoch kann man das Leben in Andalusien nicht einfach in eine tolerante Phase vor den Almoraviden und eine intolerante Phase nach ihnen unterteilen, denn auch vor ihrer Machtergreifung gab es Intoleranz gegenüber Christen und Juden. Der spanische Literaturwissenschaftler Darío Fernández-Morera kommt in seinem Essay »The Myth of the Andalusian Paradise«[1] sogar zu dem Schluss, dass die Beziehung zwischen den drei Religionsgruppen durch religiöse, politische und Rassenkonflikte geprägt gewesen sei, die in den besten Zeiten nur durch die tyrannische Durchsetzungskraft der Herrscher unter Kontrolle habe gebracht werden können.

Tatsächlich hatte es bereits in den Jahren 1011 und 1066 Pogrome gegen die Juden von Córdoba und Granada gegeben.[2] Besonders das Massaker von Granada gilt als Beleg für die antijüdische Stimmung, die sich seit dem Beginn des 11. Jahrhunderts in Andalusien breitmachte. Der jüdische Dichter und Theologe Samuel ibn Naghrillah war Großwesir am Hof des Berberkönigs Habbus in Granada. Als er auch zum Oberbefehlshaber der Armee ernannt wurde, kam es zum Widerstand unter den muslimischen Theologen in Andalusien. Der sonst eher moderate Geistliche Ibn Hazm sah durch diese Ernennung die Machtposition des Islam auf der Iberischen Halbinsel in Gefahr. Seine Äußerungen stießen vor allem bei puritanischen muslimischen Migranten aus Nordafrika auf offene Ohren. Die Zuzügler hetzten gegen Juden, Christen und Muslime, die nicht nach der Scharia lebten.

Als nach dem Tod von Samuel ibn Naghrillah dessen Sohn Joseph Großwesir und Armeeführer wurde, forderten muslimische Theologen die Massen auf, diesen mit Gewalt abzusetzen. Aufgebrachte religiöse Eiferer wüteten in den jüdischen Vierteln von Granada, zerstörten Häuser und töteten jeden Juden, den sie fanden. Das Pogrom kostete über 4000 Juden das Leben, auch der Großwesir Joseph ibn Naghrillah war unter den Toten. Kurz danach eroberten die fundamentalistischen Almoraviden und ein Jahrhundert später die Almohaden weite Teile Andalusiens. Die muslimischen Berber veränderten das Leben in der vermeintlichen Oase der Toleranz und des Wohlstands. Tanz, Musik und das öffentliche Konsumieren von Alkohol wurden verboten. Die *dhimmi*-Gesetze, die Mohamed einst eingeführt hatte, um das Zusammenleben von Muslimen und Nichtmuslimen. zu regeln, wurden verschärft. Zwar war Christen und Juden nach wie vor religiöse Freiheit garantiert, doch sie durften nicht mehr auf Pferden reiten, keine hohen Häuser bauen, keine wichtigen Ämter besetzen und mussten auf ihrer Kleidung ein Kennzeichen anbringen, das Auskunft über ihre religiöse Identität gab. Philosophie wurde mit Gotteslästerung gleichgesetzt und unter Strafe gestellt. In Córdoba wurden die Bücher des großen Philosophen Averroës verbrannt, er selbst von den orthodoxen islamischen Gelehrten in Andalusien zum Häretiker erklärt und ins Exil geschickt. Das gleiche Schicksal ereilte auch den jüdischen Philosophen Moses Ben Maimonides, der vor dem wütenden Mob zunächst nach Fes, dann nach Kairo fliehen musste. Wie er verließen viele Juden und Christen Andalusien, andere sahen sich genötigt, zum Islam zu konvertieren.[3]

Die Geschichte vom Aufstieg und Zerfall des muslimischen al-Andalus sollte sich fast haargenau in Bagdad wiederholen.

Nach einer kurzen Phase der Toleranz, der Vielfalt und des Florierens von Wissenschaft und Philosophie, kehrte mit der Zersplitterung die islamische Orthodoxie verstärkt zurück und katapultierte die islamische Kultur in die Isolation. Die Geschichten von Bagdad und Córdoba erinnern mich immer an die Geschichte des andalusischen Dichters und Physikers Abbas ibn Firnas. Auch er lebte in Córdoba, zeitgleich mit Ziryab, und auch er wurde von den Emiren gefördert. Er gilt als früher Flugpionier, da er sich Flügel aus Adlerfedern an seinen Körper klebte und sich von einem Hügel nahe Córdoba in die Luft schwang. Er flog mehrere Hundert Meter, doch beim Landen brach er sich beide Beine und hat den Versuch nie wiederholt. Der »arabische Ikarus« ist wie ein Sinnbild für die Geschichte der arabischsprachigen Philosophie und Wissenschaft. Beide begannen mit viel Leidenschaft und Präzision und hatten eine kurze Flugphase. Anders als Ikarus wurden sie zwar nicht für ihren Hochmut von den Göttern bestraft, doch sie zerschellten an den hartnäckigen Felsen der islamischen Orthodoxie.

Konservative Muslime suchten damals wie heute nach den Gründen für den Fall Andalusiens. Immer nannten sie die Entfernung von der Religion und die Vernachlässigung des Dschihad als Hauptgründe. Der zeitgenössische ägyptische Islamgelehrte Raghib al-Sirgani macht sogar den Sänger Ziryab für den Fall Andalusiens verantwortlich. Er bezeichnet ihn als Satan, der die Muslime verführt und sie von der Religion abgelenkt habe. Die Gläubigen hätten ihm und seiner Musik gelauscht, anstatt den Religionsgelehrten zuzuhören.[4] Als weiteren Grund führt er die *Muladí* an, jene Andalusier, die einen arabischen Vater und eine westgotische Mutter hatten. Diese seien keine wahren Muslime gewesen und hätten Intrigen und Revolten gegen die Muslime angeführt.

In Erklärungsmustern wie diesen erkennt man ein typisches Problem im islamisch-orthodoxen Denken, das immer zu einer falschen Diagnose führt: Die Religion gilt stets als die Lösung, aber niemals als das Problem, und stets hat sich irgendjemand (die *Muladí*, der Westen) gegen die Gläubigen und den Islam verschworen.

Wie arabisch war die arabische Kultur? Und wie islamisch war sie?

Man spricht von der arabischen Baukunst, der islamischen Philosophie und gar von den arabisch-islamischen Wissenschaften. Gab es die wirklich? Kann eine Religion Philosophie, Wissenschaft und Baukunst hervorbringen? War es der Islam, der für diese Blütezeit im Abbasiden-Reich und in Andalusien verantwortlich war? War der Geist, der diese bemerkenswerten Bauwerke und diese wissenschaftlichen Errungenschaften hervorbrachte, arabisch? Der arabische Historiker Ibn Chaldūn hat diese Frage bereits im 14. Jahrhundert verneint. Er war der Meinung, die ersten Generationen der arabischen Eroberer hätten eine beduinische Mentalität gehabt, die nur das Reisen und Plündern gekannt habe. Sie hätten nichts Neues bauen, sondern nur das enteignen und übernehmen wollen, was die Perser und Byzantiner hinterlassen hätten. Deshalb, so Ibn Chaldūn, hätten nicht die Araber, sondern die sesshaften Perser und Angehörige der christlichen Völker brilliert. Selbst die führenden Theologen seien Perser oder Araber gewesen, die eine persische Erziehung durchlaufen hätten.[5]

In der Tat waren die wichtigsten Philosophen, Ärzte und Wissenschaftler zwischen dem 9. und 11. Jahrhundert Perser: etwa Avicenna, al-Fārābī, Rhazes oder der Mathematiker al-Chwarizmi. Auch die wichtigsten Hadith-Sammler wie al-Buchārī, at-Tirmidhī, Muslim Ibn al-Hajjaj und Ibn Madschah waren Perser, ebenso wie der erste Geschichtsschreiber und Koranexeget at-Tabarī. Dazu kommen wichtige Sufis persischer Abstammung wie al-Hallādsch, Suhrawardi, Rumi und Faridudin Attar. Selbst die Regeln der arabischen Grammatik und Phonetik wurden von einem Perser niedergeschrieben, dem Sprachwissenschaftler Sibawyahi. Erst mit seiner Hilfe konnten die Araber und die arabisierten Völker den Koran richtig lesen und verstehen. Und schließlich war auch der konservative Gelehrte al-Ghazālī, der die Philosophen scharf kritisiert hatte, ein Perser.

Kalif Hārūn ar-Raschīd und nach ihm sein Sohn al-Ma'mūn, die während ihrer Regentschaft eine Wissensrevolution entfesselt hatten, waren zwar Araber, wurden aber beide von der einflussreichen persischen Familie Barmaki erzogen. Al-Ma'mūn hatte eine persische Mutter und war selbst Statthalter der persischen Provinz Churasan, bevor er seinen Bruder tötete, um der neue Kalif zu werden. Viele Errungenschaften hatte er aus Churasan mitgebracht.

Aber warum brillierten diese persischen Wissenschaftler und Philosophen gerade unter muslimischer Herrschaft? Die Antwort darauf finden wir in der Akademie von Gundischapur. Sie wurde in Persien lange vor dem Islam gegründet, aber erst im 6. Jahrhundert unter König Khosru zu einem wichtigen Zentrum für Medizin, Philosophie und Übersetzung. Syrische Christen, die vor der byzantinischen Verfolgung geflohen waren, hatten in Persien Zuflucht gefunden. Manche von ihnen sprachen Griechisch, Aramäisch, Persisch und später auch Arabisch. Sie wurden von König Khosru beauftragt, griechische Standardwerke aus verschiedenen Disziplinen ins Persische zu übersetzen.

Bald wurden die persischen Gebiete von den Arabern besetzt. Die erste Generation der arabischen Eroberer interessierte sich kaum für das Wissen der anderen Völker. Islamische Quellen erzählen, dass der Anführer der arabischen Heere in Persien dem zweiten Kalifen 'Umar einen Brief geschrieben und gefragt habe, was seine Soldaten mit den Büchern der Perser machen sollten.

ʿUmar soll ihn angewiesen haben, die Bücher in den Fluss zu werfen, denn wenn sie teuflische Gedanken beinhalten würden, könnten sie die Muslime verwirren. Und auch wenn sie nützliche Gedanken enthielten, brauche man sie nicht, schließlich habe man den Koran, der alles Nützliche beinhalte. Erst 150 Jahre später erkannten die Abbasiden die Bedeutung der Akademie von Gundischapur als das Vorbild für die Stätte der Weisheit in Bagdad. Sowohl die Ärzte der Kalifen als auch die meisten Übersetzer in der Abbasiden-Zeit waren syrische Christen aus jener Akademie.

Diese Wissensrevolution hatte zwar persisch-syrisch-griechische Wurzeln, doch sie hätte niemals diese Früchte tragen können ohne großzügige und neugierige arabische Monarchen, die diese Entwicklung mit viel Geld und guter Infrastruktur unterstützt haben. Die ersten arabischen Eroberer mögen nomadische Einfaltspinsel gewesen sein, die nicht viel von Wissen und Zivilisation hielten, doch je mehr Zeit sie in der Zivilisation verbrachten, desto mehr ihrer Eigenschaften eigneten sie sich an. Da sie auf ihrem Höhepunkt über fast die Hälfte der alten Welt herrschten, konnten sie die Vorzüge von Byzanz, Persien, China, Ägypten, Syrien und Indien kombinieren. Die sogenannte islamische Baukunst ist nichts anderes als eine gelungene Symbiose der persischen und byzantinischen Baukünste. Die sogenannte islamische Philosophie ist im Kern griechisch. Und die Innovationen Arabisch sprechender Ärzte und Naturwissenschaftler bauen auf griechischen Erkenntnissen der Antike in diesen Bereichen auf.

Sicherlich kann man nicht behaupten, der Islam an sich sei für diese Errungenschaften verantwortlich, sonst hätten wir diese Blütezeit nicht zuerst im persisch dominierten Bagdad, sondern in Mekka und Medina erlebt, wo der Islam entstanden ist. Hinzu kommt, dass klassische Theologen wie al-Shafiʾi im 8. Jahrhundert betonten, dass jedes Wissen außerhalb der Religion Zeitverschwendung sei.

Einigen wir uns also darauf, dass die Blütezeit des Islam nicht aus dem Bauch der Religion entstand, sondern das Ergebnis einer Hinwendung zum Wissen anderer Völker war. Die gegenseitige Befruchtung unterschiedlicher Kulturen sorgt immer für Innovation und Wissenstransfer. So war das Wissen der alten Pharaonen nach Griechenland gelangt, nachdem Alexander der Große Ägypten erobert hatte, und so war das Wissen der Griechen zu den Persern und Arabern transportiert worden, nachdem diese Persien und Byzanz erobert hatten. So gelangten durch die Eroberung Andalusiens auch die arabischen Übersetzungen nach Europa und beflügelten später die Renaissance, und so bahnte sich die Moderne mit ihren Errungenschaften im 19. und 20. Jahrhundert ihren Weg von Europa in die ganze Welt.

Wissen hat keine Religion, sondern eine Methodik. Wer der Methodik folgt, wird Wissen erlangen und weitergeben. Wer sich isoliert, wird vom Wissen anderer nicht profitieren. Die islamische Welt war im Mittelalter führend in vielen Bereichen, nicht weil sie fromm war. Im Gegenteil, während der Blütezeit waren sowohl die Herrscher als auch die Untertanen von den Regeln der Scharia weit entfernt. Zwar herrschte der Kalif im Namen der Religion, doch in den Palästen führten halb nackte Tänzerinnen ihre Künste vor, und im Bagdad des 9. Jahrhunderts gab es mehr Kneipen als heute in allen arabischen Ländern zusammen. Auch erotische und homoerotische Poesie waren während der Blütezeit des Islam sehr beliebt. All das wird im Islam bekanntlich nicht nur verpönt, sondern auch kriminalisiert.

Deshalb halte ich es für kontraproduktiv, wenn westliche Bildungseinrichtungen, Stiftungen und Medien von islamischer Philosophie oder islamischen Wissenschaften sprechen, um das Interesse junger Muslime für Wissenschaft und Philosophie zu wecken. Denn diese Logik kann genau das Gegenteil bewirken: Wenn die Zustimmung der Religion oder der Religionsbezug eine Voraussetzung für das Erlangen des weltlichen Wissens wird, kann diese Religion das Wissen auch verderben oder einschränken. Das geschah bereits während der Blütezeit der arabisch-persischen Kultur, als die Philosophie zur Rechtfertigung der Religion eingesetzt wurde und als die Theologie die Wissenschaften kritisierte und einschränkte. Wann immer die Religion zum Begutachter des weltlichen Wissens wurde, kam keine Aufklärung dabei heraus, sondern ein Erstarken der Orthodoxie. Und genau das geschah ab dem 11. Jahrhundert in der islamischen Welt, weshalb die Blütezeit in eine Zeit der Isolation überging. Und genau das geschieht heute, wenn die Evolutionstheorie aus dem Biologieunterricht der meisten islamischen Staaten verbannt wird, weil sie der islamischen Schöpfungsgeschichte widerspricht. Das Gleiche gilt für die Gedanken von Spinoza, Kant, Voltaire, Nietzsche und Sartre, die wegen ihrer religionskritischen Einstellungen in den islamischen Bildungssystemen nicht willkommen sind. Selbst von den Gedanken der islamischen Philosophen wie Avicenna, al-Fārābī und Averroës hört man in arabischen Schulen heute kaum etwas, weil sie als unislamisch gelten.

Kapitel 7

Von Harran nach Damaskus: Das Ende der Blütezeit des Islam und der Aufstieg der Orthodoxie

Der Sturz des Abbasiden-Kalifats wird oft gleichgesetzt mit dem Sturm der Mongolen auf Bagdad im Jahr 1258. Doch die politische Macht hatte viel früher zu bröckeln begonnen. Da die Abbasiden bereits ein großes Reich von den Umayyaden übernommen hatten, gab es keine großen neuen Eroberungswellen, die innere Revolten hätten kanalisieren können. Und obwohl die Eliten der Perser, Schiiten, Christen und Juden Mitgestalter und Profiteure der abbasidischen Blütezeit waren, herrschte Unzufriedenheit im Reich. Selbst Muslime untereinander trugen politische und ideologische Konflikte aus. Das lag nicht zuletzt an einem Geburtsfehler des Islam, denn Mohamed war gestorben, ohne wichtige politische und theologische Fragen beantwortet zu haben:

1. Die Herrschaftsfrage: Wer ist der rechtmäßige Kalif und welche Voraussetzungen muss er erfüllen, um die Muslime zu führen? Muss er aus dem Hause des Propheten stammen, oder reicht es aus, wenn er aus Mekka kommt? Kann ein Nichtmekkaner oder gar ein Nichtaraber die Muslime überhaupt führen?
2. Das Schicksal und der freie Wille des Menschen: Schafft der Mensch seine eigenen Taten, oder erfüllt er nur den Plan Gottes? Ist der Herrscher von Gott bestimmt, oder können die Untertanen gegen ihn rebellieren, wenn er ungerecht ist?

3. Die Natur Gottes: Hat Gott Augen, Hände und Füße, wie der Koran sagt, oder ist das nur symbolisch zu verstehen?
4. Die Natur des Koran: Ist der Koran ewig oder ist er in einem bestimmten Kontext erschaffen worden?

Da diese Fragen auch vom Koran nicht beantwortet wurden, war die Basis für ein politisches islamisches System instabil, sodass alles, was darauf errichtet wurde, schief blieb. Die unbeantworteten theologischen Fragen wiederum schufen eine unüberbrückbare Kluft zwischen den unterschiedlichen Glaubensrichtungen und Rechtsschulen. Und so war die Saat des Bürgerkriegs dem Islam bereits in die Wiege gelegt worden.

Die innerislamischen Kriege hatten sich in der Zeit der Umayyaden drastisch ausgeweitet, die Zahl der Opfer hatte sich dramatisch vergrößert. Selbst in der Zeit der Abbasiden, in der mehr Toleranz und Vielfalt herrschte, gab es Bürgerkriege, die sich an diesen vier Fragen entzündeten. Obwohl die Abbasiden durch die Abstammung von Mohameds Onkel al-ʿAbbās eine bessere religiöse Legitimation hatten, rebellierten die Schiiten gegen sie, weil sie jemanden aus der Linie von Mohameds Cousin Ali als Kalif haben wollten und weil die Abbasiden den Schiiten nach dem Bündnis gegen die Umayyaden einen schiitischen Staat verwehrten. Sie hatten nicht vergessen, dass ihr Anführer Abū Muslim al-Churāsānī hingerichtet worden war, nachdem der persische Fürst fast im Alleingang die Umayyaden zum Sturz gebracht hatte.

Ein Enkel Alis, Mohamed an-Nafs az-Zakiyya, war der Erste, der 762 in Medina einen Aufstand gegen die Abbasiden wagte, doch die Revolte wurde niedergeschlagen. Alis Enkel und andere Nachkommen aus dieser Linie wurden umgebracht. Das weckte Erinnerungen an die Zeit der Umayyaden, die Mohameds Enkel Hussein auf dem Schlachtfeld von Kerbela getötet und dessen Nachkommen verfolgt hatten.

768 floh eine Gruppe von Schiiten, angeführt von Idris ibn Abdallah, einem Enkel al-Husseins, in das heutige Marokko und gründete dort mit dem Idrisiden-Reich den ersten schiitischen Staat der Geschichte. Eine erste Schwächung des Kalifats im westlichen Maghreb, das dem Einfluss der Abbasiden zunehmend entglitt.

In der Zeit des siebten Kalifen al-Maʾmūn kam es zu einer großen koptischen Rebellion in der Region Bashmur im ägyptischen Nildelta. Die koptischen Bashmuris litten unter den hohen Steuern und wollten sich von der Macht der Abbasiden lösen; der Kalif persönlich führte eine Armee ins Nildelta, setzte die Dörfer der Rebellen in Brand und schlug die Revolte nieder. Koptische Frauen, Männer und Kinder wurden verschleppt und auf dem Sklavenmarkt in Damaskus verkauft.

Eine weitere Schwächung der Stellung des Kalifats von Bagdad wurzelte in der Tatsache, dass im Reich der Abbasiden mehrere Hunderttausend Sklaven lebten. Die *Saqaliba* (slawischen Sklaven) waren sehr begehrt als Hausdiener, die Frauen als Lustobjekte. Die *Zanadsch* (die schwarzen Sklaven) wurden hingegen verachtet und mussten schwere Arbeiten in Obstplantagen oder bei der Trockenlegung der Salzsümpfe um den Fluss Euphrat leisten. Die Arbeitsbedingungen waren so unmenschlich, dass sie im 9. Jahrhundert eine Revolte wagten, die eine theologische und eine soziale Komponente hatte. Der Anführer behauptete, aus dem Hause des Propheten zu stammen, und meinte auch, der Islam sei gegen die Sklaverei, da die ersten Anhänger Mohameds Sklaven gewesen seien. Die Rebellen erinnerten die Machthaber in Bagdad daran, dass der Prophet gegen soziale Ausbeutung gewesen war und die Reichen ermahnt hatte, sich um die Armen zu kümmern. Der Aufstand zog weite Kreise, und es dauerte zwanzig Jahre, bis die Abbasiden ihn beenden konnten. Die Revolte und ihre Niederschlagung kosteten Hunderttausenden das Leben.

Einige persisch-schiitische Provinzen nutzten diese Phase der inneren Instabilität, um ihre Unabhängigkeit zu erklären, darunter die Buyiden, die Qarmaten und die Ziyariden. Selbst sunnitische Perser wollten sich vom Kalifat lösen. Der sunnitische Samaniden-Staat wurde von einer Fürstenfamilie gegründet, die die Tradition der vorislamischen persischen Könige wiederaufleben lassen wollten. Zunächst ordneten sich die Samaniden dem Abbasiden-Kalifat unter, doch später erklärten sie ihre Unabhängigkeit. Von der Hauptstadt Buchara aus herrschten die Samaniden-Emire von 819 bis 1005 über Teile der Regionen Transoxanien und Churasan. Zugute kam ihnen, dass in ihrem Gebiet die Drehscheibe des internationalen Handels zwischen Ost und West lag. Davon profitierten auch Wissenschaft, Bildung und Handwerkskunst, weshalb Metropolen wie Buchara und Samarkand bereits im 10. Jahrhundert mit Bagdad mithalten konnten. Große Persönlichkeiten wie der berühmte Arzt und Philosoph Avicenna und der Dichter und Epiker Firdausi, der in 60 000 Versen das Leben und Wirken der großen vorislamischen persischen Könige in seinem Buch *Shāhnāme* (Buch der Könige) verewigte, begannen hier ihre Karrieren. Auch der berühmte Hadith-Sammler al-Buchārī stammt aus diesem Gebiet.

Die schiitischen Qarmaten gründeten einen eigenen Staat in Bahrain, in Ägypten und Nordafrika lösten sich die schiitischen Fatimiden im 10. Jahrhundert vom Abbasiden-Kalifat. Und die türkischen Seldschuken riefen in Zentralasien einen eigenen Staat aus, der sich allmählich auf Kosten der Abbasiden in den Iran, nach Syrien und Anatolien ausdehnte.

Die Abbasiden selbst hatten nicht nur mit den Gebietsverlusten zu kämpfen, die Kalifen fürchteten auch Palastintrigen seitens der eigenen Brüder, Onkel und Söhne. Und so engagierten sie türkische Söldner und Warlords, um die eigene Macht zu sichern. Gleiches taten die neuen unabhängigen Staaten und Fürstentümer, wodurch die Warlords mehr und mehr an Einfluss gewannen.

Das Ende der islamischen Zivilisation

Ende des 10. Jahrhunderts gab es vier unterschiedliche Kalifate: das der Abbasiden in Bagdad, das der Fatimiden in Kairo, das der Umayyaden in Andalusien und das der Qramaten in Bahrain. Dazu kamen die zahlreichen unabhängigen islamischen Staaten, zu denen die Hamdaniden in Aleppo kamen und später die Seldschuken in Mittelasien, im Iran und Anatolien. All das führte dazu, dass die Kalifen von Bagdad mit der Zeit kaum mehr als eine symbolische Position bekleideten. Es war nur eine Frage der Zeit, bis eine neue Macht das Abbasiden-Kalifat zerstören würde. Würden die Perser endlich ihre Vormachtstellung nutzen und das Kalifat übernehmen? Oder vielleicht die starken aufstrebenden Türken? Nein, es waren die Mongolen, die als Erste den Mut hatten, Bagdad anzugreifen.

Die Mongolen des 13. Jahrhunderts waren wie die arabischen Eroberer des 7. Jahrhunderts: nomadisch, wild, entschlossen, hungrig nach Macht und Geld – und sie hatten nichts zu verlieren. Die Abbasiden des 13. Jahrhunderts waren wie die Byzantiner des 7. Jahrhunderts: gespalten, ideenlos und kriegsmüde. Sie waren nicht mehr imstande, die großen Gebiete, die unter ihrer Herrschaft standen, zusammenzuhalten. Und, nicht zu vergessen, da waren ja noch die Kreuzzüge, denen ein eigenes Kapitel gewidmet ist. Die Ausgangslage für die Eroberer aus der Steppe rund um die spätere Hauptstadt Karakorum war also denkbar günstig.

Wie die Araber vor dem Islam lebten die Mongolen zunächst als nomadische Clans in den Steppengebieten der Mongolei, Nordchinas und Südrusslands und sprachen unterschiedliche Dialekte. Erst Dschingis Khan (1155–1227) konnte die unterschiedlichen Clans einen, eine Schriftsprache einführen und Gesetzestexte für die Siedlungsgebiete erlassen. Innerhalb weniger Jahre formte Dschingis Khan die Clans zu einer Weltmacht, deren Reich das damals größte war und sich zwischen China und Ungarn erstreckte. Im Jahr 1258 gelang es den Mongolen, Bagdad zu erobern; und erst die Mamluken verhinderten, dass sie auch Syrien und Ägypten unter ihre Herrschaft brachten. Bereits im 13. Jahrhundert kam der Islam in die mongolischen Gebiete und wurde von einigen Fürsten übernommen. Aber erst im 14. Jahrhundert fand das Reich im Islam eine gemeinsame Identität und einen Motor für seine Eroberungskriege.

Der Einfall der Mongolen und die Zerstörung Bagdads im Februar 1258 markieren das Ende der sogenannten muslimischen Zivilisation. Es wird berichtet, dass die wilden Horden die Stätte der Weisheit in Bagdad gestürmt und Tausende Bücher in den Fluss Tigris geworfen haben.

Viele Historiker machen allein die Mongolen für den Fall der islamischen Zivilisation verantwortlich, dabei hatten sich, wie wir gesehen haben, die Abbasiden von innen geschwächt lange bevor die Mongolen überhaupt auf der Weltbühne auftauchten. Die Mongolen versetzten dem zerrütteten Kalifat lediglich den letzten Stoß.

Ibn Taimīyas Doktrin der Loyalität und Loslösung

Die schmachvolle Niederlage gegen die Mongolen und das Ende des Kalifats von Bagdad waren ein Schock für die muslimische Welt und stürzten auch die Theologen in eine Identitätskrise. Man begab sich auf Ursachenforschung und kam zu dem Schluss, dass die Muslime deshalb geschlagen worden seien, weil sie sich vom ursprünglichen Islam entfernt und sich zu sehr auf das Wissen der Griechen anstatt auf den Koran verlassen hätten. Im Angesicht der Demütigung erstarkte die islamische Orthodoxie wie nie zuvor. Federführend dabei war der Gelehrte Ibn Taimīya (1263–

1328), der selbst aus seiner Heimatstadt Harran (an der türkisch-syrischen Grenze) fliehen musste, als die Mongolen sie erobert hatten. Er ließ sich in Damaskus nieder und suchte nach Gründen für die Schwächung der islamischen Welt. Die Kooperation muslimischer Staaten mit Christen und Juden und die Duldung nicht islamischen Denkens und Handelns sah er als Hauptgründe für die Niederlage der Muslime. Unter nicht islamisches Denken fielen Philosophen, Sufis, die Schia, die Alawiten und Drusen. Ibn Taimīya führte einen theologischen Kreuzzug gegen alle Minderheiten in der islamischen Welt und verfasste ein Werk mit dem Titel »Befolgung des geraden Weges bei dem Widerspruch gegen die Leute der Hölle«. Darin listete er eine Reihe von jüdischen, christlichen und anderen nicht islamischen Festen auf, an denen Muslime auf keinen Fall teilnehmen sollten.

Ibn Taimīya führte die Doktrin von *al-Walāʿ a-l-barāʿ* ein (Loyalität und Loslösung), wonach ein Muslim nur dem Islam und seiner Lehre gegenüber loyal bleiben dürfe und sich von allem, was unislamisch sei, nicht nur loslösen, sondern dies auch bekämpfen müsse. Er begründete seine Doktrin mit zahlreichen Koranversen, vor allem aus Sure 60. In Vers 1 heißt es: »O ihr, die ihr glaubt, nehmt euch nicht meine Feinde und eure Feinde zu Beschützern, indem ihr ihnen Zuneigung gutmütig zeigt, wo sie doch die Wahrheit leugnen (…) Wenn sie die Oberhand über euch gewinnen, dann werden sie sich gegen euch als Feinde betragen (…) und sich inständig wünschen, dass ihr ungläubig würdet.«

Als positives Vorbild wird den Gläubigen Abraham präsentiert, der die Beziehung zu den Ungläubigen abbrach und sich von ihnen lossagte: »Wir haben nichts mit euch noch mit dem zu schaffen, was ihr statt Allahs anbetet. Wir verwerfen euch. Und zwischen uns und euch ist (…) für immer Feindschaft und Hass entstanden, so lange, bis ihr an Allah glaubt und an Ihn allein.« (Sure 60:4)

Weitere Koranstellen, die zur Begründung der Doktrin herangezogen werden, sind:

- Sure 3:28: »Die Gläubigen sollen die Ungläubigen nicht statt der Gläubigen zu Beschützern (Freunden) nehmen; und wer solches tut, der findet von Allah in nichts Hilfe – außer ihr fürchtet euch vor ihnen. (…) Zu Allah ist die Heimkehr.«
- Sure 4:89: »Sie wünschen, dass ihr ungläubig werdet, wie sie ungläubig sind, sodass ihr alle gleich werdet, Nehmt euch daher keine Beschützer (Freunde) von ihnen, solange sie nicht auf Allahs Weg wandern.«
- Sure 5:51: »O ihr, die ihr glaubt! Nehmt nicht die Juden und die Christen zu Freunden! (…) Und wer sie von euch zu Beschützern nimmt, der gehört wahrlich zu ihnen. Allah weist nicht dem Volk der Ungerechten den Weg.«

Ibn Taimīya richtete seinen Hass nicht nur gegen die »Ungläubigen«, die Philosophen, die Schiiten, die Drusen und Alawiten, sondern auch gegen sunnitische Muslime, die mit den Pflichten der Religion halbherzig umgingen oder eine Vorstellung von Gott hatten, die vom orthodoxen Islam abwich. So gab er eine Reihe von Fatwas aus, die eine Hinrichtung vorsahen, wenn jemand: a) behauptete, Gott habe keinen Thron, b) eines der fünf Gebete am Tag wegließ, c) das Gebet wegen Arbeit verschob, d) behauptete, der Koran sei erschaffen und in einem bestimmten Kontext entstanden, f) behauptete, er habe einen anderen Weg zu Gott gefunden außer den Weg der Scharia oder einen der Gefährten des Propheten Mörder nannte.

Ibn Taimīyas Doktrin der Loyalität und Loslösung entstand in einer Zeit der Krise in der islamischen Welt und wurde später immer wieder in Krisenzeiten hervorgeholt. Der saudische Gelehrte Muhammad Ibn ʿAbd al-Wahhāb etwa griff die Gedanken im 18. Jahrhundert wieder auf und machte die Doktrin zu einem festen Bestandteil des Wahhabismus. Der Name dieser sehr traditionalistischen Richtung des sunnitischen Islam geht auf ihn als Namensgeber zurück.

Es war eine Zeit, in der die Araber, die einst das Schicksal der Welt bestimmt hatten, in Isolation und Armut lebten. Die Schwäche ihrer Führer – selbst die Scharia wurde nicht mehr konsequent umgesetzt – und ihre persönliche prekäre Lebenssituation führten dazu, dass sich viele Muslime zum Volkssufismus hingezogen fühlten und sich auch von der Idee des Dschihad abwandten. In dieser Situation griff Ibn ʿAbd al-Wahhāb auf die Lehren Ibn Taimīyas zurück und forderte die konsequente Abkehr von allem Nichtislamischen. In radikalen Predigten rief er zu einem Feldzug gegen Sufis und Schiiten auf und kritisierte massiv lokale Stammesfürsten, die dem nicht folgen wollten.

Zu Hilfe kam ihm schließlich ein Pakt mit einem mächtigen Stammesführer: Muhammad Ibn Saud. Die beiden kamen 1744 überein, einen islamischen Staat zu errichten, in dem sich Ibn ʿAbd al-Wahhāb um die religiöse Lehre und Ibn Saud um militärische und politische Angelegenheiten kümmern würden. Damit war die Grundlage für die fundamentalistische Auslegung des Islam als Staatsreligion in Saudi-Arabien geschaffen. Die Gedanken von Ibn Taimīya und Ibn ʿAbd al-Wahhāb wurden zur Staatsdoktrin erhoben und im zwanzigsten Jahrhundert mit Hilfe der Petrodollars in die Welt exportiert.

Auch Sayyid Qutb, der einflussreiche Vordenker der ägyptischen Muslimbruderschaft, übernahm die Doktrin und sprach allen muslimischen Herrschern die Legitimation ab, sofern sie mit Nichtmuslimen kooperierten und die Gesetze der Scharia nicht umsetzten. Ähnlich haben Osama bin Laden und sein Nachfolger Ayman al-Zawahiri argumentiert, um ihren Feldzug gegen den Westen zu rechtfertigen. Al-Zawahiri hatte sich Ende der 1990er-Jahre Bin Ladens damaliger internationaler Front für einen »Dschihad gegen die Juden und Kreuzfahrer« angeschlossen und nach den Terroranschlägen vom 11. September 2001 auf das World Trade Center und das Pentagon eine Hetzschrift mit dem Titel »Ritter unter dem Banner des Propheten« veröffentlicht. Darin erinnerte er Muslime an die Gebote des Islam, sich nicht mit den Ungläubigen anzufreunden und den Kampf »gegen die Mächte des Unglaubens« aufzunehmen. Jedes Mittel sei recht, ein Schuss, ein Messerstich, ein Sprengsatz – alles legitime Mittel, um dem Hass auf die Ungläubigen konkrete Taten folgen zu lassen.

Al-Zawahiri orientierte sich auch in anderen Bereichen an der Doktrin *al-Walāʿ wa-l-barāʿ*. Etwa an der Forderung, man müsse auch gegen Apostaten und Herrscher in der islamischen Welt vorgehen, die unter dem Vorwand politischer Stabilität Bündnisse mit den Ungläubigen eingingen. Diese Regierungen seien selbst Ungläubige und sollten, notfalls mit Gewalt, gestürzt werden, um streng islamische Führer ins Amt zu bringen. Gleichzeitig sollten jene aktiv unterstützt werden, die den Geist des Dschihad in alle Welt tragen. Wie die Terrororganisation IS im Irak und in Syrien, wie Boko Haram in Nigeria oder wie Al-Shabaab in Somalia, um nur einige zu nennen.

Ibn Taimīya, der vor fast 700 Jahren in Damaskus starb, hat eine Doktrin hinterlassen, die bis heute moderne Islamisten und Salafisten konservativster Ausprägung inspiriert. Entstanden in einer Zeit der Demütigung und Identitätskrise, erlebt sie immer dann eine neue Blüte, wenn sich diese Zeit tatsächlich oder gefühlt wiederholt. Und das Gefühl von Demütigung und Unterlegenheit gegenüber dem Westen gab es und gibt es reichlich in der islamischen Welt. In Zeiten von Wohlstand und Selbstbewusstsein hingegen erblühten die Philosophie, die kritischen Debatten und ein gemäßigter Islam.

Kapitel 8

Von Clermont nach Jerusalem: Die Kreuzzüge und das islamische Europa-Trauma

Die Kreuzzüge werden oft als Höhepunkt des Konflikts zwischen dem Islam und dem Christentum gesehen. Im Kollektivgedächtnis der Muslime sind die militärischen Angriffe der Kreuzritter auf Jerusalem und später auf andere Teile des Nahen Ostens als historisches Trauma verankert und werden als Beleg für die kontinuierliche Aggression des christlichen Abendlandes gedeutet. In arabischen Geschichtsbüchern werden die Kreuzfahrer nicht nur als brutale Krieger, sondern auch als Kannibalen beschrieben. Es gibt Berichte über die christlichen Eiferer, die im Jahr 1099 auf Pferden in die al-Aqsa-Moschee in Jerusalem eingedrungen sein und dort an einem Tag 70 000 Muslime hingerichtet haben sollen.[1] Das dürfte reichlich übertrieben sein, denn die al-Aqsa-Moschee kann höchstens 10 000 Menschen (ohne Pferde) aufnehmen. Außerdem konnte keine Armee der Welt zu dieser Zeit 70 000 Menschen an einem Tag töten.

Dennoch halten sich solche Schauergeschichten hartnäckig. So beklagte am 21. September 2017 der Fernsehsender al-Jazeera, dass die Kreuzritter im 11. Jahrhundert in der syrischen Stadt Maaʿrat al-Nuʿman muslimische Kinder getötet und ihr Fleisch gegessen hätten. Tatsächlich haben diese übertriebenen Darstellungen mehr mit der Gegenwart als mit der Geschichte an sich zu tun. Der Einfall der Mongolen in Bagdad und Syrien im 13. Jahrhundert hat viel mehr Opfer unter den Muslimen gefordert und der arabisch-islamischen Kultur nachhaltiger geschadet als die Kreuzzüge. Auch die innerislamischen Kriege haben zu größeren

Verheerungen geführt als alle Kriege gegen die christlichen Reiche von der Gründung des Islam bis heute. Gleiches gilt übrigens für die innerchristlichen Kriege, die viel größeres Blutvergießen und massivere Schäden verursacht haben als alle Schlachten gegen muslimische Heere in 1400 Jahren. Allein der Dreißigjährige Krieg, dem fast ein Drittel der europäischen Bevölkerung zum Opfer fiel, stellt alle christlich-islamischen Kriege in den Schatten.

Viele Muslime/Araber – und übrigens auch viele Christen/Europäer – sind jedoch selektiv in ihren Erinnerungen, weil diese Erinnerungen Ängste und Ressentiments der Gegenwart befeuern und entsprechend instrumentalisiert werden können. In den Textbüchern, mit denen Geschichte an muslimischen Schulen gelehrt wird, beschreiben lediglich anderthalb Seiten den Einfall der Mongolen, während Kreuzzügen und westlichem Kolonialismus ausführliche Kapitel gewidmet sind. Weil aber die Mongolen kurz nach dem Überfall auf Bagdad den Islam angenommen und ihre Feldzüge nun im Namen des Dschihad fortgesetzt haben, gilt der Westen als der große Feind. Man unterstellt der westlichen Welt pauschal einen chronischen Hass auf den Islam und zieht daraus die Legitimation, ihn zu bekämpfen. Diese Form der Abgrenzung von der westlichen christlich geprägten Welt ist nach wie vor Teil der Identitätspolitik in den meisten islamischen Ländern und gehört zur Rhetorik von Islamisten und arabischen Nationalisten.

Umgekehrt lässt die Angst vor dem Islam viele Europäer bei der Frage nach der gemeinsamen Geschichte zuerst an die Eroberung Spaniens durch die Araber denken, dann an die Eroberung Konstantinopels und die Belagerung von Wien durch die Osmanen und schließlich an den 11. September 2001 oder an andere Anschläge durch islamistische Terroristen und Dschihadisten. Auch das ist selektiv, denn dabei vergisst man, dass die islamisch-europäische Geschichte eben nicht nur aus Eroberung und Blutvergießen bestand. Es gab durchaus Phasen des friedlichen Miteinanders und der Kooperation. Und gerade in solchen Zeiten kam es zu einem Kulturtransfer, zu einem geistigen und wissenschaftlichen Austausch, der beide Kulturräume gleichermaßen befruchtete.

Zwar haben die Muslime ab dem 7. Jahrhundert die antike Mittelmeerwelt zerstört und viele ehedem christliche Gebiete in Nordafrika, Persien und im Irak erobert, aber die Araber öffneten Europa auch neue Wege über die Wasserstraßen zwischen dem Mittelmeer und dem Indischen Ozean. Mit den arabischen Reichen in Bagdad und Córdoba entstand eine große Handelszone, in der Waren aus Indien und China nach Europa gelangten. Zuckerrohr, Auberginen, Reis, Spinat, Artischocken, Zitrusfrüchte und Baumwolle lernten die Europäer erst kennen, als die Araber diese aus Indien importierten. Einige dieser Güter gelangten schon im 10. Jahrhundert über Andalusien nach Europa, andere kamen erst mit den Kreuzrittern im 12. Jahrhundert auf den alten Kontinent. Über die Seidenstraße und den Kontakt mit China wurde die Papierherstellung im arabischen Einflussgebiet bekannt. Das Papier spielte eine entscheidende Rolle bei der Wissensexplosion im Abbasiden-Reich. Durch die Übersetzung zahlreicher philosophischer und wissenschaftlicher Werke der Antike bauten die Araber auch eine Brücke für die Europäer zum Wissensschatz der alten Griechen. Die europäische Renaissance profitierte ebenso von diesen Übersetzungen wie von den Werken der persischen und arabischen Philosophen, Mathematiker, Mediziner und Künstler.

Auch politisch hat der Islam einen Beitrag zur Neuformierung Europas geleistet. Denn der Druck, den die islamische Expansion im südlichen Mittelmeer und auf der Iberischen Halbinsel auf die europäischen Reiche ausübte, hat der Idee des christlichen Abendlandes eine Legitimation und ein vereinendes Feindbild verliehen. Es ist durchaus möglich, dass das islamische Kalifat ein

Vorbild oder der Auslöser für das Entstehen des Heiligen Römischen Reiches war, und dass der islamische Dschihad Vorbild oder Auslöser für den christlichen Heiligen Krieg war. Fakt ist: Beide Kulturräume spielten eine entscheidende Rolle für die Formierung der Identität des jeweils anderen.

Von dem belgischen Historiker Henri Pirenne stammt die These: »Sans Mohammed, pas de Charlemagne.« Karl der Große wäre ohne die Auseinandersetzung mit dem Islam nicht zum Begründer des christlichen Abendlandes geworden. Die Pirenne-These befeuerte seit den 1920er-Jahren die Diskussion um das Ende der Antike. Sie besagt, dass weder der Untergang des Weströmischen Reiches noch die Völkerwanderung zwischen dem 4. und 6. Jahrhundert die kulturelle und wirtschaftliche Einheit der antiken Mittelmeerwelt zerstört und eine neue Epoche eingeläutet haben, sondern erst die islamische Expansion im 7. und 8. Jahrhundert.

Pirenne argumentiert politisch und ökonomisch. So hätten die germanischen Reiche die römischen Strukturen, was Verwaltung, Wirtschaftssystem und Münzenwesen angeht, unverändert übernommen. Auch in dem so wichtigen Bereich des Binnenhandels und des Fernhandels über das Mittelmeer habe Kontinuität geherrscht. Durch diesen Fernhandel sei auch viel Gold in den Westen gelangt, was die Fortsetzung der Münzprägung ermöglicht habe. Erst mit dem Beginn der islamischen Eroberungen im 7. Jahrhundert, so Pirenne, seien der europäische Orienthandel sowie die Schifffahrt im westlichen Mittelmeer zum Erliegen gekommen. Durch die arabischen Eroberungen Syriens (636), Nordafrikas (640–698) und Spaniens (711) habe das Mittelmeer seine Verbindungsfunktion zwischen West und Ost eingebüßt. Mit fatalen wirtschaftlichen Folgen: Großkaufleute in Westeuropa verloren ihre Geschäftsgrundlage, orientalische Importgüter wie Papyrus, Gewürze, Seide und Gold blieben aus. Die Provinzen im nördlichen Afrika, vor allem in Ägypten, waren die wichtigsten Kornkammern gewesen, nun war eine Versorgung kaum noch gewährleistet. Auch das Kreditgeschäft und der Geldumlauf gingen drastisch zurück, Europa stürzte in eine wirtschaftliche und kulturelle Depression, die das Ende der antiken Welt einläutete.

Jüngere Forschungen sehen die Sache etwas differenzierter als Pirenne. So belegen Münzfunde, dass der Fernhandel über das Mittelmeer keineswegs zum Erliegen kam. Güter und Menschen zirkulierten weiter zwischen der christlichen und der islamischen Welt. Trotzdem hat Pirenne mit seiner These einen wichtigen Beitrag zur Debatte über den Wandel von der römischen Welt der Antike zum europäischen Mittelalter geleistet. Indem er das Miteinander von Islam und Christentum als konstituierenden Faktor in der Geschichte Europas erkannte. Und zwar in politischer, wirtschaftlicher und kultureller Hinsicht.

Der »Vater Europas«

Der Vormarsch des Islam im Westen Europas wurde nach der Schlacht von Tours und Poitiers im Oktober 732 zunächst gestoppt. Karl Martell, König der Franken, wurde später aufgrund seines Sieges zum »Retter des Abendlandes« stilisiert. In der muslimischen Welt sind die Kämpfe als »Schlacht der Millionen Tränen« in die Geschichte eingegangen. Unter Martells Enkel, Karl dem Großen, erreichte das Fränkische Reich seine größte Ausdehnung. Es war die neue Großmacht neben Byzanz und dem Kalifat der Abbasiden, und Karl selbst wurde schon zu seinen Lebzeiten »Vater Europas« genannt.

Für den deutsch-syrischen Politikwissenschaftler Bassam Tibi ist das Besondere an Karls Umgang mit der islamischen Welt eine Doppelstrategie. Karl habe Expansionsbestrebungen und kleinere Einfälle von Reitertruppen ins Reich zwar energisch bekämpft, aber gleichzeitig den Dialog mit den islamischen Führern gesucht. Die islamische Welt war damals gespalten in einen Ost-Islam mit dem Zentrum Bagdad und einen West-Islam mit dem Zentrum Córdoba. Karl bekämpfte die Muslime in Spanien, pflegte aber freundschaftlich-diplomatische Beziehungen zu dem Abbasiden-Kalifen Hārūn ar-Raschīd in Bagdad. Diese Verbindung war eine wichtige Grundlage für den Beginn des Kulturaustausches zwischen Europa und der islamischen Welt, von der vor allem das Abendland profitierte. Karl hat sich damals gegen die gewaltsame Islamisierung gewehrt, war aber offen für wesentliche kulturelle Impulse von arabischer Seite.

Tibi hält die heutige Situation in mancherlei Hinsicht für vergleichbar mit der damaligen und empfiehlt, Karls Doppelstrategie anzuwenden: Europa solle weiterhin den Dialog mit der islamischen Welt suchen und führen und ein friedliches Zusammenleben anstreben. Gegen alle Versuche, Europa zu islamisieren, dürfe und müsse es sich aber entschieden zur Wehr setzen.[2]

Den Dialog sieht Tibi auch als Grundlage für eine zweite wichtige Epoche, in der muslimische Philosophen einen nachhaltigen Einfluss auf Europa ausübten: dem Vorabend der Renaissance. Damals seien zwei unterschiedliche Richtungen des Islam auf Europa zugekommen: der rationale philosophische Islam und der Scharia-Islam. Während Europa im Mittelalter gegen Letzteren weitgehend immun war, öffneten sich europäische Schulen und Universitäten für den arabisch-hellenistischen Rationalismus. Tibi wagt die These, dass ohne den Impuls des islamischen Rationalismus und ohne die Wiederentdeckung der griechischen Antike durch arabische Gelehrte und Übersetzer die Säkularisierung der Wissenschaft, die die Renaissance und später die Reformation wesentlich geprägt haben, nicht möglich gewesen wäre.

Ich würde Tibi hier widersprechen, denn die Reformation, die Säkularisierung und die europäische Aufklärung sind sehr komplizierte Prozesse, die mehrere Ursachen hatten und auf verschiedene Strömungen zurückgehen. Die Philosophie war sicherlich eine davon, aber aus meiner Sicht entscheidender dürften die politischen, wirtschaftlichen und gesellschaftlichen Verhältnisse in Europa gewesen sein. Die Dualität von Kaiser und Papst und das Entstehen eines mündigen Bürgertums. Und man muss sich auch fragen, wie der islamische Rationalismus den Westen reformieren und aufklären sollte, wo er doch ganz offensichtlich nicht imstande war, den Islam selbst und die Muslime zu reformieren und aufzuklären? Kein Mensch kann die Rolle der Araber beim Kulturtransfer und der Verbreitung der hellenistischen Werke leugnen – aber die europäische Aufklärung? Für mich enthält die Aufklärung viel mehr als nur ein paar Gedanken, denen man zustimmt. Sie ist in erster Linie eine Geisteshaltung und eine Praxis, die weite Teile der Gesellschaft mit sich zieht und nachhaltig verändert. Und das hat im Islam bis heute nicht stattgefunden. Im Gegenteil. An diesen Rationalismus anknüpfende Islamreformer müssen heute in der islamischen Welt um ihr Leben fürchten. Heute sind es die orthodoxen Scharia-Muslime, die den innerislamischen Ton setzen und damit auch einen möglichen Dialog der Kulturen zu verhindern wissen.

In europäischen Städten gab es lange vor der Aufklärung bereits halb demokratische Organisationsformen, während in den arabischen Städten selbst zur Blütezeit der Philosophie und des Rationalismus die Gesellschaft hierarchisch aufgeteilt und die Sippenstruktur erhalten blieb. Das verhinderte die Entstehung einer Idee von Staatlichkeit. Die Gedanken der muslimischen Philosophen waren eine elitäre Erscheinung, ein Fremdkörper in der islamischen Identität, während der Scharia-Islam deren Kern ausmachte. Die Europäer dagegen griffen die Gedanken der griechischen Philosophen auf, entwickelten sie weiter und betrachteten sie als Teil ihres Kulturerbes. Der Anstoß dazu mag von außen gekommen sein, weshalb ich auch Bassam Tibis Schlussfolgerung zustimme: »Die Situation ist paradox: Europa hat ausgerechnet von jener Strömung des Islam am meisten empfangen, die im heutigen Islam nicht mehr gut angesehen ist.«[3]

Es wäre wünschenswert, wenn die Muslime heute den Gedanken der europäischen Aufklärung mit der gleichen Offenheit und Neugier begegnen würden, wie die Europäer damals dem Wissen der Araber begegneten. Aber dem stehen nicht zuletzt Stolz und ein Überlegenheitsgefühl auf der einen Seite und die alten Verletzungen, Demütigungen und ein Unterlegenheitsgefühl auf der anderen Seite im Wege. Und hier spielen die Kreuzzüge eine zentrale Rolle.

Der Begriff *al-hamalaat as-salibiyya* für die Kreuzzüge ist im muslimischen Vokabular relativ neu. Während der Zeit der militärischen Auseinandersetzungen zwischen dem 11. und dem 13. Jahrhundert nannten die Araber die christlichen Angreifer aus dem Westen nicht Kreuzzügler, sondern *al-Frindscha*, die Franken. Auch die Byzantiner oder die Westgoten haben nicht von »Muslimen« gesprochen, um die arabischen Eroberungen zu beschreiben, sondern von Sarazenern, Mauren oder Arabern. Die Europäer verwendeten den Begriff »Kreuzzüge« erst im 16. Jahrhundert, in einer Zeit, in der die Osmanen Teile Europas erobert und weitere Gebiete im Visier hatten. In der muslimischen Welt tauchte der Begriff erst im 19. Jahrhundert auf, als direkte Folge der Schwächung des Osmanischen Reiches und des darauf folgenden Kolonialismus.

Die religiöse Aufladung der Begrifflichkeiten ist also ein Kind modernerer Konflikte und Erinnerungskulturen, was gerne vergessen wird, wenn die Wunden der Vergangenheit beschworen und zu einem Kontinuum erhoben werden. Deshalb hilft es, wenn wir das damalige Geschehen in seinen historischen Kontext stellen, um es von der emotionalen Last der Gegenwart zu befreien. Denn mit der Zunahme der muslimischen Migration nach Europa und im Angesicht des islamistischen Terrors und der politischen Maßnahmen dagegen werden diese Wunden der Vergangenheit von beiden Seiten immer stärker betont. Man blickt in den Rückspiegel und sieht nur die Traumata, nicht die Chancen, aus der Geschichte zu lernen, um sie nicht zu wiederholen.

Die Vorgeschichte der Kreuzzüge

Unmittelbar nach Mohameds Tod im Jahr 632 begannen seine Nachfolger, in den Mittelmeerraum vorzustoßen. Die muslimischen Heere der Kalifen eroberten in wenigen Jahren die christlichen Gebiete Damaskus, Jerusalem, Antiochien und Ägypten. Auch christliche Regionen im Irak, in Persien und in Nordafrika gerieten unter muslimische Herrschaft. Nur die ersehnte Einnahme von Konstantinopel, der Hauptstadt des christlichen Oströmischen Reiches, misslang trotz wiederholter Versuche zwischen den Jahren 674 und 678.

711 überquerten Araber und Berber die Meerenge von Gibraltar nach Europa und verdrängten die Westgoten von der Iberischen Halbinsel bis zu den Pyrenäen. Im Jahr 717 erfolgte der nächste muslimische Angriff auf Konstantinopel. Auch diesen konnte der byzantinische Kaiser mit bulgarischer Hilfe abwehren. Aber erst der Sieg des Franken Karl Martell bei Tours und Poitiers verhinderte, dass die Muslime weiter nach Mitteleuropa vordringen konnten. Auf der anderen Seite konnte Karl der Große gegen die Muslime in Andalusien keine bedeutenden Landgewinne erzielen, weshalb zunächst eine Art Pattsituation bestehen blieb. Zwar bildete sich in Asturien ein kleines christliches Reich an der Grenze zu Andalusien, mit dem Ziel, die verloren gegangenen christlichen Gebiete zurückzuerobern. Dieses Projekt der Reconquista konnte aber erst viel später abgeschlossen werden: im Jahr 1492 mit der Vertreibung der Araber aus Spanien. Auf der Gegen-

seite kam es immer wieder zu Angriffen aus Nordafrika, wodurch Sizilien unter muslimische Kontrolle gelangte.

In Andalusien konnten die christlichen Reiche im 11. Jahrhundert einige strategisch wichtige Städte einnehmen, aber muslimische Hilfe kam erneut aus Nordafrika, diesmal durch die Berber, die die verlorenen Gebiete zurückeroberten und das muslimische Reich sogar ausdehnen konnten. Vor allem in Ägypten und Syrien wurden Christen durch die herrschenden Fatimiden massiv verfolgt. Im Jahr 1009 zerstörte der Fatimiden-Kalif al-Hākim die Grabeskirche in Jerusalem, was eine Welle der Entrüstung in der christlichen Welt auslöste. Wenig später konnten die turkmenischen Seldschuken Byzanz wichtige Teile Kleinasiens entwenden, Armenien und große Teile Anatoliens erobern.

Die Seldschuken brachten im Jahr 1070 auch Jerusalem unter ihre Kontrolle. Zu diesem Zeitpunkt beherrschten verschiedene muslimische Reiche zwei Drittel des alten christlichen Reiches Byzanz, sie kontrollierten das Mittelmeer, den Handelsweg und wichtige Teile der Pilgerroute nach Jerusalem. Dennoch war die islamische Welt alles andere als eine Einheit. Es gab zwei verfeindete Kalifate, ein sunnitisches in Bagdad und ein schiitisches in Kairo. Dazu kamen zahlreiche unabhängige Staaten und Enklaven wie das türkische Seldschuken-Reich in Zentralasien und Anatolien und der Berber-Almoravidenstaat in Andalusien, die beide auf Kosten der Araber expandierten.

Ähnlich war die Situation in Europa. Dort gab es das katholische Heilige Römische Reich, das orthodoxe Byzanz, Ungarn und italienische Stadtstaaten wie Venedig und Genua. Schon Mitte des 8. Jahrhunderts haben die Langobarden Byzanz aus Mittelitalien verdrängt. Auch Karl der Große kämpfte gegen Byzanz, während er freundschaftliche Beziehungen zum muslimischen Abbasiden-Reich pflegte. Alle hatten unterschiedliche Interessen, und die Religion war nicht immer die erste Motivation ihres Handelns. Der Islam war für die unterschiedlichen europäischen Reiche nicht der Hauptfeind. Man fürchtete zwar die militärischen Kampagnen der Muslime, war aber in erster Linie daran interessiert, die eigene Vormachtstellung gegenüber anderen nicht islamischen Mächten in Europa zu sichern. Erst der Ruf, Jerusalem zu befreien, sollte einen Hauch von Einigkeit in die christliche Welt bringen, ähnlich wie die islamischen Eroberungen die innerislamischen Differenzen kaschieren sollten.

Das Konzil von Clermont

Zwischen 1095 und 1270 fanden sieben Kreuzzüge statt – jeder von ihnen hatte mehrere Beweggründe, und nicht immer war religiöser Eifer der Hauptmotivator für die Kreuzfahrer. Offizieller Ausgangspunkt für den ersten Kreuzzug war die Zerstörung der Grabeskirche durch die muslimischen Fatimiden gewesen. Seitdem hatte es immer wieder Berichte, aber auch jede Menge Gerüchte über Gräueltaten der Muslime gegenüber den Christen in Jerusalem gegeben. Auch christliche Pilger, die von den türkischen Seldschuken auf dem Weg nach Jerusalem misshandelt und zur Umkehr gezwungen wurden, bereiteten die Stimmung für die Kreuzzüge vor. Deren Ziel war es, die heiligen Stätten aus den Händen der muslimischen Eroberer zu befreien. Dazu kam der Wunsch vieler Christen, tausend Jahre nach der Kreuzigung Jesu ungestört nach Jerusalem pilgern und dort um Ablass bitten zu können. Ein Wallfahrtsgeschäft, das der Klerus nach Kräften unterstützte.

Der europäische Adel wiederum erhoffte sich durch die Eroberungszüge im Osten neue Besitztümer. Besonders die jüngeren Söhne des Adels, die nicht erbberechtigt waren, sahen darin ihre Chance auf ein eigenes Einflussgebiet. Auch das war im Sinne der Kirche, die in ihren Klöstern nicht allen Adelssprossen einen angemessenen Platz bieten konnte.

Dazu kam der *youth bulge* in Europa, ein Überschuss an jungen Männern, die in Armut lebten und kein Auskommen hatten. Für sie waren die Kreuzzüge eine Art Arbeitsbeschaffungsmaßnahme, ähnlich wie das der Dschihad heute oft für junge Muslime ist. Auch Verbrecher und Gesetzlose folgten den Aufrufen zu den Waffen, weil sie sich durch ihr Kreuzzugsgelübde der Strafverfolgung entziehen konnten und auf ein neues Leben und reiche Beute hofften.

Und auch ein politischer Aspekt kam hinzu: Zwar war die Beziehung der katholischen Welt zu Byzanz gestört, aber die Tatsache, dass die muslimischen Seldschuken kurz vor Konstantinopel standen, war eine weitere Motivation, in den Krieg zu ziehen. Der byzantinische Kaiser Alexios I. hatte Papst Urban II. um Unterstützung bei der Rückeroberung des kleinasiatischen Reichsgebiets gebeten. Der Papst erhörte die Bitte und rief im November 1095 mit einem enthusiastischen »Gott will es!« auf dem Konzil in Clermont zur Befreiung der heiligen Stätten und zum Kreuzzug gegen den Islam auf. Die Muslime sollten aus dem Heiligen Land vertrieben werden, das sie seit 638 besetzten.

Überblick über den Verlauf der Kreuzzüge und wichtige Ereignisse

1096–1109

Im Frühjahr 1096 brach ein bunt zusammengewürfelter Haufen ohne große militärische Erfahrung auf. Der »Bauern- oder Armenkreuzzug« wurde wenige Monate später in Kleinasien fast völlig aufgerieben. Ihm folgten besser geschulte Kräfte, geführt von adeligen Rittern, denen es zwischen 1098 und 1109 gelang, Jerusalem zu befreien und vier Kreuzfahrerstaaten zu gründen: Edessa (1098), Antiochia (1098), Jerusalem (1099) und Tripolis (1109).

Bei der Eroberung von Jerusalem kam es zu einem Massaker an Muslimen, aber auch an Juden – mit Auswirkungen bis in die Heimat. Dort gingen ebenfalls Synagogen in Flammen auf und fanden Pogrome gegen Juden statt.

1147–1149

Da viele Kreuzritter bereits nach der Eroberung Jerusalems wieder in ihre Heimatländer zurückgekehrt waren, konnten sie die von ihnen gegründeten Staaten auf Dauer nicht halten. Hinzu kam, dass die Kreuzfahrer in ihren Staaten jeweils ein eigenes Herrschaftssystem installiert hatten und ganz unterschiedliche Interessen verfolgten, während sie zuvor noch gegen einen gemeinsamen Feind gekämpft hatten. Als Erstes fiel 1144 Edessa zurück an die Muslime. Die Folgen waren mehrere päpstliche Bullen, in denen zu einem zweiten Kreuzzug aufgerufen wurde.

Nach verschiedenen militärischen Misserfolgen wurde entschieden, das eigentlich neutrale Damaskus anzugreifen. Die Belagerung musste aber schon nach einigen Tagen aufgegeben werden. Zurück blieb ein völlig zerstrittenes Kreuzfahrerlager, das sich gegenseitig die Schuld am Scheitern gab, während die Muslime aus der erfolgreich abgewendeten Belagerung gestärkt hervorgingen.

1189–1192

1187 schlugen die Truppen des syrisch-ägyptischen Sultans Saladin in der Schlacht von Hattin die christlichen Kreuzfahrer vernichtend und eroberten Jerusalem und weitere Gebiete zurück. Papst Georg VIII. rief daraufhin zum dritten Kreuzzug auf. Er begann 1189 unter der Führung von Friedrich Barbarossa, Philipp II. von Frankreich und Richard Löwenherz, König von England. Jerusalem blieb zwar in muslimischer Hand, aber die Kreuzritter konnten Akkon erobern, und ein Friedensvertrag sicherte christlichen Pilgern den Zugang zu Jerusalem.

1202–1204

Im vierten Kreuzzug kämpften Christen gegen Christen, obwohl das eigentliche Ziel die Eroberung Ägyptens gewesen war. Stattdessen nahmen die Kreuzzügler Konstantinopel ein und plünderten die Stadt. Der von den Venezianern initiierte Kreuzzug fand ohne den Segen des Papstes statt und war Ausdruck der innereuropäischen Machtkämpfe zwischen der West- und der orthodoxen Ostkirche, nicht mit dem Islam. Das belegt auch die Tatsache, dass Venezianer und Franken schon vor der Einnahme Konstantinopels einen Vertrag über die Aufteilung des Byzantinischen Reiches geschlossen hatten. Und bis heute hat dieser Kreuzzug Einfluss auf das schwierige Verhältnis zwischen der römischen und der orthodoxen Kirche.

1228–1229

Der vielleicht interessanteste Kreuzzug war der des Stauferkaisers Friedrich II., denn er war der einzige Kreuzzug, der unblutig verlief. Nur durch Verhandlungen und ohne einen einzigen Schwertstreich erhielt der Kaiser im März 1229 für zehn Jahre die Verfügungsgewalt über Jerusalem, Nazareth und Bethlehem.

Der Stauferkaiser nutzte seine Kenntnisse über die arabische Welt, unterhielt sich charmant mit dem ägyptischen Sultan Al-Malik al-Kamil und konnte mit ihm schließlich einen Friedensvertrag schließen. In der arabischen Welt halten viele den Stauferkaiser für einen Freund der Muslime, da er Interesse an der arabischen Literatur, an der Mathematik und anderen Wissensbereichen hatte, in denen die Araber führend waren. Schließlich hatte Friedrich auch den Mathematiker Leonardo von Pisa (Fibonacci) an seinen Hof berufen, der auf seinen Reisen nach Ägypten und Syrien engen Kontakt zu arabischen und persischen Mathematikern gepflegt hatte, die sein Wissen enorm bereicherten. Pisas Rechenbuch »Liber abaci« (Buch vom Abakus) trug maßgeblich dazu bei, dass in Westeuropa die römischen Zahlen durch die arabisch-indischen ersetzt wurden. Hinzu kam, dass Friedrichs Leibwächter Araber waren.

Neben diesen Indizien sind vor allem spätere Chronisten für die Legende vom »Freund der Muslime« verantwortlich. Einer von ihnen, Ibn Wāsil (1207–1298), erzählt, Friedrich II. habe während der Verhandlungen mit dem ägyptischen Sultan um Erlaubnis gebeten, Jerusalem zu besuchen, was dieser gestattet habe. Als der Stauferkaiser in Jerusalem weilte, war er überrascht, dass aus den Moscheen keine Gebetsrufe erklangen. Auf seine Frage, warum die Moscheen stumm geblieben seien, antwortete man ihm, das sei aus Rücksicht um den christlichen Gast geschehen. Friedrich soll geantwortet haben: »Bei Gott, hinsichtlich der Übernachtung in Jerusalem war es mein größter Wunsch, in der Nacht dem Gebetsruf der Muezzine und ihrem Lobpreis Gottes zu lauschen.«

Am meisten zur Legendenbildung dürfte aber der ägyptische Chronist Ibn al-Furāt beigetragen haben, der fast ein Jahrhundert nach dem Stauferkaiser lebte. Er war der Auffassung, Friedrich sei heimlich Muslim gewesen, und sogar als Onkel mütterlicherseits mit Sultan Al-Malik al-Kamil verwandt gewesen.

Tatsächlich war Friedrich II. weder ein Freund noch ein Feind der Muslime. Er war nur ein Pragmatiker wie Karl der Große. Wie er verfolgte auch der Staufer eine Doppelstrategie im Umgang mit dem Islam. Er vertrieb die restlichen Muslime aus Sizilien, da diese bemüht waren, die Insel wieder zu islamisieren. Doch er hat sie weder hingerichtet noch in den Orient verbannt, sondern ließ sie aufs italienische Festland umsiedeln. Dort gewährte er ihnen Autonomie, was Glaubensausübung und Rechtsprechung anging. Seine Leibwächter waren Muslime, weil Friedrich Probleme mit dem Papst hatte und einen Verrat durch christliche Wächter fürchtete.

All das geschah inmitten der Zeit der Kreuzzüge: gegenseitige Annäherung, Kulturtransfer, Handel, Friedensverträge, friedliche

Übergabe von Jerusalem. Es gab sogar Koalitionen von muslimischen Enklaven mit den Kreuzfahrerstaaten gegen andere muslimische Enklaven. Genauso koalierten christliche Königreiche mit muslimischen Stadtstaaten in Andalusien gegen andere christliche Heere. Die Vereinnahmung Friedrichs von manchen islamischen Historiografen scheint eher der Tatsache geschuldet, den Verlust Jerusalems abzumildern. Nicht ein Feind, sondern ein Freund als neuer Machthaber und König von Jerusalem.

1248–1254 und 1270

Nach dem Ablauf des Vertrages von Friedrich II. hatten die Christen 1244 die Kontrolle über Jerusalem und wenig später auch über die anderen Kreuzfahrerstaaten wieder verloren. Doch der erste Versuch der Rückeroberung unter dem französischen König Ludwig IX. scheiterte ebenso wie der zweite.

1291

Im Mai ging mit Akkon die letzte Bastion der Kreuzfahrer verloren, die Ritter wurden durch die ägyptischen Mamluken aus dem Heiligen Land verdrängt, die Ära der großen Kreuzzüge war zu Ende. Viel später gab es eine Reihe von Kreuzzügen gegen die Osmanen auf dem Balkan und gegen die Araber in Andalusien, die aber kaum Beachtung in der Geschichtsschreibung finden.

Eine Frage der Perspektive

Die Kreuzzüge eignen sich perfekt für eine selektive Lesart von Geschichte. Je nachdem, wo man steht und was man bezweckt, kann man sie ganz unterschiedlich bewerten. Man könnte behaupten, erst die islamischen Eroberungen und die wiederholten Angriffe auf die christliche Welt hätten das Christentum militarisiert. So gesehen wären die Kreuzzüge nur eine natürliche Antwort auf den expansionistischen muslimischen Dschihad gewesen.

Aus muslimischer Perspektive könnte man behaupten, erst die Araber hätten Europa wissenschaftlich und philosophisch bereichert und somit der Renaissance und später der Aufklärung auf die Sprünge geholfen und seien als Dank dafür mit den aggressiven Kreuzzügen belohnt worden.

Die Wahrheit liegt wie immer dazwischen: Beide Seiten haben sich gegenseitig bekämpft und befruchtet. Beide haben ihre eigenen Probleme, Ängste und Unzulänglichkeiten auf die Gegenseite projiziert. Und beide haben heute eigentlich keine andere Wahl, als miteinander zu kooperieren und voneinander zu lernen. Denn keine Kultur kann allein bestehen, und die menschliche Zivilisation und ihre Früchte, die wir alle heute genießen, waren das Ergebnis von Wissenstransfers und Kooperation zwischen Kulturen, vom alten Ägypten bis zum modernen Westen: Die Griechen profitierten von den Pharaonen, die Araber von den Griechen, Persern und Indern, was ihnen einen enormen Wissensvorsprung gegenüber dem mittelalterlichen Europa verschaffte. Die Europäer verloren in dieser düsteren Epoche den Anschluss an das Weltwissen.

Dass die arabisch-muslimische Welt ihren Vorsprung verlor, liegt an einer einfachen Formel des Scheiterns: Isolation, Aberglaube, Dogmen, religiöser Fanatismus und Nationalismus. Die einstige Formel des Erfolgs, die auch heute noch gilt, lautet: Öffnung für das Wissen und die Erfahrungen anderer, Rationalismus, Toleranz und Vielfalt. Das gilt für die muslimischen Staaten ebenso wie für Europa.

Europa hat zwar schon eine lange Strecke auf dem Weg der Zivilisation hinter sich, doch es ist noch lange nicht am Ziel. Und genauso wie die arabisch-persische Kultur nach einer florierenden Phase wieder ins eigene Mittelalter zurückfiel, kann auch

Europa wieder fallen, wenn es die eigenen Errungenschaften nicht vehement verteidigt und wenn es die Feinde der zivilisierten Welt im Innen und im Außen nicht bekämpft.

Und mit diesen Feinden meine ich nicht eine bestimmte Religion oder Ethnie. Der Feind ist eine Geisteshaltung, die die Emotionen höherstellt als die Vernunft und die der Vergangenheit mehr Gewicht beimisst als der Gegenwart und der Zukunft. Diese Geisteshaltung macht sich seit Längerem aufgrund fortschreitender Globalisierung und aktueller Konflikte sowohl in Europa als auch in der islamischen Welt breit. Wir erleben in Russland, in der Türkei, aber auch in Europa und in den USA eine Sehnsucht nach der Rückkehr zu alter Größe und altem Großmachtstreben. Als könnte man das Rad der Geschichte zurückdrehen und das Römische, das Heilige Römische, das Byzantinische, das Islamische oder das Sowjetische Reich per Handstreich wiederauferstehen lassen. Putin versucht aktuell genau das und sieht sich damit in der Tradition von Zar Peter dem Großen. Wenn moderne Waffen auf eine solche Geisteshaltung treffen, kann das fatale Folgen haben. Das haben die beiden Weltkriege gezeigt, das zeigt gegenwärtig der Feldzug Putins gegen die Ukraine. Und das zeigen islamistische Terrorakte weltweit, vor allem aber in der muslimischen Welt.

Es ist keine Frage von Kreuz gegen Halbmond, auch nicht vom christlichen Abendland gegen das orthodoxe Christentum. Es geht darum, die Zivilisation, die durch das Wissen aller Kulturen im Laufe der Geschichte zustande kam, gegen Feinde der Zivilisation zu verteidigen. Die Geschichte sollte uns da als Mentor und Lehrer dienen, nicht als Munitionslieferant für neue Konflikte. Begriffe wie Dschihad und Kreuzzug dürfen die Beziehung von Ost und West nicht länger bestimmen. Der 11. September und der Irakkrieg in deren Zusammenhang diese beiden Begriffe öfter fielen, sollten uns Mahnung sein. Der Verlauf und die fatalen Folgen dieser beiden Ereignisse haben alte Wunden der Vergangenheit wieder aufgerissen und neue hinzugefügt. Selbstverständlich kann man Konflikten nicht immer aus dem Weg gehen, gerade dann nicht, wenn diese von einer Seite gezielt provoziert werden. Gefährlich wird es immer dann, wenn ein Konflikt als Basis herangezogen wird, um die eigene Identität zu definieren. So, wie Putin gerade in den Rückspiegel der Geschichte blickt und meint, darin die Zukunft erkennen zu können, indem er der Ukraine die Existenzberechtigung abspricht, so sehnen sich Islamisten ein neues Kalifat herbei und Gegner der Europäischen Union das Wiederaufleben der Nationalstaaten. Die Geschichte sollte uns hier als Mahnung und Warnung dienen.

Kapitel 9

Von Konstantinopel nach Wien: Die Osmanen und das europäische Islam-Trauma

Der Einfall der Mongolen und die Zerstörung des Kalifats von Bagdad im 13. Jahrhundert schwächte den arabischen Einfluss auf den Islam. Auch in Andalusien machte die Reconquista zu diesem Zeitpunkt große Fortschritte. Die Araber wurden aus fast allen Gebieten der Iberischen Halbinsel verdrängt, und das einst so große arabische Reich beschränkte sich nur noch auf das kleine Sultanat von Granada.

Der Abstieg der Araber begünstigte den Aufstieg anderer Völker, die zwar den Islam angenommen, ihre alten nationalen und ethnischen Identitäten jedoch beibehalten hatten. Einige dieser Völker befreiten den Islam von seiner Anbindung an die Stammesmentalität und von der engen Interpretation des Koran, aber sie machten die Religion zum Mittelpunkt ihrer Kriege und Konflikte. Und zwar ihre jeweils eigene Interpretation des Islam.

Die Mongolen etwa errichteten im 13. Jahrhundert ein eigenes Reich und machten später Eroberungen im Namen des Islam, schreckten aber nicht davor zurück, andere muslimische Gebiete anzugreifen. In Nordindien etwa, wo es seit 1206 das islamische Sultanat von Delhi gab, gab es Angriffe der Mongolen, die 1398 den langsamen Zerfall des Sultanats einläuteten. Auf seinen Trümmern wurde später das Mogulreich errichtet. Dessen Anfänge erinnern an die Zeit von Bagdad und Andalusien, was religiöse Toleranz angeht. Großmogul Akbar, der von 1542 bis 1605 regierte, galt als Reformer, begnadeter Militärstratege und geschickter Diplomat. Er suchte den Dialog mit den unterschiedlichen Glaubensrichtungen in Indien und schaffte die Sondersteuer für Nichtmuslime ab. Er heiratete eine Hindu-Prinzessin, war dem Sufismus zugeneigt, folgte als Herrscher aber der sunnitisch-hanafitischen Rechtsschule. Muslime waren zu seiner Zeit eine Minderheit im hinduistisch geprägten Land, weshalb er ganz pragmatisch auf religiöse Toleranz und Dialog setzte. An seinem Hof verkehrten Vertreter der verschiedensten religiösen Richtungen, auch Jesuiten aus Goa gehörten dazu. Der Herrscher schätzte den Austausch, stieß damit bei der Orthodoxie jedoch zunehmend auf Kritik. Der Konflikt ging so weit, dass Akbar den Bruch mit der sogenannten *Ulamā* wagte, dem mächtigen Berufsstand der Religionsgelehrten des Islam. Er kündigte an, fortan selbst Gesetze auf der Basis des Koran erlassen zu wollen.

Seine Nachfolger verließen Akbars Schiene der Toleranz und machten eine Politik, die nur Muslime begünstigte. In der Zeit des berühmten Großmoguls Shah Jahan (1627–1658), der das Taj Mahal erbauen ließ, hatten die orthodoxen muslimischen Gelehrten wieder so viel Einfluss, dass sie den Herrscher dazu zwingen konnten, hart gegen Nichtmuslime vorzugehen. Das schuf eine Kluft in Indien, die während der britischen Kolonialherrschaft oft politisch instrumentalisiert wurde. Die Briten verstanden es, Konflikte zwischen Hindus und Muslimen zu schüren, um sich anschließend selbst als Garant für Sicherheit und Stabilität zu präsentieren. Bis heute gibt es zahlreiche Spannungen zwischen Muslimen und Hindus in Indien, aber auch zwischen Indien und Pakistan. Viele dieser Konflikte haben ihre Wurzeln in der Geschichte der muslimischen Herrschaft über Indien und in der Zeit ihres Machtverlusts durch die britische Kolonialherrschaft.

In Ägypten, Damaskus und Nordafrika waren es die Mamluken, die im 13. Jahrhundert zu einer neuen Macht aufstiegen, jene Militärsklaven, die im Laufe der Jahrhunderte von den arabischen Kalifen und Fürsten ausgebildet worden waren, um ihre Macht zu sichern. Die meisten von ihnen waren türkischstämmige Söldner oder ehedem entführte osteuropäische und südrussische Sklaven. Sie nutzten den Zerfall des Kalifats in Bagdad und die Schwäche der anderen arabischen Reiche und erhoben den Anspruch, selbst die Macht zu übernehmen. Geholfen hat ihnen dabei, dass sie die letzte Bastion im Kampf gegen die Mongolen und die Kreuzritter gewesen waren. Da die Mamluken überhaupt keine religiöse Legitimation hatten, installierten sie zunächst einen Marionetten-Kalifen aus der Abbasiden-Dynastie, bis sie ihre Macht konsolidiert hatten und sich selbst zu Sultanen ernannten. Sie verließen sich auf den Volkssufismus als Machtinstrument und förderten die Sufi-Orden, verlangten aber von den Sufi-Meistern Loyalität gegenüber den Herrschern und ihren Generälen. Ähnlich verfuhren sie mit den sunnitischen Gelehrten der Al-Azhar-Moschee, die dem Druck nachgaben und die Mamluken zu den Verteidigern des Islam erklärten, obwohl diese nicht nur gegen Mongolen und Christen, sondern auch gegen die muslimischen Seldschuken kämpften. Die Zeit der Mamluken war zwar stabil, und der Handel florierte, was zum Entstehen einer neuen, reichen Schicht beitrug, vor allem in Ägypten. Da sich die Bildung aber lediglich auf die Religion beschränkte, kam es zur Stagnation des Wissens. Während dieser Zeit vergaßen die Muslime, dass es al-Fārābī, Avicenna und Rumi gab. Die Gedanken von Ibn Taimīya und al-Ghazālī bestimmten sowohl die Theologie als auch den Sufismus.

In einigen Gebieten des Iran, Afghanistans und Teilen Zentralasiens stieg Anfang des 16. Jahrhunderts die Dynastie der Safawiden auf und installierte den Schiismus als Staatsreligion, obwohl viele Untertanen in ihrem Reich Sunniten waren. Durch lange Kriege gegen das Osmanische Reich konnten die Safawiden die Grenzen ihres Reiches sichern. Erst im 18. Jahrhundert kam die Dynastie zu einem Ende, da die Sunniten im Reich gegen sie rebelliert hatten.

Doch keines dieser Reiche war erfolgreicher als die Osmanen, die eine ähnlich atemberaubende Karriere wie die Araber des 7. Jahrhunderts machen konnten. Aber warum schafften die Osmanen, was kein anderes muslimisches Reich ihrer Zeit schaffen konnte? Dafür spielten viele Faktoren eine Rolle.

Der Aufstieg der Osmanen

Die Osmanen waren wilde, mutige Krieger und verfügten zudem über eine Elitetruppe, die besonders kampferprobt und rücksichtslos war: die bereits erwähnten Janitscharen. Sie waren keine gebürtigen »Türken« und auch keine Muslime, sondern wurden als menschliche Tribute im Rahmen der Knabenlese von den besiegten Christen eingezogen. Jedes Jahr wurden Zehntausende im Alter von acht bis zwanzig Jahren ihren griechischen, bulgarischen, albanischen, kroatischen, serbischen und später ukrainischen und südrussischen Eltern entrissen, zum Islam zwangsbekehrt und in anatolischen Bauernfamilien untergebracht, um islamisch erzogen zu werden. Später wurden sie in Sufi-Klöstern in Geduld und Askese unterrichtet, um anschließend in Kasernen zu fanatischen Kämpfern gedrillt zu werden. Die begabtesten von ihnen erhielten eine Elitebildung, die sie für höchste Staatsämter qualifizierte. Eine Strategie, die zuvor der achte Abbasiden-Kalif al-Muʿtasim im 9. Jahrhundert erfolgreich verfolgt hatte, um seine Macht zu sichern. Er hatte sich mit entführten Sklaven umgeben, die zu fanatischen Kämpfer ausgebildet und entsprechend indoktriniert waren. Ein gefährlicher Pakt, denn diese Sklaven und Söldner rissen später die Macht an sich und degradierten die Kalifen zu Marionetten; das Gleiche sollte später im Osmanischen Reich passieren.

Wie die Araber des 7. Jahrhunderts waren die Osmanen zunächst Nomaden, die nichts zu verlieren hatten. Und wie die Araber damals lebten sie am Rande des Byzantinischen Reiches und sahen dieses als Vorbild in Sachen Administration und Militärstrategie. Nach zahlreichen Angriffen und Raubzügen gegen Byzanz merkten die Osmanen, dass das Oströmische Reich schwach und kriegsmüde war. Hinzu kamen weitere Faktoren, die ihren Aufstieg begünstigten: Der Sturz des Abbasiden-Kalifats, die Kreuzzüge, das durch die Angriffe der Mamluken geschwächte Seldschuken-Reich – all das ebnete den Weg für die aufstrebenden Osmanen. Und so konnten sie zwischen dem 14. und dem 15. Jahrhundert große Gebiete von Bagdad bis zum Balkan kontrollieren. Sie bauten eine effektive Bürokratie nach dem Vorbild von Byzanz auf und profitierten vom Wissen und von den Erfahrungen der vielen Ethnien, die unter ihrer Herrschaft lebten. Außerdem waren sie geschickt im Schmieden von Allianzen und unterhielten diplomatische Beziehungen mit wichtigen europäischen Staaten.

Wenn sie aber nicht nur die führende Macht in der islamischen Welt, sondern auch in Osteuropa werden wollten, mussten sie zunächst das schaffen, was kein muslimisches Reich vor ihnen geschafft hatte: die Eroberung von Konstantinopel, dem Herz des östlichen Christentums. Die Lage von Konstantinopel machte die Stadt so attraktiv für potenzielle Eroberer: Sie war das Zentrum der Welt, der Knotenpunkt zwischen Europa, Asien und Afrika. Wer die Kontrolle über Konstantinopel hatte, kontrollierte das Schwarze Meer und das Mittelmeer und somit wichtige Handelswege. Die Nähe zum Balkan und zu den italienischen Stadtstaaten machte sie nicht nur zum strategischen Militärstandpunkt, sondern auch zum Dreh- und Angelpunkt des internationalen Handels. Damit versprach der Zugang zu Konstantinopel den Osmanen jene stabile wirtschaftliche Lage, ohne die eine weitere Ausdehnung ihres Reiches Richtung Europa undenkbar wäre.

Der Verrat, der den Sturm auf Konstantinopel möglich machte

23 Armeen hatten im Lauf der Zeit versucht, Konstantinopel zu Fall zu bringen, aber sie waren alle an den unbezwingbaren Mauern der Stadt gescheitert. Erst die Armee von Mehmed II., der von 1451 bis 1481 regierte und postum Fātiḥ genannt wurde, konnte die Stadt von Konstantin XI., dem letzten byzantinischen Kaiser, erobern.

Mehmed war der vierte Sohn von Sultan Murad II. und einer Sklavin namens Hūma Hatun und galt lange nicht als Thronfolger. Er hatte ältere Halbbrüder und galt wegen seines aufbrausenden Wesens und seines Unwillens, sich in Glaubensfragen unterweisen zu lassen, als eher ungeeignet. Doch nachdem seine Halbbrüder alle verstorben waren und sein Vater sich amtsmüde zurückziehen wollte, bestieg er 1444 zum ersten Mal den Thron. Schon damals wollte der überambitionierte Jungspund auf Konstantinopel marschieren. Sein besonnener Vater, der einen Friedensvertrag mit Byzanz geschlossen hatte, stoppte seinen Sohn, entthronte ihn nach zwei Jahren und schickte ihn ins Exil. Mehmed fühlte sich verraten und gedemütigt und machte sich nach dem Tod seines Vaters 1451 umso entschlossener ans Werk.

In den nächsten Jahren versuchte er, mit Feldzügen auf dem Balkan und in Anatolien seine Macht zu festigen, bevor er sein eigentliches Ziel, Konstantinopel, ins Auge fasste. Auch wenn für ihn persönlich die Religion nicht die alleinige Triebfeder war, so war sie doch für seine Soldaten ein wichtiger Motivator. Denn vom Propheten Mohamed stammt die Prophezeiung: »Eines Tages werdet ihr Konstantinopel erobern. Selig wird die Armee, die dies schaffen wird und selig wird ihr Anführer!«[1] Mehmed wollte dieser Anführer sein. Eine Legende besagt, er habe einen Traum gehabt, in dem Allah ihn aufgefordert habe, Konstantinopel zu erobern. Hierfür habe er ihm einen roten Apfel gegeben als Symbol für die rote Kirche von Hagia Sophia.

Bevor er Konstantinopel angreifen konnte, schloss der Sultan Friedensverträge mit Ungarn und Venedig, um keinen Zweifrontenkrieg zu riskieren. Blieb noch das Problem, dass es ja einen Friedensvertrag zwischen den Osmanen und Byzanz gab. Damit war ein offener Angriff zunächst vom Tisch. Aber Mehmed wusste, wie er einen Krieg provozieren konnte: indem er eine Festung an der engsten Stelle des Bosporus errichten ließ, direkt gegenüber der bereits bestehenden »anatolischen Festung« der Osmanen. Damit könnte er den Schiffsverkehr kontrollieren und vor allem die Nachschubwege für das Militär sicherstellen.

Konstantin schickte zwei Gesandte zum Hof von Mehmed, um dagegen zu protestieren, doch der Sultan ließ die Diplomaten hinrichten und ihre abgetrennten Köpfe nach Konstantinopel schicken. Ein unmissverständliches Zeichen, dass Mehmed zu allem entschlossen war. Der byzantinische Kaiser schickte erneut Gesandte aus, nach Rom und zu den europäischen Höfen, und bat um Hilfe. Aber dort unterschätzte man die Lage und verwies auf finanzielle oder militärische Probleme, die eine Unterstützung unmöglich machten. Als die Hilfe schließlich doch kam, war es zu spät.

Mehmed hatte zwar jetzt mit den beiden Festungen die Kontrolle über den Bosporus, doch da waren immer noch die legendären Mauern der Stadt, an der bislang alle gescheitert waren. Wie sollte er sie einreißen? Ausgerechnet ein christlicher Kanonenbauer hatte die Lösung: die modernste und größte Kanone, die die Welt bis dahin kannte. Ein gewisser Urban aus Ungarn hatte diese Kanone gerade dem byzantinischen Kaiser zum Kauf angeboten, doch dem war sie zu teuer gewesen. Also diente Urban sie dem muslimischen Herrscher Mehmed an, der gleich siebzig Stück bestellte.

Die Osmanen erreichten Konstantinopel am 2. April 1453, einen Tag nach Karfreitag. Nur wenige Tage später war der Belagerungsring um die Stadt weitgehend geschlossen. Mehmed wollte dem byzantinischen Kaiser zunächst die Chance geben, friedlich zu kapitulieren und die Hand des Sultans zu küssen. Der lehnte das Angebot ab, denn endlich hatte der Papst angekündigt, Schiffe aus Venedig zu schicken, um Konstantinopel während der Belagerung zu versorgen.

Mehmed wollte Konstantinopel nicht nur von der Landseite, sondern auch vom Goldenen Horn aus angreifen. Weil er keinen direkten Zugang zum Goldenen Horn hatte, tüftelte er einen genialen Plan aus: Er wollte die Hälfte seiner Flotte durch die Wälder über die Galata-Hügel tragen lassen und sie mit Hilfe von Balkenkonstruktionen und Segeln die Hänge auf der anderen Seite hinabgleiten lassen. Für diesen ungewöhnlichen Schiffstransportweg musste er mit der genuesischen Handelsenklave Pera paktieren. Der Gouverneur von Pera gab grünes Licht und handelte damit so kurzsichtig wie heute manche Politiker, die aufgrund von kurzfristigen wirtschaftlichen oder strategischen Interessen mit Staaten und Kräften paktieren, die langfristig ihre Sicherheit gefährden können.

Am 12. April begannen die Osmanen mit ihren Angriffen von der Landseite aus, vom 20. April an von der Seeseite um das Goldene Horn. Es gab Rückschläge und Erfolge auf beiden Seiten, dazwischen auch immer wieder diplomatische Bemühungen um eine friedliche Übergabe der Stadt, die jedoch scheiterten. Im Mai gab es erste Engpässe bei der Versorgung der Bevölkerung von Konstantinopel. Im Laufe des Monats verschlechterte sich die Stimmung auch unter den Kämpfenden, was auch an einem Naturphänomen lag. Eine Mondfinsternis, die als Zeichen der drohenden Niederlage passte. Der Legende nach musste zwei Tage später auch eine Marienprozession beendet werden, nachdem die Ikone zu Boden gefallen war. Und schließlich soll über der Hagia Sophia ein seltsames Licht erschienen sein, das die einen als Zeichen deuteten, dass der Heilige Geist die Stadt verließ, den anderen als Erfüllung von Mehmeds Traum galt.

Wie auch immer, am Ende brachten Stahl und Feuer die Entscheidung. Die schweren Kanonen, die ironischerweise den Namen »Basilica« trugen, rissen die legendären Mauern von Konstantinopel nach 1100 Jahren am 29. Mai 1453 ein. Die Eroberer stürmten die Stadt und plünderten Kirchen und Klöster. Wer sich nicht ergab, wurde niedergemacht. In den Wirren fand auch der letzte Kaiser den Tod, und sieben Jahre später war das einst so mächtige Byzantinische Reich Geschichte.

Die wichtigsten Verteidiger von Konstantinopel waren italienische Söldner unter der Leitung eines Piraten aus Genua gewesen. Die Schiffe des Papstes waren erst gekommen, als die Schlacht fast entschieden war. Andere europäische Großmächte glänzten durch Abwesenheit. Entführte christliche Kinder, die gehirngewaschen und zu Kampfmaschinen ausgebildet worden waren, bildeten das Herz der Armee der Osmanen. Ein Christ aus Ungarn versorgte sie mit den tödlichen Kanonen, die nötig waren, um die Mauern der Stadt zu Fall zu bringen. Und schließlich gewährte der genuesische Gouverneur von Pera den Osmanen Zugang zum Goldenen Horn: All das hat Konstantinopel zu Fall gebracht, nicht der religiöse Eifer der Türken. Dieser Verrat an Konstantinopel öffnete den Osmanen erst die Tür nach Europa.

Nachdem die Stadt endlich eingenommen war, verfügte Mehmed über die nötigen Mittel, um seine Angriffe im Westen auszuweiten. Er nannte sich nun *Ḳayṣer-i Rūm*, Kaiser der Römer, und machte Konstantinopel zum Thronsitz des Osmanischen Reiches.

Europas Antwort auf die Belagerung von Wien

Im 16. Jahrhundert dehnten die Osmanen ihren Herrschaftsbereich auf die Arabische Halbinsel und den Maghreb mit Ausnahme Marokkos aus. Syrien geriet 1516 unter ihre Herrschaft, Ägypten ein Jahr später. Damit übernahm das Osmanische Reich auch das Protektorat über Mekka und Medina und festigte so seine Stellung innerhalb der islamischen Welt.

Während der Herrschaftszeit von Süleyman I. (Regentschaft von 1520 bis 1566) erreichte das Osmanische Reich den Höhepunkt seiner Macht. Die osmanischen Truppen nahmen 1521 Belgrad ein, ein Jahr später wurde Rhodes erobert. Im Jahr 1529 standen die Osmanen bereits vor den Toren Wiens und belagerten die Stadt. Doch die Belagerung musste wegen des früheren Wintereinbruchs unterbrochen werden. Während dieser Zeit wurde eine islamische Gesetzgebung entwickelt, die die osmanische Dynastie legitimiert und die Bedürfnisse des Großen Reiches, seiner Administration und seine Eroberungsziele erfüllen sollte. Deshalb trägt Süleyman I. den Beinamen *Ḳānūnī*, also »Gesetzgeber«. In Europa ist der Sultan wegen seiner prunkvollen Bauwerke auch als »der Prächtige« bekannt.

Der Herrscher galt als kompromisslos, was die Sicherung seiner Macht anging. Er ließ sogar seinen Sohn und legitimen Thronfolger Mustafa hinrichten, weil er befürchtete, dass dieser ihn umbringen würde, um selbst den Thron zu besteigen. Die Janitscharen zettelten wegen der Ermordung einen Aufstand gegen den Sultan an, und warfen dessen Lieblingsfrau Roxelane vor, sie habe die Hinrichtung von Mustafa befohlen, damit ihr eigener Spross Rustum zum Thronfolger werden würde. Süleyman musste in die Offensive gehen und lenkte die Energie der Janitscharen geschickt auf neue Eroberungen.

Wie die Großreiche vor ihm, kämpfte auch das Osmanische Reich mit zahlreichen innenpolitischen Intrigen. Oft kam es zum

Kampf Bruder gegen Bruder, um die Nachfolge zu regeln. Babyprinzen wurden erdrosselt, um spätere Streitereien hinsichtlich der Thronfolge zu vermeiden. Es gab sogar ein religiöses Gutachten, das die Ermordung von Familienmitgliedern genehmigte, wenn dies der Stabilität des Sultanats diente.[2]

Ende des 15. Jahrhunderts entdeckten portugiesische Seefahrer das Kap der Guten Hoffnung, und so konnte der Handelsweg nach Indien umgeleitet werden, ohne die Meeresenge zu passieren, die von den Osmanen kontrolliert wurde. Ein erster Dämpfer in Sachen Macht. Im Jahr 1683 wagten die Osmanen ein weiteres Mal einen Vorstoß nach Mitteleuropa und standen erneut vor Wien. Doch diesmal waren die Europäer entschlossener als bei der Belagerung von Konstantinopel. Eine süddeutsch-polnisch-litauische Allianz konnte die Osmanen zurückdrängen. Beflügelt von diesem Erfolg, initiierte Papst Innozenz XI. ein Bündnis aus dem Heiligen Römischen Reich, Polen-Litauen und der Republik Venedig, das damit begann, osteuropäische Gebiete von den Osmanen zurückzuerobern. Im Großen Türkenkrieg (1683–1699) konnten die westlichen Verbündeten Ungarn, Transsilvanien, Serbien und Teile der griechischen Peloponnes zurückerobern.

Im 18. Jahrhundert schließlich beendete das russische Zarenreich die imperialen Ansprüche der Osmanen. Nach der Zerstörung der türkischen Flotte im Mittelmeer zwang Russland das Osmanische Reich, die Krim-Halbinsel in die Unabhängigkeit zu entlassen, die wenig später von Russland annektiert wurde. Zarin Katarina II. wollte mit Russland das Byzantinische Reich wiederauferstehen lassen und entwarf das »Griechische Projekt«, das zum Ziel hatte, Griechenland von den Osmanen zurückzuerobern.

Dann kam die industrielle Revolution, die Europa viel reicher und mächtiger machte als das Osmanische Reich, das auf Agrarwirtschaft und Handel angewiesen war. Auch die Entdeckung Amerikas und der spätere Goldrausch hatten die Schwerpunkte der Weltwirtschaft in eine neue Richtung verlegt, die für das Osmanische Reich und die gesamte islamische Welt nicht günstig war. Als dann auch noch der Sklavenhandel international verboten wurde, verloren die Araber eine sehr wichtige Einnahmequelle.

Das Osmanische Reich war letztlich ein Reich wie jedes andere. Es stieg auf, als die geopolitischen, wirtschaftlichen und militärischen Bedingungen dafür günstig waren, und es stieg ab, als der Wind sich gedreht hatte. Den meisten seiner Herrscher ging es um Macht und Profit, nicht um Religion und Tugend. Die Osmanen paktierten immer wieder mit europäischen Mächten gegen muslimische Herrscher, etwa gegen Muhammad Ali Pascha in Ägypten, als dieser sich im 19. Jahrhundert vom Osmanischen Reich ablöste. Mit Großbritannien und Frankreich gingen die Osmanen während des Krimkrieges 1853 eine Allianz gegen Russland ein, und im Ersten Weltkrieg standen die Osmanen auf der Seite des Deutschen Reiches.

Im europäischen Kollektivgedächtnis bleibt das Osmanische Reich dennoch verbunden mit der Eroberung Konstantinopels und mit der Belagerung von Wien. Im muslimischen Kollektivgedächtnis ist das Osmanische Reich mit dem letzten Kalifat verbunden, das nach dem Sturz des türkischen Sultans nie wiederhergestellt wurde. Die Europäer vergessen ihren Beitrag zum Aufstieg des Osmanischen Reiches und die Tatsache, dass es trotz der Eroberung europäischer Gebiete zu Handel, Kulturtransfer und sogar militärischer Kooperation zwischen den beiden Kulturräumen kam.

Viele Muslime wiederum vergessen, dass der osmanische Kolonialismus in der arabischen Welt in vielerlei Hinsicht schlimmer war als der europäische. Denn die Osmanen töteten mehr Muslime als die europäischen Kolonialherren, sie haben die arabische Welt 400 Jahre lang isoliert, heruntergewirtschaftet und sich kaum mehr um Bildung und Modernisierung gekümmert. Sie haben der arabischen Welt viele Errungenschaften aus dem Westen vorenthalten, wie zum Beispiel den Buchdruck. Als Gutenberg die Druckmaschine Ende des 15. Jahrhunderts erfand, war seine Erfindung ein Segen für die christliche Welt. Die Bibelübersetzung von Martin Luther und seine 95 Thesen hätten ohne diese Erfindung nicht so verbreitet werden können. Gleiches gilt für die Werke der Renaissance und später der Aufklärung. Diese Erfindung beendete das Wissensmonopol der Kirchen und Fürsten und ermöglichte breiten Schichten der Bevölkerung die Teilhabe. Das beflügelte Forschung und Bildung, die wiederum die wichtigste Basis für die Moderne waren. Im Osmanischen Reich dagegen fürchteten die religiösen Gelehrten, die neue Maschine könnte dazu führen, dass verfälschte Ausgaben des Koran in Umlauf gelangten und die Gelehrten die Kontrolle über die Deutungshoheit des Islam verlieren könnten.

Einmal mehr siegte die Angst über die Vernunft. Einmal mehr versperrte sich die islamische Welt im Namen des Glaubens selbst den Weg zur Erneuerung. Während die Europäer im 18. Jahrhundert die Gedanken der Aufklärer diskutierten, beschäftigten sich die Muslime mit den Gedanken von Muhammad Ibn ʿAbd al-Wahhāb, der das Prinzip von Loslösung und Loyalität des mittelalterlichen Theologen Ibn Taimīya wiederbelebt hatte. Während die Franzosen auf die Straße gingen, um sowohl den Klerus als auch die Feudalherren zu stürzen, marodierten Banden in Arabien unter der Führung von Ibn ʿAbd al-Wahhāb, um Sufis und Schiiten zu töten, weil diese die islamische Identität angeblich verfälschten. Mit ihm kam der Islam zu seinem arabischen Ursprung zurück: Religion im Dienst der Sippe. Zwar brachte der europäische Kolonialismus später einige Gedanken der Aufklärung und das westliche Bildungs- und Rechtssystem in die arabische Welt, aber keine andere Bewegung profitierte von diesem Kolonialismus mehr als der Wahhabismus und der Islamismus (dazu später mehr).

Der »kranke Mann am Bosporus«

Die Faktoren, die dem Osmanischen Reich in vormoderner Zeit zu Stärke verholfen hatten, reichten im Zeitalter der Wissenschaft nicht länger aus. Und so zerbrach das Osmanische Reich aus den gleichen Gründen wie das Abbasiden-Reich und al-Andalus: Entfernung von weltlichem Wissen, Streitereien um die Macht, Kriege an vielen Fronten gleichzeitig und eine Schwächung von innen, die zu einer Schwäche im Außen wurde. Im 18. Jahrhundert verlor das Osmanische Reich viele seiner Gebiete an die Habsburger und an das russische Zarenreich. Im Vielvölkerstaat der Osmanen selbst führte aufkommender Nationalismus zu vielen Revolten. Gebot der Stunde wären Reformen und eine Öffnung hin zur Moderne gewesen. Aber die Janitscharen und die religiösen Gelehrten bildeten eine mächtige Front gegen die Reformkräfte. Als das Osmanische Reich im 19. Jahrhundert eine moderne Armee nach europäischem Muster gründen wollte, rebellierte die Elitetruppe. Und so verzögerten die Söldner die Moderne, wie es die religiösen Gelehrten taten, und das große Reich verlor den Anschluss an die moderne Welt. Die unendlichen Kriege mit den Safawiden, den Russen, den Habsburgern und später mit den Engländern und Franzosen, dazu die wiederholten Revolten der Serben und der Griechen haben das Reich ermüdet. Religiöse Minderheiten, die jahrhundertelang religiöse Autonomie genossen, wurden nun unterdrückt. Die schiitischen Qizilbaschs, die Nestorianer und die Aleviten wurden der Kollaboration mit dem schiitischen Safawidenreich bezichtigt. Auch Assyrer, Armenier und Griechen bekamen die Macht des untergehenden Reiches zu spüren, denn man fürchtete, sie könnten mit dem russischen Zarenreich kooperieren.

Die europäischen Großmächte wiederum fürchteten im 19. Jahrhundert, dass der schleichende Zerfall des »kranken Mannes am Bosporus«, wie die westlichen Zeitungen damals das Osmanische Reich nannten, dazu führen würde, dass das Zarenreich auf dessen Kosten sein Einflussgebiet ausdehnen und einen Zugang zum Mittelmeer bekommen könnte. Der Krimkrieg von 1853 zwischen Russland und dem Osmanischen Reich war der erste moderne industrielle Krieg. Russland nannte diesen Krieg »orientalischen Krieg« und dachte nicht daran, ihn auf die Krim zu beschränken. Das Zarenreich sah sich als legitimer Erbe des Byzantinischen Reiches und wollte dabei dessen ehemaligen Einflussbereich in Jerusalem, Konstantinopel, auf dem Balkan und im Kaukasus wiederherstellen.

Ein Anlass des Krieges war ein Vorfall, der ins Jahr 1847 zurückreicht. Damals hatte sich Zar Nikolaus I. zum Protektor aller Christen im Heiligen Land erklärt, nachdem die Osmanen den silbernen Stern aus der Geburtskirche Jesu in Bethlehem entfernt hatten, mit dem die Stelle der Geburt Jesu markiert war. Daran anschließend hatte es Konflikte um die Nutzung der Grabeskirche in Jerusalem gegeben. Vor allem die griechisch-orthodoxen Christen und die katholischen Franziskaner stritten sich heftig etwa darüber, wer den Schlüssel der beiden Kirchen aufbewahren dürfe. Genau hier kamen nun die innereuropäischen Konflikte ins Spiel. Hinter den Orthodoxen stand Russland, hinter den Katholiken Frankreich. Und weil in Jerusalem und vielen weiteren Städten des Heiligen Landes Muslime lebten, wollte sich auch der osmanische Sultan als politscher Interessenvertreter des Islam keineswegs mit der Proklamation des Zaren abfinden.

In gewisser Weise war der Krimkrieg eine Vorform des Ersten Weltkriegs. Russland wiederum sieht die aktuelle Krimkrise und den russisch-ukrainischen Krieg als eine konsequente Fortsetzung der Geschichte des 19. Jahrhunderts. Das damalige Motiv, das Osmanische Reich zu zerschlagen, hatte auch damit zu tun, die orthodoxen slawischen Völker des Balkans zu befreien. Die Balkankriege der Jahre 1991 bis 1999 und der Konflikt zwischen Bosniaken, Serben und Kroaten haben ihre Wurzeln teilweise in dieser Zeit. Auch der Konflikt in Syrien, wo die Russen sich auf die Seite Irans und des syrischen Diktators Assad stellten, während der Westen teilweise islamistische Gruppierungen und die Türkei unterstützt hat, kann nicht nur als eine Fortsetzung des historischen sunnitisch-schiitischen Konflikts, sondern auch als eine Fortsetzung der russisch-türkischen und der russisch-europäischen Kriege des 18. und 19. Jahrhunderts gesehen werden.

Europas falsche Allianzen

Die wechselvolle Beziehung der europäischen Mächte zum Osmanischen Reich hatte auch Auswirkungen auf andere muslimische Länder. Ein Beispiel dafür ist ihre Haltung gegenüber dem ägyptischen Herrscher Muhammad Ali Pascha im 19. Jahrhundert. Dieser bekämpfte die fundamentalistischen Wahhabiten, besetzte Mekka und Dschidda und verhinderte, dass die Fanatiker ihre Ideologie in der arabischen Welt verbreiteten. Er wollte sich vom Osmanischen Reich lösen und führte Ägypten, Syrien und den Sudan in die Unabhängigkeit. Er orientierte sich an Europa und wollte Ägypten nach europäischem Modell modernisieren. Doch England, Österreich und Preußen verbündeten sich gegen ihn und standen auf der Seite des osmanischen Sultans und verabschiedeten den Londoner Vertrag von 1840, wonach der ägyptische Monarch Syrien, Arabien und Kreta an das Osmanische Reich zurückgeben sollte. Als dieser zögerte, intervenierten die Alliierten gegen die Armee von Muhammad Ali, weil sie die Entstehung einer neuen Großmacht in der Region verhindern wollten. Daraufhin mussten die ägyptischen Soldaten Mekka und Dschiddah verlassen, was zum Wiedererstarken der Wahhabiten führte.

Im Namen kurzfristiger politischer Interessen verbündeten sich die Europäer mit dem radikalen Islam gegen die Modernisierungskräfte. Ein Muster, das sich danach in der Geschichte wiederholen sollte. Eine eventuelle Koalition der Europäer mit Ägypten im 19. Jahrhundert hätte vielleicht zu einer anderen Entwicklung im Nahen Osten führen können, da das Land am Nil das erste in der Region gewesen war, das sich an Europa orientierte, das die Errungenschaften der Moderne importieren wollte und das eine klare Haltung gegenüber dem Wahhabismus hatte. Was aber geschah war, dass sowohl Ägypten als auch das Osmanische Reich immer schwächer und somit zur Belastung wurden, zumal beide sich bei den Europäern maßlos verschuldet hatten. Ägypten wurde von den Engländern 1882 besetzt, und das Schicksal des einstigen Weltreiches der Osmanen wurde nach dem Ende des Ersten Weltkriegs besiegelt, seine Gebiete wurden unter Engländern und Franzosen aufgeteilt.

Der Fall des Osmanischen Reiches und des letzten Kalifats löste eine Identitätskrise in der islamischen Welt aus. Gerade weil dieses Reich nicht wie andere von Muslimen übernommen, sondern unter den christlichen Europäern aufgeteilt wurde, waren viele Muslime gekränkt. Ähnlich wie die Kränkung der Deutschen nach der Niederlage im Ersten Weltkrieg und dem Ende des Kaiserreiches den Aufstieg des Nationalsozialismus begünstigte, bereitete das Ende des Osmanischen Reiches und die Aufteilung seiner Gebiete den Boden für einen Aufstieg des Nationalismus und des Islamismus. Denn, wie ich bereits in früheren Kapiteln betont habe: Gerade in Zeiten der militärischen oder kulturellen Niederlage siegten die islamische Orthodoxie und die Ideologie des Dschihads stets über die Rationalität.

Die Schuldfrage am Niedergang beantworten die meisten Muslime mit einem klaren Fingerzeig Richtung Westen. Das ist auch der Grund, warum sich die Integration vieler arabisch- und türkischstämmiger Menschen in Deutschland schwieriger gestaltet als bei anderen Gruppen, denn diese lernen nach wie vor, dass der Fall des Osmanischen Reiches Ergebnis einer europäischen Verschwörung war und dass diese Verschwörer heute versuchen, die Türkei und die arabische Welt wirtschaftlich und politisch zu schwächen. Und so bilden längst vergangene Reiche große Mauern zwischen Europa und der islamischen Welt und mittlerweile auch wieder zwischen Europa und Russland. Drei Reiche und ihre Ideen – das Kalifat, das byzantinische Reich und das Heilige Römische Reich –, die viel Elend und Krieg verursacht haben, dienen heute wieder vielen Muslimen, Russen und Europäern als Schutzschilder gegen die Moderne und als Munition für Ressentiments und weitere Konflikte. Die Verlierer der Moderne und der Globalisierung fühlen sich von der Welt ungerecht behandelt, überhöhen die Vergangenheit und bleiben so in alten Träumen und Verletzungen gefangen.

Europa sollte aus seinem Trauma vom Fall Kostantinopels bis zur Belagerung Wiens lernen, dass Allianzen mit Diktatoren, die Europa und seine Werte verachten, zwar kurzfristige Gewinne bringen können, doch langfristig Europas Stabilität gefährden und mehr Konflikte schüren. Wir brauchen wieder die Doppelstrategie von Karl dem Großen: Dialog mit denen, die Frieden wollen und Härte gegen diejenigen, die Europa zu unterwandern versuchen. In Europa leben viele demokratisch gesinnte Muslime (und, derzeit besonders aktuell, auch Russen bzw. Russlandstämmige, die den neuen »Zaren Vladimir« ablehnen), mit denen man unbedingt kooperieren sollte. Gleichzeitig leben hier aber auch Menschen, die das alte Osmanische bzw. das Zarenreich wiederauferstehen sehen wollen. Sie bejubeln Erdoğan und Putin und dienen diesen Machthabern als verlängerte

Arme und Druckmittel im Westen. Wir sollten dringed verhindern, dass sie unter dem Deckmantel von Vielfalt und Toleranz ihr Unwesen in unserer Gesellschaft treiben und die Demokratie aushöhlen können!

Kapitel 10

Von Paris nach Alexandria: Der Kolonialismus und seine Wirkung auf den Islam

In dem legendären Film »Das Leben des Brian« klagt der Anführer der Volksfront von Judäa, einer jüdischen Widerstandsgruppe, über die römischen Besatzer: »Sie haben uns bluten lassen, diese Schweine. Sie haben alles genommen, was wir hatten. Und nicht nur von uns, sondern von unseren Vätern und unseren Väter-Vätern. Und was haben sie als Gegenleistung erbracht, frage ich?« – »Den Aquädukt«, sagt einer aus der Gruppe. »Und die sanitären Einrichtungen«, sagt ein anderer. »Und die schönen Straßen«, erwidert ein dritter. »Medizinische Versorgung«, ruft einer. »Das Schulwesen«, kommt eine Stimme aus den hinteren Reihen. »Und den Wein!« – »Ja, den Wein ... das ist etwas, was wir sicherlich vermissen werden, wenn sie weg sind, die Römer.« »Ja, also gut, aber abgesehen von den sanitären Einrichtungen, der Medizin, dem Schulwesen, Wein, der öffentlichen Ordnung, der Bewässerung, Straßen, der Wasseraufbereitung und der allgemeinen Krankenkassen, was, frage ich euch, haben die Römer je für uns getan?«, fragt der Anführer der Gruppe erneut. »Den Frieden gebracht«, sagt einer. »Ach den Frieden? Halt die Klappe«, entgegnet der Anführer entnervt.

Man kann nicht leugnen, dass der Kolonialismus auch positive Seiten hat. Die Römer haben die Zivilisation nach Deutschland geholt, die Araber brachten eine neue Baukunst, die Mathematik und die griechische Philosophie nach Europa, und durch die europäische Kolonialherrschaft kamen viele Errungenschaften der Neuzeit in die islamische Welt, von Straßen- und Eisenbahnbau über moderne Medizin, technische Neuerungen wie Elektrifizierung bis hin zum Schulwesen. Wie würde Deutschland heute aussehen, hätte der Entwicklungssprung durch die Römer nicht stattgefunden? Wie wäre Europa ohne den Einfluss der Araber im Mittelalter? Und wären die Staaten Afrikas heute demokratischer, wohlhabender und friedlicher, wenn es keinen Kolonialismus gegeben hätte?

Gleichzeitig muss man sich auch mit den nachhaltigen Schäden beschäftigen, die der Kolonialismus überall auf der Welt verursacht hat; nicht zuletzt, um die Kluft zwischen dem Westen und vielen ehemals kolonialisierten Gebieten der Welt zu verstehen. Hier geht es nicht um Technik, hier geht es um Verletzungen und Demütigungen. Es geht um ein Kollektivgedächtnis und einen Nationalstolz, die beide auch durch den Kolonialismus bzw. dessen Bekämpfung geprägt sind.

Die entscheidende Frage beim Thema Kolonialismus ist aber nicht nur, was die Kolonialherren den kolonialisierten Völkern angetan haben, sondern was diese selbst aus dieser Erfahrung gemacht und welche Schlussfolgerungen sie daraus gezogen haben. Während der japanischen Invasion wurde Taiwan in der ersten Hälfte des 20. Jahrhunderts verwüstet, Tausende Frauen wurden vergewaltigt, zahllose Menschen getötet. Gleichzeitig sorgten die Besatzer für den Aufbau eines effizienten Verwaltungssystems, für Neuerungen in der Landwirtschaft, im Gesundheits- und im Bildungssystem. Darunter war auch die 1928 gegründete Kaiserliche Universität Taihoku. Nach dem Abzug der Japaner hätten die Taiwanesen diese Universität als symbolischen Akt sprengen oder schließen können. Doch sie entschieden sich dafür, diese Universität und viele andere Einrichtungen, die mit der Besatzungszeit verbunden waren, nicht nur zu erhalten, sondern weiterzuentwickeln. Stück für Stück bauten sie ihr Land wieder auf. Bildung war das Rückgrat dieses Prozesses, die von den Japanern errichtete Universität und aus dem Japanischen übersetzte Schriften waren dafür wesentlich. Seit 2008 nimmt die Nationaluniversität, wie sie heute heißt, in der Rangliste der Eliteuniversitäten der Welt einen Spitzenplatz ein, vor den größten japanischen Universitäten. Der frühere Meister und Unterdrücker konnte auch in anderen Bereichen überholt werden. Heute arbeiten Japan und Taiwan sowohl wirtschaftlich als auch kulturell sehr eng zusammen, was nicht zuletzt dem pragmatischen Geschichtsbewusstsein der Taiwanesen geschuldet ist.

In der muslimischen Welt dagegen dient nicht nur orthodoxen Kräften, sondern selbst Intellektuellen das Argument, durch den europäischen Kolonialismus in der eigenen Entwicklung gestört und zurückgeworfen worden zu sein, als gewichtigster Grund für die Rückständigkeit der islamischen Welt: Die westlichen Mächte hätten die kolonialisierten Länder ausgebeutet und in einem erbärmlichen Zustand zurückgelassen, wodurch sie den Anschluss an die Welt verloren hätten, Fortschritt und Reformen verhindert worden seien.

Das ist eine etwas einseitige Lesart der Geschichte. Dass die islamische Welt nicht wie Taiwan einen Weg der Transformation der Geschichte eingeschlagen hat, sondern in Vorwürfen und Ressentiments verharrt, hat seine Wurzeln weit vor der Kolonialzeit. Wie im Höhlengleichnis Platons isolierte sich der islamische Teil jahrhundertelang vom Rest der Welt und starrte auf den eigenen Schatten, ohne den Sinn und die Notwendigkeit eines philosophischen Bildungswegs im Sinne eines Befreiungsprozesses zu erkennen. Das wusste die Religion zu verhindern. Man sah die Welt nur im eigenen Spiegel, bis überlegene »Andere« auftauchten und die Höhle gewaltsam öffneten. Als Napoleons Flotte im Jahr 1798 in Alexandrien landete, kam es zu einer asymmetrischen Begegnung zwischen einer technisch überlegenen europäischen Macht und einer in Stillstand verharrenden, teils rückwärtsgewandten arabischen Kultur. Die Region wurde damals von mamlukischen Söldnern regiert, der Islam hatte sich stark mit Aberglauben und Volksmythen vermischt. Nach wie vor glaubten die Muslime aber, sie seien das Beste, was die Menschheit je hervorgebracht habe, so, wie es im Koran geschrieben stehe.

Die Aufgabe der religiösen Institution Al-Azhar bestand darin, das Auswendiglernen des Koran voranzutreiben, religiöse Gutachten zu den Dingen des Alltags zu erstellen und der Herrschaft der Warlords eine gewisse Legitimität zu verleihen. Zwar war eine Schule an die Moschee angeschlossen, doch die große Mehrheit der Ägypter konnte weder lesen noch schreiben. Erst das Auftauchen der »Anderen« machte die Muslime auf die eigene Schwäche und Rückständigkeit aufmerksam. Der Kolonialismus verursachte eine narzisstische Wunde in ihrem Herzen, die bis heute blutet. Das Auftauchen der Franzosen hätte das muslimische Dornröschen wach küssen können, es hätte auch ein Tritt in den Hintern sein können, hätte man die Ankunft der »Anderen« als Anbruch eines neuen Zeitalters sehen können. Doch stattdessen zog man sich das Kopfkissen des eigenen Glaubens über den Kopf.

Französische Geologen, Historiker und Sprachwissenschaftler verfassten das erste Buch über Ägypten und entzifferten die alten Hieroglyphen, was den Ägyptern einen Zugang zur eigenen verschollenen Geschichte ermöglichte. Durch die Franzosen lernten die Muslime in Ägypten das moderne Rechtssystem mit mehreren Instanzen und der Verteidigung des Angeklagten kennen. Natürlich war Napoleon kein uneigennütziger »Gutmensch«. Seine Eroberung Ägyptens war das Ergebnis innereuropäischer Konflikte mit Großbritannien, dessen Weg nach Indien man stören wollte. Auch die spätere Kolonialisierung Algeriens, Marokkos und Tunesiens durch die Franzosen diente in erster Linie dem Zweck, das Mittelmeer zu kontrollieren. Und natürlich haben Aufklärung und Demokratie nicht dazu geführt, dass die Kolonialherren menschlich mit ihren neuen Untertanen umgingen.

Man betrachtete die Kolonialisierten als Barbaren, um ihre Ausbeutung und Diskriminierung zu rechtfertigen. Ablehnung und Widerstand waren die logische Folge.

Napoleon allerdings hatte verstanden, wie er die Herzen der Ägypter gewinnen konnte: über die Religion. Er verfasste einen Brief an den Ägypter, in dem er dem Islam und der Scharia Respekt zollte, und zitierte mehrere Verse aus dem Koran. Er war der Erste, der von einer »ägyptischen Nation« sprach, und brachte somit die Idee des Nationalstaates in den Orient. Sowohl die Franzosen als auch die Briten pflegten eine freundliche Beziehung zu den religiösen Gelehrten und zu den Eliten in Ägypten, Nordafrika, Indien und Afrika. Teilweise spielten diese Eliten bei der Ausbeutung der eigenen Bevölkerung eine entscheidende Rolle.

Kurz nachdem die Franzosen im Jahr 1801 Ägypten verlassen hatten, sprachen die Ägypter selbst zum ersten Mal von einer »ägyptischen Nation«. Vier Jahre später lehnten sie den neuen osmanischen Gouverneur Ägyptens ab und wählten mit Muhammad Ali Pascha ihren eigenen Gouverneur. Dieser Geist wäre ohne den Kontakt der Ägypter mit den Franzosen undenkbar gewesen. Der neu gewählte Mann wollte Ägypten nach dem Modell Frankreichs modernisieren und schickte Stipendiaten nach Paris, die dort die französische Sprache, Agrarwirtschaften, Medizin oder Maschinenbau studierten. Auch das wäre ohne Napoleons Feldzug undenkbar gewesen.

Anderswo war der Geist des Widerstandes stärker als der Geist der kulturellen Aneignung. In Nordafrika und im Sudan erweckte der Kolonialismus den Dschihad-Spirit. Die Sufi-Bewegungen Senussi und Mahdi organisierten den Kampf gegen die Briten und Franzosen. Aber nicht nur der Dschihad, sondern auch der Nationalismus bekam einen Schub durch den Kolonialismus. Die Nationenbildung in der Region war gespalten zwischen dem Kampf gegen den Westen einerseits und der Orientierung an ihm andererseits. Ägypter, Syrer, Libanesen, Marokkaner, Türken und

Inder, die in Großbritannien und Frankreich studiert hatten, kamen mit der Idee der Nationalstaatlichkeit in eine Region zurück, die jahrhundertelang von Stammeszugehörigkeit und multiethnischen Konstrukten geprägt war. Dann brach der Erste Weltkrieg aus, und das Osmanische Reich zerfiel. Danach wurden die Karten neu gemischt, und der Islamismus erhielt Auftrieb.

Die Begegnung mit dem Kolonialismus veranlasste den libanesischen Diplomaten Schakib Arslan im Jahr 1937 dazu, ein Buch mit dem Titel »Warum sind Muslime rückständig?« zu schreiben. Eine ehrliche Antwort auf diese Frage hätte tatsächlich den Beginn einer islamischen Aufklärung markieren können. Doch der Autor gab nicht nur eine falsche, sondern eine gefährliche Antwort. Er meinte, die islamische Welt sei deshalb rückständig, weil sie versuche, den Westen nachzuahmen, anstatt sich auf ihre eigenen Wurzeln zu besinnen. Muslime hätten sich selbst geschwächt, weil sie zerstritten seien und den Geist des Dschihad vergessen hätten. Gründe, die orthodoxe Kräfte seit Ibn Taimīya und al-Ghazālī immer wieder anführten.

Hier sehen wir ein paradigmatisches Beispiel für den Mangel an Selbstkritik und den Impuls, sich hinter einer glorreichen Vergangenheit zu verstecken, um den Blick nicht in die Zukunft richten zu müssen. Dabei wäre es überfällig gewesen, sich mit den wahren Gründen des Niederganges zu beschäftigen, mit den Kräften, die den Modernisierungsprozess verlangsamt oder verhindert hatten. Genau dieses kritische Beleuchten blieb aber aus. In der Folge wurden die Symptome der kränkelnden muslimischen Gesellschaften mit der falschen Medizin bekämpft: mehr Religion, mehr Glorifizierung der eigenen Vergangenheit, mehr Lecken der eigenen Wunden und noch mehr Abgrenzung vom Westen. Eine Haltung, die bis heute die Identitätspolitik und das Bildungswesen in den meisten islamischen Staaten bestimmt. Diese Rolle rückwärts, das Wiederholen der immer gleichen Mantras hat die islamische Welt jedoch nicht aus ihrer Rückständigkeit herausgeholt, sondern diese zementiert. Und daran wird sich nichts ändern, solange man nicht endlich anfängt, die Verantwortung bei sich selbst zu suchen und nicht beim übel meinenden Westen.

Islamisches Erwachen und Revolution der Jugend

In den vergangenen fünfzig Jahren erlebten weite Teile muslimischer Gesellschaften eine Islamisierung aller Lebensbereiche, wie es sie seit dem Mittelalter nicht mehr gegeben hatte. Islamisten nennen diesen Prozess *sahwa islamiyya*, also »islamisches Erwachen«. Salafisten und Muslimbrüdern ist es gelungen, wichtige Positionen in den staatlichen Institutionen und in den Medien zu besetzen. Das islamische Kopftuch, in den 1970er-Jahren eine Seltenheit an Universitäten, wurde immer dominanter. Doch anders als von konservativen Kräften erhofft, führte diese Rückbesinnung aber keineswegs zu einem Wiedererstarken. Im Gegenteil: Die Überbetonung der Religion spaltete die Gesellschaften und verursachte viele Bürgerkriege in Algerien, Syrien, im Libanon, Irak, Jemen und in Afghanistan. Auch bei der Trennung von Indien und Pakistan hatte die Religion eine entscheidende Rolle gespielt, und bis heute flammen die Konflikte immer wieder auf. Das Fokussieren auf die Religion als letzten Rettungsanker in der Not stärkte gleichzeitig Terrorbewegungen, die die Sicherheit der islamischen Länder und ihre wirtschaftliche Stabilität gefährdet. Selbst nach dem arabischen Frühling, der für viele ein Hoffnungsschimmer für Veränderung war, übernahmen vielerorts Islamisten oder Militärdiktaturen die Macht. Anderswo flammten alte Konflikte wieder auf, befeuerten neue Bürgerkriege und beschleunigten den wirtschaftlichen Niedergang. Aber auch jetzt noch verschließt man die Augen vor den Zusammenhängen. Die Kolonialschuld des Westens wird nach wie vor von vielen akademischen Muslimen als Druckmittel missbraucht, um die eigenen politischen Ziele zu erreichen.

Gleichwohl hat die Graswurzelbewegung des arabischen Frühlings dazu geführt, dass es heute mehr Säkulare in der arabischen Welt gibt als je zuvor. Sie wollen den Westen nicht länger für sämtliche Miseren ihrer Länder verantwortlich machen und haben selbst auf den Kolonialismus eine differenziertere Sicht. So sagte mir ein tunesischer Intellektueller: »Ohne Frankreich hätten wir nie verstanden, was Säkularismus, was moderne Justiz und was moderne Bildung und was Gleichberechtigung von Mann und Frau bedeutet.« Und als der französische Präsident Macron im August 2020 den Libanon nach der verheerenden Explosion im Hafen von Beirut besuchte, forderten die Leute in den Straßen lautstark die Hilfe der einstigen Kolonialmacht ein, das korrupte Regime aus dem Amt zu fegen.

Diese Stimmen sind ebenso wichtig wie kritische. Ein algerischer Freund von mir, der in Frankreich lebt, ist der Auffassung: »Die Franzosen haben uns zwar gezeigt, was gutes Leben und was Menschenrechte in der Theorie sind, doch in der Praxis haben sie uns nur das Gegenteil gezeigt. Aufklärung kann nie auf dem Rücken von Kanonen und Panzern transportiert werden und Modernisierung, die durch Blutvergießen erfolgt, ist eine kulturelle Vergewaltigung.« Ähnlich sieht es ein anderer Freund aus meiner Studienzeit in Deutschland: »Wenn der Lehrer kein Vorbild für seinen Schüler ist, ist alles, was er ihm beibringt, bedeutungslos.«

Diese Ambivalenz in der Bewertung des Kolonialismus ist ein wichtiger Schritt, denn er löst die Betrachtung aus dem einseitigen Schwarz-Weiß-Denken und ist wichtig für die Selbstermächtigung. Das Verharren in Opferhaltung, Schuldzuweisung und der Religion als Mittel zur politischen und gesellschaftlichen Steuerung verhindert genau das. Und mehr noch: Ich wage die überspitzt formulierte These, dass wir aktuell auf europäischem

Boden eine neue Form von Kolonialismus erleben. Eine Allianz aus schuldbeladenen Linken und privilegierten Migranten fühlt sich berufen, den gesellschaftlichen Diskurs zu bestimmen und sich zu Sprechern der unterdrückten Muslime im Land zu machen. Die Antirassismus-Allianz fordert eine Neubewertung auch des Kolonialismus und meint damit die Tilgung von dessen Spuren aus Sprache, Straßenbild und dem Sturz von Denkmälern. Damit kann man Unrecht nicht wiedergutmachen, blutige Hände nicht reinwaschen. Man kann nur versuchen, das Bewusstsein im Hier und Jetzt zu verändern, indem man Geschichte einordnet und kontextualisiert. Und man kann eine Haltung nur verändern, wenn man auf Augenhöhe diskutiert, nicht asymmetrisch. Genau das würde aber bedeuten, dass man jemanden selbst ermächtigt, für seine Belange einzutreten, und nicht, den Diskurs nach eigenem Gutdünken zu bestimmen und zu verengen.

Trotzdem ist es lobenswert, dass die heftigste und fundierteste Kritik am Kolonialismus von westlichen Intellektuellen kommt, die diese Ungerechtigkeit der Geschichte nicht wiederholt sehen wollen. Wenn muslimische Intellektuelle sich daran ein Vorbild nehmen, und die eigene Geschichte kritisch beleuchten würden, wäre viel gewonnen. Eine gemeinsame Aufarbeitung der Kolonialgeschichte ist wichtig. Dafür müssen wir jedoch Konzepte jenseits von Schuld- und Opferdiskursen und Betroffenheitssymbolik entwickeln. Gegenseitige Vorwürfe helfen uns nicht dabei, uns von der Vergangenheit zu lösen und aus der Geschichte zu lernen.

Kapitel 11

Von Ismailia nach München: Die Geburt des Islamismus aus dem Bauch der Niederlage

Viele Islamexperten halten den Islamismus für eine moderne Erscheinung und sehen seine Ideologie als eine direkte Folge des Kolonialismus. Dabei reicht der Islamismus viel weiter zurück, seine Eckpfeiler (Dschihad, Scharia, Überlegenheitsgefühl, Aufteilung der Welt in Gläubige und Ungläubige, Vermischung von Religion und Staat) sind seit seiner Geburt im Islam verankert. Wann immer an diesen Eckpfeilern gerüttelt wurde, sei es von innen oder von außen, entstand eine islamistische Gegenbewegung, die die Muslime auf den Pfad des wahren Glaubens zurückführen und zum Kampf gegen die Feinde des Islam einschwören wollte.

Die erste islamistische Bewegung war die Gemeinde von Mohamed in Medina. Nach 13 Jahren friedlichen Predigens in Mekka musste Mohamed erfolglos und gedemütigt nach Medina fliehen. Diese Verbitterung führte zur Militarisierung des Propheten und seiner Gemeinde. Das Konzept des Dschihad, die Scharia, die Körperstrafen und die Aufteilung der Welt in Gläubige und Ungläubige sind Produkte dieser Phase.

Nach dem Tod Mohameds konnten seine Anhänger große Teile der Welt mit dieser Ideologie erobern, da war der Islamismus schon Staatsdoktrin. Der Kalif vereinte sowohl weltliche als auch geistliche Macht. Als Kalif Al-Ma'mun die Gedanken der vernünftigen Mu'tazila zur Staatsdoktrin machte, sahen die konservativen Muslime den Islam in Gefahr. Das führte zum Erstarken der nächsten islamistischen Bewegung, nämlich der Rechtsschule der Hanbaliten.

Nach dem Einfall der Mongolen und dem Sturz des Kalifats in Bagdad im 13. Jahrhundert, kam der Islamismus durch die Gedanken von Ibn Taimīya erstarkt zurück. Nach dem Sturz des Osmanischen Kalifats im 20. Jahrhundert entstanden gleich zwei islamistische Bewegungen: die Maududi-Bewegung in Indien und die Muslimbruderschaft in Ägypten, um das Kalifat wiederherzustellen. Nach der Niederlage von fünf arabischen Armeen gegen Israel im Sechstagekrieg im Jahr 1967, erlebte der Islamismus eine Wiederbelebung. Und nach dem Sturz von Saddam Hussein im Irak im Jahr 2003, entstand dort der Vorläufer der Terrorbewegung des Islamischen Staates (IS).

So gesehen kann man folgende These formulieren: Der Islamismus war von Anfang an ein Beiprodukt des Islam. War das Kalifat stark, hatte der Islamismus nur eine Aufgabe: die Legitimierung des Herrschers und die Mobilisierung von Kämpfern für die Eroberungskriege. Stürzte das Kalifat, übernahm die Orthodoxie das Ruder und strebte die Re-Islamisierung der Gesellschaft an.

Für mich ist Islamismus als Begriff eine Bezeichnung für jede Bewegung, die politisch, gesellschaftlich und juristisch eine identitär-islamische Ordnung durchsetzen will. Ich unterscheide hier nicht zwischen legalistischen und dschihadistischen Bewegungen, denn die eine ebnet den Weg für die andere und verleiht ihr nicht nur die Legitimation, sondern auch den ideologischen Unterbau. Deswegen ist für mich das Kalifat, in dem der Herrscher weltliches und religiöses Oberhaupt zugleich ist, der Kern des Islamismus.

Auch der deutsche Islamwissenschaftler Tilman Nagel sieht in seinem Essay »Islam oder Islamismus? Probleme einer Grenzziehung« aus dem Jahr 2005, dass eine Unterscheidung zwischen Islam und Islamismus »ohne Erkenntniswert« sei. »Islam und Islamismus sind so lange nicht voneinander zu trennen, wie Koran und Sunna als absolut und für alle Zeiten wahr ausgegeben werden«, so Nagel. Nagel unterscheidet nicht zwischen Islamismus als politischer Bewegung und dem orthodoxen Islam. Für ihn waren alle Bewegungen und Denkschulen des Islam, mit Ausnahme der Muʿtazila, fundamentalistisch. Schon seit der Gemeinde von Mohamed war die Anwendung von Gewalt zur Unterwerfung nicht muslimischer Gebiete ein Bestandteil des islamischen Projektes.[1]

Nagels Definition des Islamismus galt 2005 als robuste wissenschaftliche Analyse. Im Jahr 2022 betrachtet man in Teilen der akademischen Welt und in den Medien diese Analyse als Ausdruck von Islamophobie. Das hat wenig mit geänderten wissenschaftlichen Standards zu tun, sondern ist vielmehr ein Ergebnis der verkrampften Islam- und Integrationsdebatte, die immer von Ängsten und Emotionen begleitet wird. Die Terroranschläge von Madrid, London, Paris und Berlin, die Sarrazin-Debatte, die Flüchtlingskrise von 2015 und der Aufstieg der AfD haben eine ruhige und sachliche Analyse des Phänomens Islamismus beinahe unmöglich gemacht.

Auch wenn der Begriff »Islamismus« relativ neu ist, ist seine Ideologie 1400 Jahre alt. So gesehen wäre die erste organisierte islamistische Bewegung die erste Gemeinde von Mohamed in Medina im 7. Jahrhundert gewesen. Danach waren die islamischen Eroberungskriege alle islamistisch. So gesehen war auch der Theologe al-Ghazālī im 11. Jahrhundert ein Islamist, auch wenn er sich in ein Sufi-Kloster zurückzog und die Werke der griechischen Philosophen las. Denn er rief nicht nur zum Dschihad gegen die Christen in Spanien auf, sondern auch zur Islamisierung aller Bereiche des Lebens und des Denkens. Im 13. Jahrhundert schließlich formulierte der hanbalitische Theologe Ibn Taimīya die Doktrin von Loslösung und Loyalität, er rechtfertigte die Verfolgung und Tötung von Christen, Juden, Schiiten, Drusen und Alawiten und befürwortete selbst die Ermordung von Muslimen, die nicht regelmäßig beteten. Seine Theologie war zwar eine direkte Folge der Zerstörung des Kalifats von Bagdad und der Angriffe der Kreuzfahrer, aber sie geht zurück auf den Koran, die Hadithe des Propheten und die religiösen Gutachten anderer islamischer Rechtsschulen.

Im 18. Jahrhundert war die arabische Welt isoliert und schwach wie noch nie, und das Osmanische Reich befand sich bereits im Prozess des Zerfalls. In dieser Periode kam es zur nächsten Welle des Islamismus, zu einer Rückbesinnung auf die Werte der Vorväter. Der saudische Gelehrte Muhammad Ibn ʿAbd al-Wahhāb trat in die Fußstapfen von Ibn Taimīya, führte eine Armee zur »Säuberung« der Arabischen Halbinsel von Schiiten und Sufis und forderte eine radikale Abkehr von allen nicht islamischen Praktiken. Seine Lehre stieß selbst auf der Arabischen Halbinsel zunächst auf Ablehnung – bis es zu einer Allianz mit Muhammad Ibn Saud kam, dem Anführer eines kriegerischen Stammes und Begründer der saudischen Monarchie. Diese Allianz erinnert an Mohameds Bündnis mit den kriegerischen Stämmen von Medina im 7. Jahrhundert. Ibn Sauds Sohn heiratete Ibn ʿAbd al-Wahhābs Tochter, und so vermischten sich Macht, Theologie und Stammesbewusstsein.

Dieser Pakt ermöglichte es den Saudis, die Osmanen von der Arabischen Halbinsel zu verdrängen und ein Königreich zu errichten, das diese traditionalistische Richtung des sunnitischen Islam zur Staatsreligion erhob und heute über die islamische Weltliga global verbreitet. Damals konnten die Wahhabiten gestärkt durch die Saudis ihre Eroberungen zunächst im Irak fortsetzen; 1802 attackierten sie die schiitische Stadt Kerbela und zerstörten das Grab von Mohameds Enkel al-Hussein, das zentrale Heiligtum der Schiiten. Kein Wunder, dass dieser Angriff zum Entstehen einer neuen radikalen schiitischen Ideologie führte, die den Kampf zwischen Schiiten und Sunniten weiter befeuerte.

Da die wahhabitischen Saudis auch die Kontrolle über Mekka und Medina erlangten, konnten sie durch die Pilgerströme aus verschiedenen Teilen der Welt auch nach Asien transportieren. In Indien führte das zum Entstehen einer ultrakonservativen intoleranten Gruppe namens Deobandi, die später eine zentrale Rolle für den Islamismus in Indien, Pakistan und Afghanistan spielen sollte. Der indische Geistliche Schāh Walī Allāh ad-Dihlawī, der als Spiritus Rector der Bewegung gilt, hatte im 18. Jahrhundert in Medina studiert und war mit Muhammad Ibn ʿAbd al-Wahhāb befreundet. Die »Deobandis« (Absolventen des Hauses der Gelehrsamkeit in Deoband, Dar ul-Ulum, 1866 gegründet) beklagten den Verlust der Kontrolle der Muslime über Indien und machten die britische Kolonialmacht dafür verantwortlich. Sie riefen zur Wiederbelebung des Islam auf, den sie als Weltbewegung jenseits nationaler Grenzen verstanden, und zum Kampf gegen die Briten.

Trotz dieser Erfahrungen gingen die Briten eine Allianz mit den Saudis und damit auch mit den Wahhabiten ein, um die Osmanen von der Arabischen Halbinsel zu vertreiben. Und als der fortschrittliche ägyptische Herrscher Muhammad Ali die Wahhabiten Mitte des 19. Jahrhunderts stoppen wollte, standen die Briten auf der Seite der radikalen Islamisten.

Richtig einflussreich wurden die Wahhabiten aber erst, als 1908 in Saudi-Arabien Erdöl entdeckt wurde. Dadurch wurde die Zusammenarbeit mit den Briten noch enger, und das Geld aus dem Ölgeschäft verschaffte den Wahhabiten die nötigen Ressourcen, um ihre Ideologie zu verbreiten. Später suchten die Amerikaner die Nähe zum saudischen Königshaus und sahen im Wahhabismus einen Weg, um den Kommunismus nicht nur in der arabischen Welt, sondern später auch in Afghanistan zu bekämpfen.

Salafismus und Panislamismus

Im 19. Jahrhundert gründete der Gelehrte Dschamal ad-Din al-Afghani (1838–1897) in Ägypten die salafistische Bewegung. Al-Afghani hatte einige Zeit in London und Paris verbracht und gilt als Gründer der »islamischen Moderne«, da er eine Modernisierung des Islam forderte, ohne dabei den Westen nachzuahmen. Der Politologe Bassam Tibi spricht in diesem Zusammenhang zu Recht vom »Traum von der halben Moderne«. Afghani warb für den Panislamismus als Gegenpol zur westlichen Zivilisation. Diese Idee lasse sich verwirklichen, wenn alle muslimischen Gebiete der Welt vom Kolonialismus und dem Joch der Fremdherrschaft befreit seien, wenn eine Rückkehr zu den reinsten Quellen aus der ersten Zeit des Islam erfolgt sei und die Muslime sich die westliche Technologie und soziale Errungenschaften selektiv angeeignet hätten.

Sein Schüler Muhammad Abdoh (1849–1905) verknüpfte diese Überlegungen mit den Gedanken der Muʾtaziliten und wollte mehr Rationalität in den Islam bringen. Dafür zog er ein Prinzip der islamischen Theologie aus dem Mittelalter heran – *Idschtihād* –, das Prinzip, nach dem ein Gelehrter seine Vernunft einsetzen soll, um sich eine religiöse Meinung zu bilden, sofern es keine Koranverse oder Hadithe dazu gibt. Als Mufti von Ägypten erklärte er Bankzinsen für eine Notwendigkeit, trat für die Bildung von Frauen ein und plädierte für die Übernahme wissenschaftlicher Erkenntnisse aus dem Westen. Doch gleichzeitig wandte er sich gegen die Demokratie und die »zügellose Freiheit« des Westens. Für Abdoh war das Ideal ein gerechter Despot, der die Scharia konsequent anwendet, der zum Kern des Islam zurückkehrt und sich selektiv beim Westen bedient, ohne den Kern des Islam zu verfälschen. Weil aber dieser gerechte Despot darüber entschied, was dem Gemeinwohl diente und was nicht, brachte auch diese vermeintliche Reformbewegung eine noch fundamentalistischere Version des Islam hervor.

Abdohs Überlegungen wurden von dem libanesischen Salafisten Raschīd Ridā aufgenommen, der das Dschihad-Potenzial des Islam durch das Prinzip des *Idschtihād* erwecken wollte. Sein Mittel gegen den Verfall des Islam bestand darin, den »wahren islamischen Staat zu restaurieren, den besten aller Staaten nicht nur für die Muslime, sondern für die Gesamtheit der Menschheit«.[2] Und Ridās Gedanken wiederum wurden von seinem Schüler Hassan al-Bannā, dem Gründer der Muslimbruderschaft, ebenfalls durch das Prinzip des *Idschtihād* in die Tat umgesetzt. Al-Banna lebte in einem Ägypten, das nicht mehr zum Kalifat gehörte, und musste sich nur eine religiöse Meinung dazu bilden. Er kam zum Ergebnis, dass die Umma das Kalifat wiederherstellen und in den Dschihad ziehen muss, um zu alter Stärke zu kommen.

So wurde Abdoh zum Vater der Islamisten, anstatt zum Vater der Reformer zu werden. Denn *Idschtihād* bedeutet auch, dass man die Religion beliebig instrumentalisieren kann. Da der Koran sowohl Frieden als auch Gewalt rechtfertigt, kann man das Prinzip sowohl reformorientiert als auch terroristisch umsetzen. Der einst als von der Vernunft geleitet gedachte Ansatz, der den Islam reformieren sollte, animierte Islamisten wie al-Bannā und Sayyid Qutb zu einem Denken, das in ihrer Zeit geradezu revolutionär war. Denn nachdem der Islam jahrhundertelang eine herrschaftsfreundliche, staatstragende Religion und der Dschihad eine zeitlich begrenzte Aktion war, den ein Herrscher anordnete, wenn man angegriffen wurde oder ein neues Gebiet erobern wollte, wurde der Dschihad nun privatisiert. Wer als Herrscher keinem Gottesstaat vorstand, war nicht legitimiert, weshalb die Gläubigen ihrerseits den Dschihad ausrufen durften. Der Dschihad, so Qutb, müsse zur Lebensphilosophie erhoben werden, zur sechsten Säule des Islam, zur Pflicht für jeden Muslim.[3] Das zeigt, wohin eine halbherzige Reform des Islam führen kann. Im 9. Jahrhundert versuchten die Muʾtazila, den Islam durch die Vernunft zu reformieren, doch sie konnten sich nicht von der Absolutheit des

Korantextes und der Herrschaft des Kalifen lösen. Diese Reform scheiterte und stärkte sogar die hanbalitischen Hardliner. Im 18. Jahrhundert wollte Muhammad Ibn ʿAbd al-Wahhāb den Islam von Aberglauben und Heiligenverehrung befreien und die Theologie reformieren. Reform bedeutete für ihn die Rückbesinnung auf den Koran und die Biographie des Propheten. Seine Reformbewegung mündete in die radikalste islamische Ideologie, die es je gab. Muhammad Abdoh wollte Anfang des 20. Jahrhunderts eine Reform des Islam, doch er lehnte die Konzepte der Freiheit und der Demokratie ab, und so führten seine Reformversuche zu mehr Radikalisierung statt zu mehr Öffnung.

Islamismus und Faschismus

Der Erste Weltkrieg war eine Zäsur in der Geschichte, aus der neue Konflikte entstanden, die uns bis heute beschäftigen und die nicht nur den Islamismus, sondern generell radikale Ideologien befeuern. Mit dem Ende dieses Krieges zerfielen gleich mehrere Weltreiche, die ein Machtvakuum hinterließen und Identitätskrisen verursachten. Gefüllt wurde dieses Vakuum nicht etwa durch neue Reiche, wie so oft in der Vergangenheit, sondern durch Ideologien. An die Stelle des deutschen Kaiserreichs trat der Nationalsozialismus, an die des Osmanischen Reiches der Islamismus. Beide Ideologien waren von Ressentiments geprägt, totalitär und antiaufklärerisch. Beide führten eine Konterrevolution gegen die Moderne. Aber sie waren nicht einzig und allein ein Ergebnis des Ersten Weltkriegs und der damit verbundenen Neuordnung. Sondern auch die natürliche Folge der Geschichte dieser beiden Kulturräume, die Großmachtphantasien hegten und glaubten, die ganze Welt würde sich gegen sie verschwören, um zu verhindern, dass sie ihre Träume verwirklichten.

In meinem Buch »Der islamische Faschismus« analysiere ich

ausführlich die Parallelen zwischen dem Nationalsozialismus und dem Islamismus als Ideologie. Beide sind aus dem Bauch der Demütigung und der Niederlage geboren. Beide Ideologien setzen auf einen unfehlbaren Anführer, der die Nation vereint und sie gegen ihre Feinde ins Feld führt. Beide betrachten den Kampf bzw. den Dschihad als einen Zweck an sich und nicht nur als Mittel, um bestimmte Ziele zu erreichen. Man lebt, um zu kämpfen, nicht umgekehrt. Beide gründeten paramilitärische Milizen, um ihre Gegner einzuschüchtern. Beide waren extrem antisemitisch und verbreiteten wilde Verschwörungstheorien über die Juden. Beide haben ihre Feinde entmenschlicht und schrieben ihnen dämonische und tierische Eigenschaften zu, um sie ohne Gewissensbisse vernichten zu können. Beide sahen die Freiheit und die Demokratie als Gefahr für den Zusammenhalt und wollten ihre Gesellschaften in vormoderne Zeiten zurückführen.

Eine weitere Parallele kann man mit folgender These so zusammenfassen: Faschismus und Islamismus sind Krankheiten »verspäteter Nationen« oder solcher, die auf eine glorreiche Geschichte zurückblicken, sich nun aber in einem Prozess des Zerfalls befinden. Deutschland hing gedanklich lange am längst untergangenen Heiligen Römischen Reich fest und verpasste die Chance, im 18. Jahrhundert einen Nationalstaat zu gründen. Zugespitzt könnte man sagen: Der Faschismus war eine Spätfolge des Scheiterns des Heiligen Römischen Reiches, so wie der Islamismus eine Frühfolge des Scheiterns des Kalifats war.

Die drei Vordenker des modernen Islamismus

In der problematischen Orientierungsphase nach dem Zerfall des Osmanischen Reiches entstanden unabhängig voneinander zwei Bewegungen, die das Ziel hatten, das islamische Kalifat wiederherzustellen. In Indien gründete 1924 der Gelehrte Sayyid Abul

Aʿlā Maudūdī eine Bewegung, die ebenfalls den Dschihad-Gedanken wiederbelebte. Maudūdī wollte zunächst gegen die britische Herrschaft ankämpfen und die *Umma*, die Gemeinschaft der Muslime, einen. Er rief die Muslime zum Kampf auf: »Zieht aus und kämpft! Entfernt die Menschen, die sich gegen Gott aufgelehnt haben. (…) Wenn ihr an die Richtigkeit des Islam glaubt, bleibt euch nichts anderes übrig, als eure ganze Kraft einzusetzen, um den Islam auf Erden herrschen zu lassen.«[4] Maudūdīs Gedanken hatten einen islamischen und einen westlichen Strom: Der islamische Strom war die bereits erwähnte indische Deobandi-Bewegung, die den Wahhabismus importiert hatte. Der westliche Strom war der deutsche Nationalismus des 19. Jahrhunderts. Maudūdī las die Werke von Johann Gottlieb Fichte und Ernst Moritz Arndt und war von ihnen fasziniert. Die Gedanken von Maudūdī verbreiteten sich rasant zunächst in Indien, später auch in Pakistan und Afghanistan. Die Ideologie der Taliban basiert bis heute hauptsächlich auf Maudūdīs Islamverständnis.

Al-Maudūdī forderte die Muslime dazu auf, die Moderne abzulehnen und zu den Wurzeln des Islam zurückzukehren. Der Dschihad war für ihn nicht nur ein Mittel zur Selbstverteidigung, sondern ein Instrument, um alles in der Welt zu bekämpfen, das gegen die islamische Gesellschaftsordnung und Gesetzgebung verstieß. Der Islam war für ihn dabei nicht nur eine Religion, sondern ein System, das alle Bereiche des Lebens durchdringt – Politik, Wirtschaft, Gesetzgebung, Wissenschaft, Gesellschaftsform usw. Er beschwor die Notwendigkeit einer islamischen Weltrevolution, die den Lauf der Geschichte verändern würde. Jeder Muslim, egal wo auf der Welt, müsse sich daran beteiligen. Theologen, Denker und Literaten sollten die theoretische Grundlage für diese Revolution liefern, denn »der deutsche Nationalsozialismus wäre niemals so erfolgreich gewesen ohne den theoretischen Rahmen, den Fichte, Goethe und Nietzsche bereitgestellt haben. Hinzu kam die geniale und starke Führung von Hitler und seinen Kameraden«[5], wie al-Maudūdī gerne betonte.

Vier Jahre später, 1928, entstand in der Provinzstadt Ismailia am Suezkanal die Muslimbruderschaft. Der damals 22-jährige Arabischlehrer Hassan al-Bannā legte zwei Ziele seiner Bewegung fest: die islamischen Gesellschaften zunächst von allen nicht islamischen Elementen zu reinigen und in einem zweiten Schritt das Kalifat wiederherzustellen. Al-Bannā versuchte drei widersprüchliche theologische Richtungen zusammenzubringen: Den Sufismus (er war Mitglied eines Sufi-Ordens), die Lehre von al-Ghazālī, die Philosophie im Dienst des Glaubens einsetzt, und den Wahhabismus, der sich in der Tradition der ersten Gemeinde von Mohamed sieht.

Al-Bannā tat das nicht aus Überzeugung, sondern aus Kalkül. Der Sufismus war der arabischen Volksseele näher als die radikalen Ideologien, und al-Ghazālī verlieh seinen Gedanken die intellektuelle Note, die er in Ägypten brauchte, das zu diesem Zeitpunkt westlich orientiert war und eine liberale Verfassung hatte. Und schließlich suchte er die Nähe zum wahhabitischen Saudi-Arabien, dessen Geld ihm ermöglichte, seine Botschaft schnell in Ägypten und Syrien zu verbreiten. Doch das erste Geld (500 ägyptische Pfund), mit dem Al-Bannā die erste Filiale der Muslimbruderschaft aufbaute, kam vom französischen Chef der Suezkanal-Company.[6] Sowohl die Engländer als auch die Franzosen dachten, die Unterstützung einer islamischen Identität in der arabischen Welt würde den Aufstieg des Kommunismus und des arabischen Nationalismus in der Region eindämmen. Denn beide Bewegungen richteten sich gegen die Kolonialherrschaft. Eine weitere fatale Allianz der Europäer, denn die Muslimbruderschaft entwickelte sich später zu einer antiwestlichen Bewegung.

Al-Bannā, war ein großer Bewunderer Hilters und Mussolinis; er gründete eine politische Partei, doch er schaffte es nicht ins ägyptische Parlament, da das Land in den 1940er-Jahren politisch stabil war und eine säkulare Regierung hatte. Nach der verlorenen Wahl drohte er, mit seinen Anhängern einen Marsch auf das Parlament zu veranstalten, wie das seine faschistischen Vorbilder in den 1920er-Jahren getan hatten. Der Islamismus brauchte eine Krise und gesellschaftliche Unruhen, um zu erblühen. Diese Krise kam mit der Gründung des jüdischen Staates in Palästina und mit der Niederlage von fünf arabischen Armeen gegen Israel. Al-Bannā und seine Muslimbrüder verübten Anschläge im eigenen Land, um es zu destabilisieren. Ziele waren ägyptische Juden und staatliche Einrichtungen.

Sayyid Qutb, der dritte Vordenker, studierte als junger Literaturkritiker eine Zeit lang in Amerika. Qutb war nicht nur entsetzt darüber, dass die Amerikaner mit Israel sympathisierten, sondern auch, dass in den USA Werte, die ihm wichtig waren, mit Füßen getreten wurden, dass Rassismus, Promiskuität und die Überhöhung des Geldes zum Alltag gehörten. Diese Erfahrungen führten zu einem radikalen Bruch mit seinem bisherigen Leben. Qutb begann, sich mit den Werken al-Maudūdīs zu beschäftigten.

Ähnlich wie im Faschismus misst al-Maudūdī der Opferbereitschaft der Muslime einen hohen Stellenwert bei: »Wenn ihr an die Richtigkeit des Islam glaubt, bleibt euch nichts anderes übrig, als eure ganze Kraft einzusetzen, um sie auf Erden vorherrschen zu lassen. Entweder schafft ihr dies, oder ihr opfert euer Leben in diesem Kampf.«[7] Ein Aufruf, den nicht nur Qutb erhörte, sondern in dem die ewige Attraktivität des Dschihads auch für heutige junge Muslime begründet ist. Denn durch ihn kann ein junger Muslim seine Ohnmacht überwinden, er kann im Kampf siegen und Gottes Willen auf Erden vollstrecken, und wenn er in diesem Kampf fällt, wird er mit dem ewigen Paradies belohnt.

Zurück in Kairo schloss sich Qutb 1951 der Muslimbruderschaft an und wurde ihr wichtigster Vordenker. Seine drei Schriften »Zeichen auf dem Weg«, »Die Zukunft dieser Religion« und »Unser Kampf mit den Juden« gelten bis heute als die maßgeblichen Werke des Islamismus. Als linker Islamist unterstützte er zunächst die sozialistische Politik von Präsident Nasser nach dem Militärputsch von 1952. Doch als Nasser 1954 nach dem gescheiterten Attentat auf ihn die Muslimbruderschaft verbieten ließ, wandte sich Qutb von Nasser ab und nannte dessen Herrschaft unislamisch. Getreu den Lehren Ibn Taimīyas dürfe man Nasser nicht als Regent anerkennen, da er die Gesetze der Scharia nicht eingeführt habe.

Qutb folgte Ibn Taimīyas Doktrin von Loslösung und Loyalität und griff auch den Begriff *Dschāhilīya* auf, der eigentlich den Zustand der vorislamischen Welt im Sinne von »Unwissenheit« meint. Ibn Taimīya hatte die Bedeutung einst erweitert: *Dschāhilīya* bezeichnete nun jede Abweichung einer Gesellschaft vom Islam. Qutb forderte, jeder Einzelne müsse zunächst den wahren Glauben und die richtige Überzeugung verinnerlicht haben und sich von allem Unislamischen befreit haben, erst dann könne sich eine starke unabhängige Gesellschaft bilden. Diese Identitätshygiene steht bis heute im Mittelpunkt islamistischer Bewegungen. Qutb hoffte auf ein Erwachen, das die *Umma* in die glorreichen Zeiten des Islam zurückkatapultieren würde. Auf den gleichen Effekt hoffte Osama bin Laden, als er die Türme des World Trade Centers 2001 zum Einsturz brachte. Auch der selbst ernannte Kalif Abu Bakr al-Baghdadi hegte diese Hoffung, als er 2014 im Irak das Kalifat ausrief. Die Terrorgruppen Boko Haram in Nigeria und Shabab-Miliz in Somalia berufen sich ebenfalls auf Ibn Taimīyas Doktrin und sein Verständnis von Staatlichkeit und Gesetzgebung.

Von al-Maudūdī entlieh Qutb auch den Begriff *Hakimiyyat Allah*, der die absolute Herrschaft Gottes auf Erden bezeichnet. Im Grunde steht dieser Herrschaft Gottes jede Form von Nationalstaat, Demokratie oder Souveränität eines Volkes entgegen.

Den Ausweg sah Qutb darin, dass eine Regierung ihre Souveränität auf Allah begründen könne, indem sie in seinem Namen regiert und alle Gesetze und Handlungen von den heiligen Texten des Islam ableitet. Wer die Souveränität des Menschen fordert, wie das in Demokratien der Fall ist, begeht nach Qutb Blasphemie.

Sayyid Qutbs Denken war konservativ und fundamentalistisch. Nicht zuletzt wegen dieses Denkens und wegen seiner Beteiligung an der Verschwörung gegen Präsident Nasser wurde Qutb im Jahr 1966 hingerichtet. Seine Schriften aber verbreiteten sich rasch in aller Welt und dienten als Gebrauchsanweisungen für islamistische Terrorbewegungen wie Al-Dschiahd al-Islami, Dschamā'a al-islāmiyya, Al-Kaida und den IS.

Sunnitischer und schiitischer Islamismus: eine Hassliebe

Interessant ist, dass die Schriften des Sunniten Sayyid Qutb über den revolutionären Islam und den Dschihad auch für die ideologischen Führer der schiitischen Revolution 1979 im Iran entscheidend waren. Im Jahr 1966 hatte der junge Mullah Ali Chamenei (er führt seit dem Tod von Ruhollah Khomeini 1989 das Mullah-Regime an), ein Buch aus dem Arabischen übersetzt: »Die Zukunft dieser Religion« von Sayyid Qutb. In diesem Buch finden sich einige der Gedanken, die Khomeini später aufgriff, wie *Hakimiyyat Allah*, die Säuberung von allem Unislamischen und die Rückführung der islamischen Gesellschaften in die glorreiche Zeit des Propheten. Interessant ist auch, dass Khomeini, wie damals Hassan al-Bannā, den ungewöhnlichen Titel *al-Murshid* für sich ausgewählt hatte. Es ist die arabische Übersetzung des Begriffs »Führer«.

Das Jahr 1979 war das gefährlichste in der Geschichte der islamischen Welt. In diesem Jahr schloss Ägyptens Präsident Anwar al-Sadat Frieden mit Israel und zog damit den Zorn der Islamisten überall in der Welt auf sich. Im gleichen Jahr marschierten die Truppen der Sowjetunion in Afghanistan ein. Der Westen brauchte einen Stellvertreterkrieg, um die Sowjets zu schwächen, also finanzierte er Islamisten und versorgte sie mit Waffen. Im Iran brach die islamische Revolution aus, der Schah wurde entmachtet, und Ayotallah Khomeini kam an die Macht.

Khomeinis Revolution veränderte den Nahen Osten für immer. Wie es die Pole Sowjetunion und USA gab, so gab es nun in der islamischen Welt die Pole sunnitischer Wahhabismus und radikaler Schia-Islam. Beide Strömungen kämpften um die Erweiterung ihrer Territorien in der Region, aber auch um die Herzen der jungen Muslime weltweit. Die Allianz Saudi-Arabiens mit dem Westen diskreditierte das saudische Könighaus in den Augen Khomeinis. Außerdem präsentierte sich sein Regime als Vorhut einer großen islamischen Revolution gegen den arroganten Westen und seine Vasallen in Saudi-Arabien und im Irak.

Dort war im gleichen Jahr Saddam Hussein an die Macht gelangt, der eine Koalition mit Saudi-Arabien eingegangen war und vom Westen unterstützt wurde. Wenig später brach der erste Golfkrieg zwischen Iran und Irak aus, der zehn Jahre dauern und über zwei Millionen Menschen auf beiden Seiten das Leben kosten sollte.

Im Libanon baute der Iran die Terrormiliz Hisbollah auf, die in den libanesischen Bürgerkrieg eingriff, und in Afghanistan hielt der Iran durch seine schiitischen Gruppen den Bürgerkrieg am Laufen. Im Jemen hetzte der Iran die Schiiten gegen die Sunniten im Land und gegen den Nachbarn Saudi-Arabien auf. Saudi-Arabien fürchtete sich vor einer Invasion des arabischen Golfes durch die Iraner, denn Millionen Schiiten lebten in Saudi-Arabien, Kuwait, Irak, Bahrain und Jemen. Aber noch mehr fürchtete man sich vor dem Export der iranischen Revolution in die arabische Welt, die zur Entmachtung des Königs von Saudi-Arabien und aller arabischen Herrscher, die auf seiner Seite stehen, aufrief.

Ebenfalls 1979 stürmten Islamisten die Ka'ba in Mekka und begingen ein Massaker. Sie verlangten die Entmachtung des saudischen Königs und eine strengere Implementierung der Scharia im Königreich. Also begann Saudi-Arabien damit, Milliarden dafür zu investieren, die wahhabitische Ideologie nicht nur in der islamischen Welt, sondern auch im Westen professioneller zu verbreiten. Westliche Regierungen standen dieser Strategie nicht im Wege, da sie auf das Öl aus Saudi-Arabien angewiesen waren, außerdem stand der Wahhabismus damals im Dienste des westlichen Kampfes gegen den Kommunismus und warb von europäischen Moscheen aus für den Dschihad gegen die ungläubigen Sowjets. Und so nistete sich der Islamismus mit all seinen Strömungen in Europa ein, verbreitete seine Ideologie und baute ungestört seine Infrastrukturen aus. Und so bezahlte Europa einmal mehr einen hohen Preis für seine falschen Allianzen.

Das islamistische Netzwerk in Europa

Im Jahr 1958 empfing die Stadt München den Schwiegersohn von Hasan al-Bannā. Said Ramadan und rund neunzig Muslime versammelten sich im katholischen Gemeindesaal der St.-Paulskirche, um zum ersten Mal in der Geschichte eine panislamische Konferenz in Deutschland abzuhalten. Ziel war der Bau einer Moschee in München. Ramadan wurde zwei Jahre später Gründungsvorsitzender der Moscheebau-Kommission, die heute Islamische Gemeinschaft in Deutschland (IGD) heißt und als wichtigste Organisation des arabischen Islam hierzulande gilt. Sie unterhält zahlreiche Moscheen, Betstuben, Vereine und Firmen, ein Netzwerk, über das die Ideologie der Muslimbrüder verbreitet wird. 1973 wurde die

Moschee in Freimann, die Urzelle der Gemeinschaft in Deutschland, als Islamisches Zentrum eingeweiht.

Said Ramadan hatte 1959 in Köln promoviert, parallel dazu Zweige der Muslimbrüder in der arabischen Welt reaktiviert, 1961 in seiner neuen Schweizer Heimat das Islamische Zentrum Genf gegründet und war ein Jahr später auch an der Gründung der Islamischen Weltliga in Mekka beteiligt, die zu einem Schmelztiegel von Wahhabismus, Salafismus und Muslimbruderschaft wurde. Ein Ziel der Weltliga, die in der Vergangenheit auch verschiedene Fatwas gegen vermeintliche Apostaten aussprach, ist die Verteidigung der Scharia gegen die Säkularisierung und Modernisierung sowie die Überwachung des rechten Glaubens.[8] Die Weltliga und ihr Moscheen-Netzwerk bilden radikal orientierte Imane aus, die sie in alle Welt entsenden, wo diese ihr salafistisches Gedankengut verbreiten. Dennoch schloss der Vatikan mit der Liga 2018 einen Kooperationsvertrag, um den Dialog zwischen Muslimen und Christen voranzutreiben.

In Deutschland entwickelte sich Aachen in den 1960er- und 1970er-Jahren zu einer Drehscheibe für orthodoxe Kräfte. Auf Initiative von Issam El-Attar, einem exilierten Führer der syrischen Muslimbruderschaft, wurde hier das Islamische Zentrum Aachen gegründet (IZA) und auch der türkische Islamist Necmettin Erbakan, der 1953 in Aachen promoviert hatte, war hier in Kontakt mit den Muslimbrüdern gekommen. 1970 gründete er in der Türkei eine islamistische Bewegung nach dem Vorbild der Muslimbruderschaft: Milli-Görüs. In Deutschland steht die Gemeinschaft unter Beobachtung des Verfassungsschutzes, dennoch ist sie im Islamrat für die Bundesrepublik Deutschland e. V. aktiv, der 37 Mitgliedsvereine vertritt und als Partner des Staates gilt.

Heute gibt es bundesweit ein breites Netz an Organisationen, die den Muslimbrüdern oder anderen islamistischen Gruppierungen nahestehen. Sie lassen sich in folgende Kategorien einteilen:

- Salafisten: Sie verfügen über Hunderte Moscheen, vor allem in Nordrhein-Westfalen, und werden vom Staat nicht als Partner akzeptiert.
- Türkisch-Islamische Union der Anstalt für Religion, DITIB: Sie wurde 1984 in Deutschland gegründet, war damals aber noch säkular. Mit dem Sieg der AKP-Partei von Recep Tayyip Erdoğan bei den Parlamentswahlen 2003 in der Türkei wurde die DITIB zum verlängerten Arm Erdoğans in Deutschland. Heute ist sie die größte sunnitische Organisation im Land und gilt als Partner bei Integrations- und Deradikalisierungsprojekten, obwohl ihre Imame immer wieder auch in den Fokus des Verfassungsschutzes geraten.
- Graue Wölfe: Mit 18500 Mitgliedern ist das im Grunde die größte rechtsextreme Organisation Deutschlands. Sie begann als ultranationalistische, türkische Organisation, entwickelte sich allerdings in den letzten Jahren zu einer islamistischen Bewegung.
- ATIB: Mit der Islamisierung der Grauen Wölfe kam es zu einer Spaltung der Bewegung. Daraus ist die Union der Türkisch-Islamischen Kulturvereine in Europa (ATIB) entstanden.
- IZH: Das Islamische Zentrum Hamburg gilt laut Verfassungsschutz als verlängerter Arm des iranischen Mullah-Regimes. Ein Imam der Hamburger Moschee, Mohammad Khatami, wurde 1997 sogar Staatspräsident im Iran. Kein Präsident kann im Iran gewählt werden, ohne dass der Wächterrat dafür grünes Licht gegeben hat. Der Verein steht unter Beobachtung des Verfassungsschutzes und geriet unter anderem in die Kritik, weil er den alljährlich stattfindenden al-Quds-Tag unterstützt, auf dem regelmäßig antisemitische Parolen skandiert werden.
- IGS: Die Islamische Gemeinschaft der schiitischen Gemeinden Deutschlands wurde 2009 auf Initiative des IZH ins Leben gerufen. Dem Dachverband gehören über 150 Moscheegemeinden an. Die Nähe zum iranischen Regime hielt Bundespräsi-

dent Steinmeier nicht davon ab, den Vorstand des IGS 2018 ins Schloss Bellevue einzuladen. Die IGS ist Mitglied der Islamkonferenz und wurde bis 2019 mit rund 378 000 Euro vom Staat gefördert – teils mit Mitteln, die für die Extremismusprävention vorgesehen waren.

- Muslimbrüder (MB), die aber nicht so bezeichnet werden wollen, arbeiten in geheimen Strukturen und sind in akademischen und politischen Kreisen aktiv. Sie schaffen es, sich als Partner des Staates und der Kirchen an Projekten zu beteiligen, die sich mit interreligiösem Dialog, Integration und sogar Deradikalisierung beschäftigen. Zu den Organisationen, denen eine Nähe zur Muslimbruderschaft nachgesagt werden, zählen: die Islamische Gemeinde Deutschland (IGD), die später in Muslimische Gemeinde Deutschland (MGD) umbenannt wurde und an der Entstehung des Zentralrats der Muslime beteiligt war.[9] Auch die Muslimische Jugendorganisation MJD gehört laut Experten zum Netzwerk der Muslimbruderschaft. Sogar im akademischen Bereich sollen Institute tätig sein, die der Muslimbruderschaft nahestehen: etwa das Europäische Institut für Humanwissenschaft, das nun einen Hochschulabschluss in islamischer Theologie anbietet. Der Islamwissenschaftler Alladin Sarhan meint, die Aktivitäten dieses Institutes würden die Bemühungen anderer Theologie-Lehrstühle in Deutschland untergraben, an denen eigentlich ein europäischer Islam entstehen sollte. Auch der »Fatwa-Ausschuss Deutschland« steht im Verdacht, eine Plattform der Muslimbrüder zu sein. Seine Mitglieder gehören mehrheitlich dem »European Council for Fatwa and Research« (ECFR) an. Bis 2018 stand das ECFR unter dem Vorsitz von Yusuf al-Qaradawi, einem in Katar lebenden MB-nahen Gelehrten.[10]

So wie es heute viele Nuancen und Versionen des Islam in Europa gibt, gibt es auch viele Nuancen und Versionen des Islamismus von ganz rechts (Dschihadismus) bis ganz links (reformorientiert). Der Salafismus bietet jungen Muslimen, die von der Freiheit und Ambivalenz der westlichen Welt überfordert sind, eine Perspektive und eine Richtschnur bei der Gestaltung ihres Alltags. Der Dschihad bietet ihnen einen Fluchtweg aus dieser Überforderung und aus dem »sündhaften« Leben, das sie unter den Ungläubigen führen. Er gibt ihrem Alltag eine Struktur, ihrem Leben einen Sinn, ihrer Wut eine Identität und eine Berechtigung, und er heilt ihre Verunsicherung mit einem Placebo-Selbstbewusstsein. Er lässt gesellschaftlich marginalisierte junge Menschen glauben, sie seien Teil einer Elite und Vorhut einer Revolution. Mit dieser Strategie erreicht der Salafismus auch deutsche Haushalte und verführt deutsche Teenager, die früher vielleicht ein T-Shirt mit einer Abbildung von Che Guevara oder eine Punkfrisur als Ausdruck ihrer Enttäuschung und ihres Protests getragen hätten, nun aber Terroristen für Freiheitskämpfer halten.

Die türkischen islamistischen Organisationen dienen hauptsächlich politischen Zielen, sie transportieren die Ideologie der AKP nach Europa und wirken als Druckmittel des türkischen Präsidenten auf die europäischen Staaten. Gleichzeitig kämpfen sie gegen einen liberalen, europäischen Islam. Im Januar 2019 organisierte die DITIB eine internationale Konferenz in Köln, die der Idee eines europäischen Islam eine Absage erteilte. Anwesend waren auch hochrangige Mitglieder der Muslimbruderschaft.

Obwohl all diese Organisationen unterschiedliche Ziele verfolgen, gibt es mittlerweile viele Querverbindungen zwischen ihnen, die sich auf Vordenker des Islamismus wie Hasan al-Bannā und Sayyid Qutb und auf die Seilschaften der Muslimbrüder zurückführen lassen. Nach deren Sturz in Ägypten durch den Militärputsch des Jahres 2013 flohen viele Anführer der MB in die Türkei und machten Ankara und Istanbul zu ihren neuen Zentren. Sie lobten Erdoğan, weil er den Putsch verurteilte, und erklärten ihn zum »wahren Anführer« der Muslime. Das hatte auch Auswirkungen auf die islamistische Szene in Deutschland. In vielen Anti-Israel-Demos laufen nun Türken und Araber gemeinsam unter der türkischen Flagge.

Eine graue Eminenz hinter der Annäherung von türkischen und arabischen Islamisten ist Ibrahim el-Zayat, der vom damaligen Präsidenten des Verfassungsschutzes Nordrhein-Westfalen, Hartwig Möller, als »Spinne im Netz islamistischer Organisationen« beschrieben wurde. El-Zayat, der mit seinem Firmengeflecht »islamistische Bestrebungen mit massiven Wirtschaftstätigkeiten verbinde«[11], war Vorsitzender mehrerer MB-naher Organisationen, wie der muslimischen Studentenvereinigung und der Islamischen Gemeinde Deutschland (IGD). Er initiierte die europäische, muslimische Jugend- und Studentenorganisation und ist Mitglied im umstrittenen Europäischen Institut für Humanwissenschaften. Außerdem sitzt er im Vorstand der Föderation islamischer Organisationen in Europa, die zur Islamischen Weltliga gehört. Auch im Vorstand der islamischen Hilfsorganisation Islamic Relief ist er vertreten, darüber hinaus ist El-Zayat Generalbevollmächtigter der europäischen Moscheebau- und Unterstützungsgemeinschaft (Emug), die Hunderte Moscheen baut und verwaltet. Privat wie geschäftlich ist er auch mit Milli-Görüs verbunden, denn er ist mit der Nichte des Gründers Necmettin Erbakan verheirtatet und verwaltet allein für Milli-Görüs europaweit 300 Moscheen.[12]

El-Zayat repäsentiert eine gefährliche Form des Islamismus, die nicht jedem sofort erkennbar ist. Es handelt sich um den Islamismus, der sich hinter Krawatten und Lächeln versteckt, Dialogbereitschaft signalisiert und Inklusion und Respekt verlangt. Islamisten wie er haben begriffen, dass sie Verbündete in den Medien und in der Politik brauchen. Sie leugnen häufig ihre Verbindung zur Muslimbruderschaft und verkünden, dass Scharia und Demokratie miteinander vereinbar seien. Sie rufen nicht offen zum Dschihad auf, sondern sagen, es gebe einen kleinen und einen großen Dschihad. Und dieser große Dschihad bedeute, eine gute Bildung zu erwerben und bei der Arbeit fleißig zu sein. Sie sagen nicht, dass sie die Meinungsfreiheit abschaffen wollen, setzen aber Kritik am Islam mit Rassismus gleich. Sie vertreten in Europa die gleichen Organisationen, die in der islamischen Welt Homosexuelle verfolgen und Juden für den Grund allen Übels halten. Sie lehnen die Demokratie nicht öffentlich ab, sondern engagieren sich parteipolitisch oder in gesellschaftlichen Foren und können so die dortige Debatte über den Islam beeinflussen. Sie gründen islamistische Hochschulen in Europa, die das Gedankengut von Hassan al-Bannā und Sayyid Qutb verbreiten. Sie engagieren sich bei Integrationsprojekten und bei karitativen Einrichtungen wie Islamic Relief, das Verbindungen zur Muslimbruderschaft und der Hamas unterhält. Sie sind die Vorboten der stillen Islamisierung, sprechen die europäischen Sprachen, sind meist Akademiker, die Goethe, Kant und Adorno zitieren, und können den Marsch durch die Institutionen sehr viel besser bewältigen als langbärtige Salafisten.

Die Islamisten in Deutschland und in Europa haben aus den Erfahrungen ihrer geistigen Brüder in der Türkei, im Iran und in Ägypten gelernt. Diese haben ihre Länder nicht über Nacht islamisiert, sondern taten dies über Jahrzehnte. Erdoğans Aufstieg wäre ohne die Vorbereitung der Gülen-Bewegung nicht möglich gewesen, die in den 1980er-Jahren Tausende Schulen, Internate, Universitäten und andere Bildungseinrichtungen aufgebaut hatte. Deren Absolventen schafften den Marsch durch die Institutionen und besetzten später Schlüsselpositionen in der Justiz, im Bildungssystem, in den Medien und in der Armee. Gülen soll zu seinen Anhängern gesagt haben: »Ihr müsst euch in den Arterien des Systems bewegen, ohne dass jemand eure Bewegung bemerkt, bis ihr die Machtzentrale erreicht habt.«[13]

Sein Weggefährte und späterer Feind Erdoğan zitierte einst ein Gedicht, in dem es heißt, die Demokratie sei nur der Zug, auf den man springe, bis man am Ziel sei. Auch Ayatollah Khomeini empfahl seinen Anhängern vor der iranischen Revolution, sie sollten vortäuschen, keine frommen Schiiten zu sein, um Karriere im Schah-Regime machen zu können. Das Erfolgsrezept solcher »trojanischen Pferde« wird auch in Europa angewandt. Im Namen der Teilhabe besetzen Islamisten Schlüsselpositionen und erhalten Fördergelder, die ihnen helfen, ihre Strukturen zu festigen und ihren Einflussbereich auszuweiten.

Terror im Geiste der Vordenker

Auch wenn al-Maudūdī, al-Bannā und Sayyid Qutb sich nie begegneten, ihre Gedanken trafen sich überall in der islamischen Welt und auch in Europa. Und wenngleich ihre Bewegungen zunächst nirgendwo ans Ruder kamen, sind zahlreiche militante Gruppen aus ihnen hervorgegangen, die im Laufe der letzten Jahrzehnte für unzählige Terroranschläge in der islamischen Welt, in Asien, Europa und den Vereinigten Staaten verantwortlich zeichnen. Die Globalisierung brachte diese Bewegungen einander nur noch näher.

In den 1980er-Jahren trafen sich die Kinder und Enkel al-Bannās, Qutbs und al-Maudūdīs in Afghanistan und kämpften mit saudischem Geld und westlichen Waffen gegen die Sowjets. Auch hier war eine unheilige Allianz zwischen Religion, Macht und Geld für die Erstarkung des Islamismus verantwortlich. Aber diese Allianz, die vom Westen toleriert und gestützt wurde, sollte den Westen bald mit aller Wucht in Bedrängnis bringen. Denn nach dem Abzug der Sowjets aus Afghanistan legten die Islamisten ihre Waffen nicht nieder, sondern gründeten die Bewegung al-Qaida, um den Traum von al-Maudūdī und al-Bannā durch einen Dauer-Dschihad Wirklichkeit werden zu lassen. Afghanische Warlords verbündeten sich mit Osama bin Laden, einem

Verfechter der Gedanken von Ibn Taimīya und Ibn ʿAbd al-Wahhāb, das Geld kam aus Saudi-Arabien.

Ähnlich lief es nach dem Sturz von Saddam Hussein 2003 im Irak. Dort schmiedeten ehemalige irakische Soldaten mit Islamisten und reichen Ölscheichs eine fatale Allianz, aus der der Islamische Staat (IS) hervorging, der sich wiederum mit den Gedanken von Ibn Taimīya und Sayyid Qutb legitimiert. Der IS verfolgte eine andere Strategie als al-Qaida. Während al-Qaida sich in den Bergen Afghanistans versteckte und »gelegentlich« einen Terroranschlag verübte (New York und Washington 2001, Bali 2002, Madrid 2004, London 2005 usw.), eroberte der IS Gebiete in Syrien und im Irak, baute semistaatliche Strukturen auf, rief ein neues Kalifat aus und implementierte die Scharia auf die von ihnen eroberten Gebieten.

Das anfängliche westliche Zögern im Kampf gegen den IS hatte auch etwas mit dem Kampf gegen Russland zu tun. Katar wollte eine Gaspipeline über Syrien und die Türkei nach Europa aufbauen, doch Russland, ein Alliierter des syrischen Herrschers Baschar al-Assad, lehnte dieses Projekt ab, da dies die eigenen Gasexporte nach Europa reduzieren könnte. Auch der Iran, ebenfalls Verbündeter Assads, wehrte sich gegen dieses Projekt. Der IS und andere islamistische Gruppen wie die al-Nusra-Front, Ahrar al-Scham und die Muslimbruderschaft verfolgten hingegen das Ziel, Assad zu stürzen.

Katar, die Türkei, Saudi-Arabien, die USA, der Westen und Islamisten aller Couleur wollten Assad stürzen, während Russland und Iran dies unbedingt verhindern wollten. Einmal mehr wurde der Dschihad im Dienst westlicher Interessen eingesetzt, wie damals während des Krimkrieges im 19. Jahrhundert und wie im Ersten Weltkrieg, als nordafrikanische Muslime für Frankreich den Dschihad gegen Deutschland ausgerufen hatten, während der osmanische Sultan als Kalif der Muslime auf der Seite der Deutschen in den Krieg eintrat und den Dschihad ausrief und seine Soldaten mit der Flagge des Propheten in die Schlacht schickte. Ähnlich war es, als der Mufti von Jerusalem Zehntausende Muslime vom Balkan und aus Zentralasien rekrutieren konnte und zwei SS-Divisionen gründete, um an der Seite der Wehrmacht gegen die Sowjets im Zweiten Weltkrieg zu kämpfen.

Und dennoch sind Islamismus und Terrorismus weder Produkte des Kolonialismus noch der westlichen Machtpolitik oder deren wirtschaftlichen Interessen. Solche Faktoren mögen als Brandbeschleuniger wirken, doch der ursprüngliche Funke liegt in der Ideologie, in der Lesart der Geschichte und im Dauergekränktsein vieler Muslime, das sie anfällig für Hassideologien macht. Der Islamismus ist die natürliche Folge der Selbstisolation und der Aufteilung der Welt in Gläubige und Ungläubige. Er ist die natürliche Folge der Erziehung zu Angst vor Gott, vor der Sünde und vor der Hölle und zum Hass auf Andersgläubige. Er ist eine Folge der strengen Sexualmoral, die eine natürliche Begegnung zwischen Mann und Frau nicht ermöglicht. Er ist eine natürliche Folge des Märtyrerkultes, der den Tod für die Sache Gottes auf die höchste Stufe des Glaubens stellt. Er ist das Ergebnis einer Bildungspolitik, die Selbstverherrlichung fördert und Selbstkritik unterbindet. Er ist das Ergebnis der Erhöhung der Emotionen über die Vernunft und der Mythen über die Fakten. Er ist das Ergebnis des Despotismus und des Stammesdenkens, die den Eintritt der isalmischen Welt in die Moderne verzögerten und den Aufstieg eines gebildeten, politisch interessierten und engagierten Bürgertums verhinderten. Er ist das Ergebnis des Ausbleibens der Aufklärung in den islamischen Gesellschaften. Und damit meine ich die Aufklärung als politische und gesellschaftliche Praxis, nicht nur als Gedanke.

Kapitel 12

Von Lessing zu Rifaʾa at-Tahtawi: Die Aufklärung und der Islam

Die Haltung vieler Deutscher zur muslimischen Welt und ihrer Religion ist nicht erst seit heute ambivalent. Die Wurzeln dazu reichen weit zurück, schon während der Aufklärung im 18. Jahrhundert schwankte man zwischen verklärender Faszination für den »Orient« und einer frühen Form des antimuslimischen Ressentiments als radikalem Gegenpol. Denn in der Aufklärung stecken zwei Prinzipien, die diese Haltung zum Islam damals wie heute so widersprüchlich machen: Religionskritik und Toleranz gegenüber Andersgläubigen.

Auf der einen Seite steht die Toleranzidee, die auf interreligiösen Dialog und auf Verständigung setzt. Auf der anderen Seite steht der religionskritische Ansatz der Aufklärung im Namen von Vernunft und Wissenschaft. Der Historiker Joseph Croitoru setzt sich in seinem Buch »Die Deutschen und der Orient« mit diesen beiden Polen auseinander. So bezeichnete Voltaire in seinem Theaterstück »Mahomet der Prophet« Mohamed als Scharlatan, der aus machtpolitischen Erwägungen eine Religion erfunden habe. Friedrich II., der mit Voltaire befreundet war und sein Theaterstück schätzte, wollte allerdings 2000 muslimische Familien in Preußen umsiedeln, da die Muslime »die einzige Sekte« seien, die in Preußen noch fehle. Der Philosophenkönig, der viel von religiöser Toleranz und Vielfalt hielt, stand mit dieser Haltung eher Lessing als Voltaire näher. Lessings »Nathan der Weise« verkörpert jenen Geist der Aufklärung, der Toleranz predigt.

Gleichwohl dürften auch machtpolitische Aspekte eine Rolle gespielt haben. Denn der Alte fürchtete einen gemeinsamen Angriff Russlands und Österreichs und suchte eine Allianz mit dem

Osmanischen Reich. Während Voltaire die Osmanen als »Würger des schönen Griechenlands« bezeichnete und die russische Zarin Elisabeth II. ermunterte, das Osmanische Reich zu vernichten, lobte der Preußenkönig die Osmanen und bezeichnete ihre Janitscharen als tapfere Krieger. Diese islam- und türkenfreundliche Haltung änderte sich allerdings in der letzten Phase des Siebenjährigen Krieges, als mit dem Tod von Elisabeth ein Bewunderer Friedrichs an die Macht kam. Zar Peter III. schloss 1762 den Frieden von Sankt Petersburg.

Was die Motive der islamfreundlichen Haltung von Lessing angeht, kommt Croitoru zu dem Ergebnis, dass dahinter eine publizistische Strategie gesteckt habe: Der noch junge Autor habe sich mit seiner sehr positiven Darstellung des muslimischen Herrschers Saladin mehr Aufmerksamkeit in Preußen versprochen, dessen König sich religiöse Toleranz auf die Fahne geschrieben habe. Kritische Bemerkungen zum Islam blieben aus, wohingegen das orthodoxe Christentum kritisch beäugt wurde.

Voltaire verfluchte den Islam im Namen der Aufklärung, Lessing verteidigte ihn aus dem gleichen Motiv. Goethes Ost-West-Diwan war voller Bewunderung für den Islam und den Orient, doch für den Aufklärer Christoph Martin Wieland war das Osmanische Reich der Inbegriff des Schreckens, ein Hort des Despotismus und der Christenverschleppung. Zwischen Verklärung und Hass, das waren die Pole, die in der Aufklärung die Debatte prägten und bis heute die Beziehung Europas zum Islam. Von einem weiteren wichtigen Aspekt der Aufklärung sind beide Positionen gleichermaßen entfernt: der Rationalität. Damals wie heute fehlt die kritische Haltung zum Islam, die nicht von Angst oder Hass gesteuert wird, und es fehlt eine respektvolle Haltung gegenüber Muslimen, ohne gleichzeitig ihre Religion zu beschönigen oder zu verklären.

Der Mythos von der islamischen Aufklärung

Manchmal wird der Begriff »Aufklärung« als eine Art Kampfbegriff gegen Muslime verwendet nach dem Motto: wir die Zivilisierten, gegen sie, die unzivilisierten Barbaren. Das ist falsch und antiaufklärerisch. Manchmal neigen europäische Journalisten dazu, die Aufklärung kleinzureden und sich auf die negativen Nebenprodukte dieser Bewegung seit dem 18. Jahrhundert zu konzentrieren. Bei der Gelegenheit zitieren sie gerne Adornos und Horkheimers »Dialektik der Aufklärung« und vergessen dabei, dass Adorno und Horkheimer selbst Aufklärer waren und dass ihre Kritik an der Aufklärung selbst Teil der Aufklärung ist. Und manchmal wird der Begriff »Aufklärung« auch verwässert und für längst verblasste Momentaufnahmen aus der islamischen Geschichte verwendet, die mit der Aufklärung wenig zu tun haben.

So wird die Rechtsschule der Muʾtaziliten von einigen Akademikern und Journalisten als Schule der Aufklärung bezeichnet, nur weil sie die Vernunft als höchste Instanz bei der Interpretation des Koran sah. Einige muslimische Herrscher werden als Aufklärer gewertet, weil sie gegenüber religiösen Minderheiten tolerant waren. Auch einige Religionsgelehrte, die das Kopftuch nicht für eine islamische Pflicht halten oder die Körperstrafen im Islam als nicht zeitgemäß betrachten, werden Aufklärer genannt. Und manche muslimischen Philosophen des Mittelalters, wie Avicenna und Averroës, die zweifelsohne die Welt mit wichtigen Gedanken bereichert haben, werden gar als Vordenker der Aufklärung bezeichnet.

Aber die Aufklärung besteht nicht nur aus schönen Gedanken und hatte nicht das primäre Ziel, die Religion zu rationalisieren oder die Rolle der Frau ein wenig zu stärken. Die Aufklärung ist ein Weltbild, eine Geisteshaltung, eine politische und gesellschaftliche Praxis, die immer Schwierigkeiten hatte, in der islamischen Welt Akzeptanz zu finden. Weil sie den Prinzipien des Islam und seiner Identitätspolitik klar widerspricht. Kern der Aufklärung ist die Freiheit, die Mündigkeit und der Individualismus. Aufklärung bedeutet, es steht keine Autorität über der Vernunft außer der Vernunft selbst. Aufklärung bedeutet die klare Trennung von Religion und Staat, von Wissenschaft und Glauben, und sie bedeutet, dass sich die Gesetzgebung nicht um die Religion des Menschen kümmert, nicht um seine Zugehörigkeit zu einer Ethnie oder einem Geschlecht. Sie bedeutet die Gleichberechtigung von Mann und Frau, die von Gläubigen und Nichtgläubigen, sie bejaht Religionskritik und Selbstkritik und nimmt dem Menschen die Angst vor der Hölle, vor den religiösen Institutionen und vor Gott höchstpersönlich.

Wann hätte es all das auch nur im Ansatz in der islamischen Welt gegeben? Nicht nur in Gedanken, sondern als politische, juristische und gesellschaftliche Praxis? Kann man überhaupt eine Phase in der langen Geschichte ausmachen, in der es so etwas wie eine islamische Aufklärung gegeben hat? Der britische Journalist Christopher de Bellaigue würde diese Frage wohl bejahen. Er hat 2017 ein Buch mit dem Titel »Die islamische Aufklärung: Der Konflikt zwischen Glauben und Vernunft« veröffentlicht, das in der westlichen Presse euphorisch gefeiert wurde. Er behauptet darin, der Islam habe seine Aufklärung bereits hinter sich. Nach dem Tod des Propheten habe der Islam ein halbes Jahrtausend des Glanzes erlebt und in dieser Zeit seine erste Phase der Aufklärung durchlaufen. Erst die Kreuzzüge hätten dem ein Ende gesetzt. Eine zweite Phase der islamischen Aufklärung erkennt de Bellaigue in den Gedanken und Arbeiten muslimischer Intellektueller des 19. Jahrhunderts. Er erwähnt etwa den Türken Namık Kemal (1840–1888), der wegen seiner modernistischen und westlichen Ideen ins Exil musste und dort die Werke von Victor Hugo, Jean-Jacques Rousseau und Charles-Louis Montesquieu ins Türkische übersetzte. Auch den persischen Diplomaten Mirza Saleh Shirāzi (1790–1845), der in der ersten

Hälfte des 19. Jahrhunderts an der Universität Oxford studierte und danach die erste Druckerei in Täbris eröffnete, führt der Autor an. Hier haben wir es mit zwei säkularen Aristokraten zu tun, die im Westen lebten und von den Gedanken der Aufklärung beeinflusst waren. Doch was hat das mit einer islamischen Aufklärung zu tun? Spricht man von einer christlichen Aufklärung, nur weil Kant und Voltaire als Christen geboren wurden?

Muslimische Intellektuelle wie die beiden oben erwähnten hat es seit dem 9. Jahrhundert reichlich gegeben, aber die Existenz von rationalen Personen bedeutet nicht, dass daraus eine Bewegung entstanden wäre, die die Gesellschaften grundlegend verändert hätten. Diese Intellektuellen im 9. wie im 19. Jahrhundert waren ein Produkt des Wohlstandes und des Kontaktes der muslimischen Welt mit fremden Kulturen, und nicht ein Produkt des Islam. Sie genossen den Luxus, andere Gedanken zu vertreten, wurden oft zu Ungläubigen erklärt, mussten ins Exil gehen oder wurden gar getötet.

Als weiteres Beispiel für die islamische Aufklärung nennt der Autor Fatma Aliya Topuz, eine konservative bürgerliche türkische Autorin, die in ihren Kolumnen für ein Frauenmagazin den Unterschied zwischen den sittlichen Frauen des Islam und den emanzipierten europäischen Romanfiguren hervorhob. Für Frauenrechte innerhalb der engen Geschlechtergrenzen des Islam und der Scharia einzutreten, ist keine Emanzipation im Sinne der Aufklärung, sondern eine Frage der Auslegung. Tatsächlich gab es andere mutige Feministinnen aus der Türkei und der arabischen Welt, die weitaus fortschrittlichere Gedanken vertraten als Topuz, doch weil diese die Religion und deren Rolle bei der Unterdrückung der Frauen kritisierten, wurden sie stigmatisiert.

Ein Spitzel an der Seine

Ein weiterer vermeintlicher Aufklärer ist für de Bellaigue der Ägypter Rifa'a at-Tahtawi, der 1835 in Kairo die erste Sprach- und Übersetzerschule gründete. Ich war selbst Absolvent dieser Hochschule in Kairo und habe mich intensiv mit ihm beschäftigt. Rifa'a at-Tahtawi war alles, nur kein Aufklärer. Er war ein Imam aus der konservativen Al-Azhar Moschee und begleitete ägyptische Stipendiaten, die im 19. Jahrhundert von Muhammad Ali Pascha zum Studium nach Paris geschickt wurden. Der Herrscher war damals erschüttert über den gesundheitlichen Zustand seiner Soldaten und suchte händeringend nach Ärzten, die in moderner Medizin bewandert waren. Also schickte er Stipendiaten nach Paris, die dort unter anderem Medizin studieren sollten. Den Al-azhar-Imam Rifa'a at-Tahtawi beauftragte er damit, die Stipendiaten auszuspionieren, um zu verhindern, dass sie sich auf die französische Lebensweise einließen und womöglich nicht mehr nach Ägypten zurückkehrten.

Nachdem Rifa'a aus Frankreich zurück war, beauftragte ihn der Herrscher damit, eine Fremdsprachenschule zu gründen, die zunächst hauptsächlich für die Übersetzung medizinischer und militärischer Werke zuständig war. Rifa'a verfasste einen Reisebericht über seinen fünfjährigen Aufenthalt in Paris. Darin lobt er die Sauberkeit und Arbeitsmoral der Franzosen, kritisiert aber deren Alkoholkonsum und die Freizügigkeit im Umgang mit Sexualität. Er schreibt über die Franzosen: »Ihr Glaube ist verdorben, denn sie denken, die Gehirne ihrer Philosophen seien besser und intelligenter als die Gehirne der Propheten. Ihr Irrglauben lässt sie die Schicksalsbestimmung leugnen.«[1] Weiter heißt es: »Die europäischen Staaten brillierten in der Mathematik und den Naturwissenschaften, aber sie konnten den Weg der Erlösung nicht gehen und wurden nicht zur Religion der Wahrheit (dem Islam) geleitet.«[2]

Man könnte meinen, dies sei nur die Haltung des jungen at-Tahtawi gewesen, der in Europa einen Kulturschock erlitten hatte. Doch dann lesen wir, was er in seinem letzten Buch über Frauen schrieb: »Die Frauen müssen zu Hause bleiben, um sich um den Haushalt zu kümmern, den Ehemann zu unterhalten und die Kinder zu erziehen, und sie müssen ihre Augen vor dem Erblicken der Sünde schützen. (…) Frauen müssen sich vor den Augen der Männer verstecken, und dem Mann ist es verboten, eine Frau anzusehen, selbst wenn sie die Frau seines Bruders oder die Schwester seiner Ehefrau ist, und der Frau ist es verboten, einen Mann anzusehen, der nicht ihrer ist.« Er lehnte es auch ab, dass Frauen öffentliche Ämter bekleiden: »Kenntnis der Scharia und der Politik ist eine große Gabe, die für die Gehirne der Frauen zu groß ist, außerdem dürfen sie sich mit männlichen Beamten nicht vermischen.«[3] Über die Freiheit schrieb er im gleichen Werk: »Der Mensch ist frei und ihm ist erlaubt, sich von einem Ort zum anderen frei zu bewegen. Er darf tun, was er will, solange dies nicht gegen die Scharia und die Bestimmung des Herrschers verstößt. Das Kalifat sei eine Pflicht für die *Umma*, »um Gesetze der Scharia umzusetzen, die Strafen zu vollstrecken (…) und die Armeen zu mobilisieren«.[4]

Macht das Rifa'a al-Tahtawi zum Aufklärer? Natürlich nicht. Wie konnte de Bellaigue die Messlatte so tief hängen? Wem hilft er, wenn er einen konservativen Imam, der alles von der Scharia abhängig macht, zum Aufklärer erhebt? Kommen solche Gedanken dem Geist der Aufklärung im Ansatz nahe? Oder steckt dahinter der Rassismus der gesenkten Erwartungshaltung nach dem Motto: »Das reicht schon für die Muslime.«?

All die Personen, die der Autor als islamische Aufklärer nennt, haben gewisse Aspekte und einige Gedanken aus Europa übernommen, weil sie sich das als Aristokraten oder als Begünstigte der Machthaber leisten konnten. Aber vier Schwalben machen noch keinen Sommer, außerdem haben sie sich das herausgepickt, was mit einiger Mühe mit dem Islam vereinbar war. Sie waren Einzelkämpfer, kleine Rinnsale, die nie zusammenkamen, um einen starken Strom namens Aufklärung zu bilden, der alles auf seinem Weg mit sich reißt und eine Gesellschaft grundlegend verändert. Es gab im 19. Jahrhundert kein islamisches Bürgertum und kein Bildungssystem, die diese Gedanken hätten tragen, verfeinern und in die Gesamtgesellschaft transportieren können. Dennoch sieht de Bellaigue die islamische Aufklärung zu dieser Zeit als voll im Gange, bis der Erste Weltkrieg kam, den er als »Wasserscheide in der Geschichte der islamischen Aufklärung« bezeichnet und der die Muslime um die Moderne gebracht habe. Nach dem Ersten Weltkrieg hätten die reaktionären islamistischen oder nationalistischen Kräfte die Oberhand gewonnen, und die Aufklärer hätten dem nichts entgegensetzen können.

Wieder einmal ist also der Westen für das Scheitern des schönen islamischen Projekts der Aufklärung verantwortlich. Das erste Mal war es wegen der Kreuzzüge gescheitert, das zweite Mal wegen des Kolonialismus und des Ersten Weltkriegs. De Bellaigue, der sich regelrecht darüber empört, wie von oben herab und wie vorurteilsbeladen der Westen auf die islamische Welt blickt, lässt seinerseits Augenhöhe vermissen. Denn er stellt Muslime als Objekte, als ewige Opfer des Westens dar. Und das ist eigentlich das Gegenteil von Respekt und Anerkennung. Man infantilisiert Muslime, lobt sie für den eigenen Erfolg, macht aber für das eigene Scheitern nicht sie selbst, sondern andere verantwortlich.

Der Griff Europas nach dem Nahen und Mittleren Osten habe verhindert, dass dort moderne Ideen hätten unbelastet diskutiert werden können. Während Europa Demokratie und Freiheit predige, sei die Region unter die politische und ökonomische Knechtschaft des Westens geraten, so de Bellaigue. Tatsächlich gab es nach dem Ersten Weltkrieg durchaus echte Aufklärer in der islamischen Welt und in der Diaspora, die für Freiheit und Demokratie eintraten, wie die Libanesen Gibran Khalil Gibran und Michael Naimy, die Syrer Farah Antun und Constantin Zureik – aber sie waren alle Christen und fallen demnach nicht in die Kategorie islamische Aufklärung. Es gab auch Taha Hussein, den ersten arabischen Intellektuellen, der eine kritische Studie zur islamischen Geschichte veröffentlicht hat und trotzdem Bildungsminister wurde. Es gab Aḥmad Luṭfī as-Saiyid, der die erste liberale Bewegung in Ägypten gründete, die Schriften von Aristoteles und Plato ins Arabische übersetzte und die Freiheit des Individuums als Voraussetzung für das Florieren einer Gesellschaft sah. Für ihn war Herrschaft kein gottgegebenes Recht, sondern ein Vertrag zwischen dem Herrscher und dem Volk – und zwar zum Wohle des Volkes. Er initiierte eine Spendenkampagne, um die erste Universität in Ägypten zu gründen (die ägyptische Universität in Kairo), wurde ihr Rektor und ermutigte die ägyptischen Frauen, an dieser Universität zu studieren. Die ersten Absolventen hielten ihre Abschlusszeugnisse 1932 in Händen. Lutfi gilt als Architekt des ägyptischen Liberalismus und Säkularismus.

Bereits im Jahr 1919 demonstrierten ägyptische Frauen auf dem Tahrir-Platz und legten ihre Schleier ab als Zeichen des Protests gegen das Osmanische Kalifat. Im gleichen Jahr brach die ägyptische Revolution gegen die britische Herrschaft aus. Drei Jahre später bekam Ägypten seine Unabhängigkeit und schrieb zum ersten Mal in seiner Geschichte eine Verfassung, die sehr fortschrittlich war. Darin hieß es: »Glaubensfreiheit ist gewährleistet für Muslime, Christen, Juden und Bahaais und für Konfessionslose.« 1924 wurden zum ersten Mal Wahlen abgehalten, und die liberale Partei al-Wafd konnte die Mehrheit im Parlament erlangen und die Regierung bilden. In dieser Phase war der Präsident der jüdischen Gemeinde Kairo, Joseph Alsan Cattaui Pasha, der auch an der Verfassung mitgearbeitet hatte, Finanzminister. Und der christliche Kopte Ramses Wissa Wassef war Parlamentspräsident.

Knapp 25 Jahre später beflügelte die Gründung Israels und die

Niederlage der arabischen Armeen Nationalisten und Islamisten. Der Putsch 1952 durch den Sozialisten Gamal Abdel-Nasser warf Ägypten Jahrzehnte zurück. Nasser suspendierte das Parlament und löste die politischen Parteien auf. Er machte den Kampf gegen Israel zur obersten Priorität und isolierte Ägypten vom Rest der Welt. Er verstaatlichte die Al-Azhar-Institution und missbrauchte ihre religiösen Gutachten für seine Politik. Als das Land 1967 eine bittere Niederlage im Sechstagekrieg erlitt, boten sich die Islamisten als Alternative zu Liberalismus und Sozialismus an. Einmal mehr sollte die Rückkehr zur Religion die Rettung sein. »Islam ist die Lösung« war das Motto der Muslimbruderschaft, die nach einer Phase der politischen Verfolgung nun wieder im Aufwind war. Man sprach vom »islamischen Erwachen« und meinte damit die Suche nach dem Heil in der Vergangenheit, anstatt nach einem Anschluss an die Zukunft zu streben.

In Ägypten war die Phase der Liberalität und der Hinwendung zur Moderne nur eine dünne Schicht, die bei der ersten Krise abplatzte. Dass die orthodoxen Kräfte wieder an Einfluss gewannen, hatte man sich letztlich selbst zuzuschreiben. Aber wieder wurde die Schuld im Außen gesucht, diesmal bei Israel. Beim Blick nach hinten hätte man sich daran erinnern können, dass die Araber im Mittelalter allen anderen kulturell weit überlegen waren. Man hätte nach den Gründen suchen können, an der Offenheit für andere Einflüsse und das Wissen anderer Kulturen. Man hätte sich erinnern können an persische und arabische Wissenschaftler und Philosophen und an jene fortschrittlichen Muslime im 19. und frühen 20. Jahrhundert, die für mehr Öffnung und Freiheit plädiert hatten. Aber all diese Momentaufnahmen helfen nicht weiter, wenn diese brillanten Köpfe im heutigen Bildungssystem in der islamischen Welt kaum Erwähnung finden und im Kollektivgedächtnis nicht verankert sind.

Kapitel 13

Von Prometheus zu Adorno: Was bedeutet Aufklärung?

Wenn wir uns heute die Frage stellen, ob eine Aufklärung in der islamischen Welt möglich ist – denn stattgefunden hat sie meiner Auffassung nach bisher nicht –, muss man zunächst die theologischen, die geistigen und die psychologischen Mauern benennen, die zwischen den Muslimen und der Aufklärung stehen.

Die europäische Aufklärung begann im 18. Jahrhundert, ihre Wurzeln aber reichen zurück bis ins alte Griechenland. Dort wurde die Philosophie aus dem Bauch der Mythologie geboren. Sie war die erste Oase für die grenzenlose Vorstellungskraft, für Götter, Menschen und Titanen. Die ersten Spuren der Aufklärung finden wir denn auch im Mythos von Prometheus, der die genießbaren Fleischstücke (Symbol für die Erde) nicht den Göttern, sondern den Menschen anbot. Er stahl den Göttern das Feuer (Symbol für Wissen und Freiheit), damit die Menschen das Fleisch genießen können. Zur Strafe wurde er gefesselt und ein Adler fraß von seiner Leber, die sich danach stets erneuerte. Am Ende befreite ihn der Held Herakles, der den Adler mit einem Pfeil erlegte.

Diese Geschichte erinnert an die der Vertreibung von Adam und Eva aus dem Paradies. In der christlich-jüdischen, aber auch in der muslimischen Erzählung verbietet Gott Adam und Eva, vom Baum der Erkenntnis bzw. vom Baum der Ewigkeit zu essen. Doch sie werden von ihrer Neugier verleitet und kosten von den verbotenen Früchten. Zur Strafe werden sie aus dem Paradies verbannt. Laut der Erzählung des Koran wird Adam von Schuldgefühlen geplagt, bereut seine Tat und unterwirft sich Gott wieder.

Zwischen der Geschichte von Prometheus und der von Adam

und Eva gibt es aber einen entscheidenden Unterschied. Die Erzählung in Bibel und Koran ist eine von Sünde, Strafe und Reue, die das Wissen und die Autonomie des Menschen zu einer Gefahr erklärt. Ziel dieser Erzählung ist es, Gott als oberste Instanz zu setzen und den Menschen zu einer Akzeptanz der Grenzen und Fesseln zu bringen, die Gott ihnen auferlegt hat.

Im Mythos von Prometheus dagegen ist Wissen befreiend, und das erstrebenswerte Ziel ist die menschliche Unabhängigkeit von den Göttern. Ich sehe den Adler als Symbol für das schlechte Gewissen, das Prometheus plagte und den Pfeil, der den Adler tötete, als Symbol für Selbstverantwortung und Mündigkeit. Prometheus muss nicht nur seine Angst vor den Göttern ablegen, sondern auch sein Gefühl der Minderwertigkeit und Unwürdigkeit, das ihn letztlich mehr versklavt als die Götter selbst.

Hier liegt der Ursprung von Kants Definition der Aufklärung als »der Ausgang des Menschen aus seiner selbst verschuldeten Unmündigkeit«. Diese Unmündigkeit ist laut Kant das Unvermögen, sich seines Verstandes ohne Leitung eines anderen zu bedienen. *Sapere aude!* Habe Mut, dich deines eigenen Verstandes zu bedienen, ist für Kant der Wahlspruch der Aufklärung. So gesehen sind Voltaire, John Stuart Mill und Nietzsche Kinder des Prometheus – die Philosophie und der Humanismus, die den Menschen, seinen Verstand und sein Handeln in den Mittelpunkt stellen, ist ohne die Mythologie nicht denkbar. Und wie das eine aus dem anderen hervorgegangen ist, so wäre auch die Aufklärung mit ihren Prinzipien ohne die griechische Philosophie nicht in Gang gekommen. Denn diese beschäftigte sich nicht nur mit abstrakten Themen wie Wahrheit und Glück, sondern auch mit Staatswesen, Bildung und sozialem Auftrag.

Darüber hinaus ist die europäische Aufklärung auch Tochter des Dreikampfes zwischen Thron, Papst und Bürgertum. Sie ist ein Ergebnis der gesellschaftlichen Dynamik seit dem Mittelalter und entstanden aus Erkundungsgeist, der sich die Erde nicht nur untertan machen, sondern die Natur und die Entwicklung der Lebewesen auch verstehen wollte. Die Aufklärung ist Tochter der Idee, dass der Mensch sein Schicksal selbst gestaltet und nicht von einer metaphysischen Macht ferngesteuert wird. Sie ist Kind der kopernikanischen Wende, die die Vorstellung der Menschen vom Kosmos auf den Kopf stellte. Die industrielle Revolution veränderte die Arbeitswelt und die gesellschaftliche Dynamik, indem sie neue Schichten schuf. Die darwinsche Evolutionstheorie kippte den Mythos der biblischen Schöpfungsgeschichte und revolutionierte das Wissen über den Ursprung des Menschen. Die sexuelle Revolution veränderte die traditionellen Geschlechterrollen, und die Archäologie brachte neue Erkenntnisse zu den heiligen Texten und ermöglichte eine neue Exegese.

Es war ein langer, komplizierter Prozess mit Fehltritten und Korrekturen. Die Aufklärung mündete politisch in die Demokratie und in die Trennung zwischen den Gewalten und zwischen Religion und Staat (auch wenn sie in diesem Bereich nicht ganz vollzogen wurde). Wirtschaftlich mündete sie in die soziale Marktwirtschaft, bildungspolitisch in die Freiheit von Forschung und Lehre. Gesellschaftlich mündete sie in Vielfalt und Gleichberechtigung von Mann und Frau, von Mehrheit und Minderheit und in eine angstfreie Erziehung von Kindern, in der Züchtigung unter Strafe gestellt wird. Die Aufklärung führte das kritische Denken ein, das Adorno und Horkheimer legitimierte, die Aufklärung selbst zu kritisieren.

Zieht man all das in Betracht, dann ist die Aufklärung keine abgeschlossene Phase der Geschichte, sondern ein Prozess, der immer weiter verfeinert wurde und sich weiterentwickelte. Kein Selbstläufer allerdings, sondern ein Prozess, der am Laufen gehalten werden muss, um Rückschritte zu vermeiden. Die Aufklärung ist keine Frucht, die man einfach so pflücken und genießen kann, sondern ein Baum, den man pflanzt, geduldig pflegt und vor Stürmen und Dürren schützt, bis er wächst und gedeiht. Ein Baum, der tiefe Wurzeln in die Erde schlägt und viele Früchte spenden kann. Die Aufklärung ist ein Lebensstil und eine Haltung gegenüber dem Menschen, dem Kosmos und der Gesellschaft, die von den eigenen Erfahrungen, von der Vernunft und von der Erkenntnistheorie geprägt wird.

Religiöse Toleranz ist ein Pfeiler der Aufklärung, doch die Reform der Religion selbst ist eine andere Baustelle, die von der Aufklärung profitieren kann, wenn Denker und Kritiker nicht sofort als Ketzer verurteilt werden. Deshalb kann man auch weder von einer islamischen noch von einer christlichen Aufklärung sprechen, denn die Aufklärung kommt nie aus dem Bauch der Religion und beschränkt sich nicht auf die Religion und ihre Texte. Sie kann sogar vielmehr mit der Religion in Konflikt geraten, wenn diese sich gegen die Wissenschaft, die freie Meinungsäußerung oder die Menschenrechte stellt, so, wie der orthodoxe Islam das tut.

Ist der Islam doch reformierbar?

Wenn wir die wenigen Glanzmomente in der islamischen Geschichte vergessen und uns auf die Gegenwart konzentrieren, stellen wir fest, dass die islamische Welt einige Probleme hat, die eine Mauer zwischen ihr und einer umfassenden Aufklärung bilden:

1. Ein Problem mit der Lesart der Geschichte und mit der Zeitvorstellung: Die Mehrheit der Muslime glaubt, die beste Zeit der Geschichte war die des Propheten Mohamed, denn das war die letzte Zeit, in der Gott zu den Menschen sprach. Die Sendung des Propheten wird als eine Zäsur in der Weltgeschichte gesehen. Alles, was davor war, gilt als Zeit der Finsternis und Unwissenheit. Alles, was danach kam, war bedeu-

tungslos, denn der Prophet ist die Erfüllung der Geschichte. Mohamed sagte: »Das beste Jahrhundert ist das meine.«[1] Das bedeutet im Umkehrschluss, dass alle Kulturen vor und nach dem Islam samt ihrem Wissen wertlos sind. Das bedeutet auch, je mehr man sich von der Zeit des Propheten entfernt, desto unbedeutender sind diese Zeit und ihre Errungenschaften. Und so sind viele Muslime gefangen in längst vergangener Zeit und glauben, ihr Heil liege in der Wiederherstellung dieser Zeit und der ersten Gemeinde des Propheten.

2. Ein Problem mit Mythologie, Philosophie und Wissenschaft: Die islamischen Mythen und Legenden gelten bereits als Geschichte und bieten kaum Raum für Vorstellungskraft oder Interpretation wie die griechische Mythologie. Und die Philosophie gilt als nutzlos, solange sie die Existenz Gottes und die Richtigkeit des Islam nicht beweist. Außerdem setzen Philosophie und Wissenschaft Zweifel voraus. Doch Zweifel ist keine Tugend im Islam, im Gegenteil. Muslime beten: »Ich suche Zuflucht bei Allah vor Zweifel und Unglaube.« Weil Zweifel und Unglaube als Paar gesehen werden, wurden viele Philosophen und Wissenschaftler in der islamischen Geschichte von religiösen Gelehrten zu Ungläubigen erklärt.
3. Die Unantastbarkeit des Koran und des Propheten: Der Koran gilt als das letzte und direkte Wort Gottes an die Menschen. Seine Botschaft enthält nicht nur spirituelle Anleitungen für die Gläubigen, sondern auch Gesetze für den Alltag und sämtliche Bereiche des Lebens. Das Befolgen oder Nichtbefolgen dieser Gesetze ist im Islam keine freiwillige Entscheidung. Ein Verstoß wird mit Körperstrafen im Diesseits und mit Höllenqualen im Jenseits bestraft. Das unreflektierte und automatische Befolgen dieser Gesetze verhindert Hauptziele der Aufklärung wie Mündigkeit und die Freiheit von Angst. Die Überhöhung des heiligen Textes trennt ihn von seinem historischen und soziologischen Kontext und erschwert seine

Umdeutung für eine moderne Welt. Aber selbst wenn einige Reformer versuchen, den Text hermeneutisch zu interpretieren, werden sie mit dem Problem konfrontiert, dass dieser Text widersprüchlich ist und alle möglichen Auslegungen zulässt. Man findet darin Verse, die die Juden und Christen loben, und andere, die sie verfluchen. Man findet Verse, die Frauen achten, und andere, die zulassen, dass der Mann sie schlagen darf, usw. Gleiches gilt für den Propheten selbst, der den meisten Muslimen als politisches und moralisches Vorbild auch im 21. Jahrhundert dient. Als Verkünder der letzten Botschaft Gottes ist er nicht nur Vorbild, sondern auch unantastbar. Jede Kritik an ihm aus muslimischen Reihen kann mit dem Tod bestraft werden. Der Theologe Ibn Taimīya sammelte Dutzende Belege aus der Geschichte des Propheten und aus seinen Aussagen, die die Tötung einer Person rechtfertigen, die den Propheten beleidigt. Karikaturisten in Dänemark, Frankreich und Schweden, die es gewagt haben, den Propheten zu zeichnen, haben dies bitter zu spüren bekommen.

4. Ein Problem mit dem Gottesbild: Gott im Koran ist einem Stammesführer gleich, der sowohl Güte als auch Härte in sich vereint. Er spricht Befehle aus, die die Gläubigen ohne Hinterfragung zu befolgen haben. Im Mittelpunkt dieser Beziehung steht die Angst vor Gottes Zorn und vor seiner Strafe.
5. Ein Problem mit Individualismus, mit der Freiheit und mit der Autonomie des menschlichen Körpers: Der Islam ist in einer Sippengesellschaft entstanden und hat auch deren Strukturen übernommen. Das Individuum im Islam hat sich in den Dienst der Gemeinschaft zu stellen. Es tauscht seine Individualität und gewisse Freiheitsrechte gegen die Anerkennung der Gemeinschaft, deren Regeln zu befolgen sind. Das gilt in besonderem Maße für die Frau. Ihr Vater verfügt

über sie und ihren Körper, er legt fest, was sie anzieht, was sie isst und trinkt, bis der »Besitz« und damit die Verfügungsgewalt auf den Ehemann übertragen wird.

6. Ein Problem mit Meinungsfreiheit und mit dem Begriff »Bürger«: Einer der Grundpfeiler der Aufklärung ist die Meinungsfreiheit. Erst wenn ein Bürger keine Angst hat, seine Meinung – etwa über Religion und Politik – frei zu äußern, kann eine Gesellschaft sich verändern. Erst ein freier Bürger kann sich für das Gemeinwohl einsetzen. In seinem politisch-theoretischen Hauptwerk »Du Contrat Social ou Principes du Droit Politique« aus dem Jahr 1762 bringt Rousseau die Definition des *Citoyen* so auf den Punkt: »Der Citoyen ist ein höchst politisches Wesen, das nicht sein individuelles Interesse, sondern das gemeinsame Interesse ausdrückt. Dieses gemeinsame Interesse beschränkt sich nicht auf die Summe der einzelnen Willensäußerungen, sondern geht über sie hinaus.« In der islamischen Geschichte sprach man aber nicht von Bürgern, sondern von Untertanen eines Herrschers und von Dienern Gottes. Diese Untertanen wurden hierarchisiert: Muslimische Männer, die aus noblen arabischen Familien stammten, standen ganz oben in der Hierarchie, dann kamen muslimische Krieger, die für die Ausbereitung des Islam kämpften, dann folgten Muslime, die nicht kämpften, und schließlich Christen und Juden, die als Bürger dritter Klasse unter der islamischen Herrschaft lebten und eine extra Kopfsteuer zahlen mussten. Auf den untersten Stufen standen Frauen und Ungläubige.
7. Ein Problem mit dem Staatswesen: Im Grunde widerspricht die Idee des panislamischen Kalifats der traditionellen arabischen Sippenmentalität. Ein großes islamisches Reich mit vielen Ethnien und Sprachen war eigentlich eine Zumutung. Deshalb haben die Araber während der ersten Kalifate die Perser, Berber, Kopten und Syrer massiv unterdrückt. Trotz-

dem blieb das Kalifat 13 Jahrhunderte lang die einzige Form von Herrschaft, die die Muslime kannten, auch wenn das Kalifat seinen Sitz mehrmals wechselte – von Medina nach Kufa, dann nach Damaskus, Bagdad, Córdoba, Kairo und Istanbul. Gemeinsame Nenner von Kalifat und Clans waren Expansionsbestrebungen und wiederholte Eroberungs- und Raubzüge jenseits der eigenen Grenzen.

Nach dem Sturz des letzten Osmanischen Kalifats hatten viele Muslime Probleme damit, sich mit der Idee des modernen Nationalstaates anzufreunden, der feste Grenzen hat und die eigenen Bürger nicht nach ihrer Religion bewertet, sondern nach ihrer Loyalität zum Staat. Der moderne Islamismus strebt anstatt eines Nationalstaates einen panislamischen Staat an, unter dessen Herrschaft alle Muslime leben – wie einst im Kalifat. Der ideale Herrscher ist in den Augen vieler Muslime nicht ein Demokrat, der durch Wahlen an die Macht gekommen ist und legitimiert durch eine moderne Verfassung regiert, sondern ein gerechter Despot, der alle Befugnisse hat und dafür sorgt, dass Gerechtigkeit herrscht. Eine Staatsform, die keine Trennung der Gewalten und keine kontrollierenden Instanzen kennt, sondern die ganze Macht auf eine Person überträgt, in der Hoffnung, dass diese die Geschicke des Landes gut lenkt. Auch diese Vorstellung weist in die Vergangenheit und kombiniert den Stammesführer mit dem Kalifen.

Eine Frage der Mentalität?

Hier stellt sich die ketzerische Frage: Widerspricht die Aufklärung der orientalischen Mentalität? Kann es sein, dass die Sippenmentalität und die Überhöhung der Religion jede Form von moderner Staatlichkeit unmöglich machen?

Ich würde diese Fragen mit einem klaren »Nein« beantworten. Denn kein Kulturraum bleibt statisch. Der Nahe und Mittlere Osten ist nicht nur Wiege der drei monotheistischen Religionen, sondern auch der alten mesopotamischen, pharaonischen und persischen Hochkulturen, die der Menschheit viel Wissen beschert haben. Diese Region war auch eine Zeit lang Teil des griechischen und nach ihm des Römischen Reiches und hat einen Beitrag zu beiden Kulturen geleistet. Und auch Europa selbst verharrte lang in Aberglauben, Fanatismus und Religionskriegen, bevor es durch die Phase der Aufklärung ging. Wandel ist nicht nur ein Prinzip der Natur, sondern auch ein Merkmal des Menschen und der Kulturen. Aber wie gelingt er?

Vielleicht haben wir in der Vergangenheit den Fehler gemacht, unsere weitgehend positiv besetzten Reformerfahrungen auf den Islam zu übertragen. Wir dachten, nur eine Reform des Islam könne zur Modernisierung und Befriedung der islamischen Staaten und damit eines großen Teils der Welt führen. Diese Reform gestaltet sich aber nicht nur als sehr schwierig, sondern als schier unmöglich. Anders als im Christentum gibt es im Islam keinen »offiziellen« Klerus, der Reformen genehmigt oder verweigert. Die viel gepriesene Vielfalt innerhalb des Islam und das Fehlen einer zentralen religiösen Instanz sind Teil des Problems. Denn sollte man beispielsweise eine Reform der sunnitischen Al-Azhar-Institution in Ägypten wagen, wäre diese für Muslime im schiitischen Iran und im vom Sufismus geprägten Senegal nicht verbindlich. Selbst in anderen sunnitischen Staaten ist Al-Azhar keine Autorität mehr. Als die tunesischen Gesetzgeber im Jahr 2020 ankündigten, dass eine tunesische Frau von nun an genau so viel erbe wie der eigene Bruder und dass sie auch einen Nichtmuslim heiraten dürfe, protestierte Al-Azhar und erklärte die neue Regelung für unislamisch. Worauf einige tunesische Imame antworteten, Al-Azhar möge sich nicht in tunesische Angelegenheit einmischen. Auf der anderen Seite kündigte der Kronprinz von Saudi-Arabien, Mohammed Bin Salman, viele Reformen an, was nicht nur innerhalb des eigenen Landes auf Widerstand stieß, da seine Reformen nicht durch islamische Texte gerechtfertigt werden könnten.

Womit wir bei einem weiteren Problem angelangt wären. In der Debatte über mögliche Reformen dreht sich alles um die islamischen Texte. Es geht darum, was der Koran wirklich meinte, und ob dieser oder jener Hadith tatsächlich auf den Propheten zurückzuführen sei. Selbst fortschrittliche Reformer berufen sich auf den Koran und verweisen auf jene Passagen, die friedlich sind. Sie sind der Auffassung, die kriegerischen Passagen müsse man in ihrem historischen Kontext verstehen.

Erstens, auch die friedlichen Passagen sind in und aus einem historischen Kontext entstanden und sind nicht für alle Ewigkeit allgemeingültig. Zweitens: Wer bestimmte Passagen aus dem Koran als Legitimation für den Frieden heranzieht, spielt letztlich das Spiel der Fundamentalisten, die andere Passagen als Rechtfertigung für Gewalt zitieren. Beide Parteien erheben so den Koran zum politischen und gesellschaftlichen Schiedsrichter und akzeptieren seine Autorität auch in der Gegenwart. Beide schaukeln sich gegenseitig hoch und legitimieren einander. Die einen sagen, die Fanatiker würden den Islam verfälschen und ihn als Mittel der Gewalt nutzen, und die Fanatiker sagen, die Reformer verfälschten den Islam, um dem Westen zu gefallen.

Eine Reform des Islam bedeutet nicht, so lange an den Schrauben des Koran herumzudrehen, bis er zur Moderne passt. Eine Reform bedeutet, sich von der Allmacht des Koran in politischen, gesellschaftlichen und juristischen Fragen zu befreien. Eine Reform bedeutet, nicht nur den Koran, sondern die gesamte islamische Geschichte in ihrem historischen Kontext zu verstehen.

Ich habe früher den Standpunkt vertreten, dass eine Reform des Islam unmöglich sei. Weil auch ich von der Religion und ihren Texten ausgegangen bin, was ich aus heutiger Sicht als Fehler betrachte. Denn ich habe dabei die Menschen, ihre spirituellen, wirtschaftlichen, politischen und gesellschaftlichen Bedürfnisse zu wenig beachtet. Dabei kann alles, was von Menschen gemacht ist, reformiert werden. Und Religion ist nun einmal ein menschliches Produkt.

Menschen können ihre Haltung zu den heiligen Texten verändern. Selbst im Mittelalter haben einige muslimische Gelehrte manche Regeln der Scharia anders interpretiert und an die Umstände ihrer Zeit angepasst. Damals hieß es, ohne Vernunft gebe es keine Scharia und deren Ziel seien Gerechtigkeit und Gemeinwohl, nicht nur die Erfüllung göttlicher Vorgaben. Würde man diese Prinzipien heute umsetzen, müsste es heißen: Es ist ungerecht, dass eine Frau nur halb so viel wie ihr Bruder erbt, und es ist ungerecht, wenn eine Frau sich nicht aussuchen kann, wen sie liebt und was sie anzieht. Es widerspricht dem Prinzip der Gerechtigkeit, wenn Christen, Juden, Bahaai, Aleviten, Alawiten, Drusen und Atheisten in der islamischen Welt anders behandelt werden als Muslime. Es ist ungerecht, für Gott zu töten oder für Gott zu sterben. Wenn das Ziel der Scharia tatsächlich ist, die Interessen der Menschen zu bewahren und das Gemeinwesen zu schützen, dann wäre die Achtung des weltlichen Grundgesetzes und das Verteidigen der Freiheit aller Bürger auch Teil der Scharia. Dementsprechend könnte die Scharia auch nichts gegen Islamkritik haben, denn es ist dem Gemeinwohl dienlich, wenn Menschen ihre Meinung offen sagen können und wenn man Kritik beherzigt, anstatt gekränkt auf sie zu reagieren.

Das wäre dann tatsächlich eine Scharia, die nicht mit dem deutschen Grundgesetz kollidiert und die zur Lösung von Konflikten beitragen könnte, statt immer neue zu produzieren. Die Frage ist nur, wo ist diese Scharia heute? Wer will sie? Und wer steht ihr im Weg? Das sind Fragen, die die Muslime selbst beantworten müssen.

Die Mauern einreißen

Die Forderung des Westens, der Islam müsse durch eine Phase der Aufklärung gehen, wirkt bei vielen Muslimen wie ein Angriff oder ein Generalverdacht. Schließlich haben die Europäer mehrere Jahrhunderte und viele Religionskriege gebraucht, um das Mittelalter hinter sich zu lassen und durch den Prozess der Aufklärung zu gehen, während Muslime nun all diese Prozesse in Windeseile durchlaufen sollen. Aber manchmal sind Reformen nicht nur das Ergebnis eines jahrhundertelangen Denk- und Erfahrungsprozesses, sondern auch eine Beugung vor der Realität.

Fakt ist: Die Scharia erodiert in den vielen islamischen Ländern bereits seit Jahrzehnten. Die Moderne zwang die Muslime, auf Sklavenhandel und Körperstrafen zu verzichten und moderne Justizsysteme aufzubauen. Heute gibt es Richterinnen, Ministerinnen und sogar Staatspräsidentinnen in einigen islamischen Staaten, obwohl Frauen im Islam keine Führungspositionen in öffentlichen Ämtern bekleiden dürfen. Der wirtschaftliche Pragmatismus zwang die meisten islamischen Staaten, Zinsbanken zu eröffnen und den Verkauf und Konsum von Alkohol zu legalisieren.

Doch dieser Pragmatismus und diese Öffnungen seitens der Regierungen müssen auch auf Verständnis und Unterstützung in der Bevölkerung treffen, sonst wird die Modernisierung langfristig zu Widerstand und einem Rückfall in den Fanatismus führen. Dieses Verständnis wächst langsam, weil viele junge Muslime ihr Wertesystem nicht mehr allein in der Moschee vermittelt bekommen, sondern auch über die sozialen Netzwerke und via Netflix und Apple TV.

Die islamische Welt befindet sich gerade mitten in einem internen Kampf der Kulturen: die Kultur der Abschottung vs. die Kultur der Öffnung; die Kultur der Freiheit vs. die Kultur der Bevormundung. Nach wie vor ist das Lager der Freiheit jedoch in der

Minderheit und besitzt weder die Ressourcen noch die Plattformen, um sich gegen das Lager der Vergangenheit durchzusetzen. Aber jede große Veränderung in der Geschichte wurde von einer Minderheit initiiert, die nicht nur innovativ, sondern auch zielstrebig war, und die wie viele kleine Sandkörner das Getriebe des Systems so lange zum Stottern brachte, bis es erneuert werden konnte.

Wenn ich nach vorne blicke und sehe, wie lang der Weg noch ist, packt mich der Frust, doch wenn ich mir die Geschichte der Menschheit vergegenwärtige und sehe, welchen Weg wir bereits hinter uns haben, werde ich vorsichtig optimistisch. Der Mensch ist zur Veränderung verdammt – und zur Freiheit!

Deshalb kann die islamische Welt nun auch genau das tun, was Europa nach dem Mittelalter getan hat: sich vom Aberglauben und von der eigenen Lethargie lösen und in einen ehrlichen Dialog mit sich selbst und der Welt treten. Nicht die Religion sollte die Muslime durch diesen Prozess führen, sondern die Erkenntnistheorie. Das bedeutet, nicht die heiligen Texte und nicht die Emotionen, sondern die Logik, die Erfahrungen und die Experimente bestimmen, was wahr und was unwahr ist. Es bringt nichts, muslimischen Schülern die westliche Philosophie schmackhaft zu machen, indem man ihnen darlegt, diese sei nur eine verwestlichte islamische Philosophie, da die Europäer ihr Wissen von den Arabern übernommen hätten. Das hat etwa der marokkanische Philosoph Mohammed Abed al-Jabri in seiner »Kritik der arabischen Vernunft« behauptet. Diese Behauptung ist nicht nur falsch, sondern auch gefährlich, denn das würde bedeuten, man solle nur nach Wissen streben, das mit dem Islam eng verbunden sei. Das heißt im Umkehrschluss, jedes Wissen, das dem Islam widerspreche oder nicht aus dem Islam stamme, müsse vermieden werden. Und genau hier treffen sich die toleranten aufgeklärten »Experten« mit den muslimischen Fundamentalisten, die behaupten, alles Wissen befinde sich im Koran. Das ist das Argument, das für den Zerfall des Abbasiden-Reiches, von al-Andalus und dem Untergang des Osmanischen Reiches mitverantwortlich war. Das ist das Argument, das eine Wissensmauer zwischen Europa und der islamischen Welt hochgezogen hat, weshalb viele Muslime heute die Evolutionstheorie strikt ablehnen und das weltliche Wissen für unwichtig halten. Das ist genau das Argument, das die Aufklärung in der islamischen Welt bis heute aufgehalten hat.

Wenn man muslimischen Schülern sagt, dass es bereits eine islamische Aufklärung gegeben habe und dass die Scharia mit modernen Verfassungen kompatibel sei, dann müssen sie nichts unternehmen, um die Situation zu verändern. Sie müssen nur nach einem Sündenbock suchen, den sie für die miserable politische, wirtschaftliche und gesellschaftliche Lage in der islamischen Welt verantwortlich machen können. Die Selbstverherrlichung, die Abwesenheit von Religions- und Selbstkritik führen dazu, dass sie reflexartig ihren Zeigefinger auf den Westen richten und ihn für ihre Misere verantwortlich machen können.

Die islamische Welt muss sich für die Argumente der Kritiker des Islam öffnen, die dies aus ehrlichen humanistischen Motiven und Interesse heraus tun, nicht aus Hass oder Ressentiments, und sollte sie nicht länger als islamophobe Hetzer oder Verräter aus den eigenen Reihen bezeichnen. Sie könnte eine Reform im Sinne der Aufklärung schaffen, aber das würde mutiger Schritte sowohl von den Machthabern als auch von den Intellektuellen und den Hütern der Religion bedürfen. An Letzteren dürfte bereits der erste Punkt meines Neun-Punkte-Plans für eine Reform scheitern:

1. Die Entmachtung der religiösen Institutionen und die Beschränkung ihrer Aufgaben auf die Organisation von Ritualen wie Gebet und Pilgerfahrt. Ihre religiösen Gutachten dürfen nicht länger in Gesetze übersetzt werden, sondern sollten als unverbindliche Ratschläge für die Muslime gesehen werden.

2. Zivile Angelegenheiten wie Ehe, Scheidung, Erb- und Sorgerecht sollen vom Staat nach dem Prinzip der Gleichberechtigung und der Bewahrung der Interessen von Mann, Frau und Kindern geregelt werden, und nicht von religiösen Institutionen.
3. Reform der Bildung und Förderung des kritischen Denkens durch Philosophie-Unterricht.
4. Die Gleichberechtigung von Mann und Frau darf nicht nur ein Artikel im Gesetzbuch bleiben, sondern soll eine gesellschaftliche Praxis werden. Sowohl Männer als auch Frauen sollen verstehen, dass die Ermächtigung der Frau die Familie nicht bedroht, wie die Konservativen immer sagen, sondern diese Familie erst recht stärkt, denn eine starke, selbstbewusste Mutter ist die Garantie für die Stabilität der ganzen Familie.
5. Religionskritik sollte nicht länger als Ausdruck von Apostasie verstanden werden. Sie zuzulassen, könnte dazu führen, dass Muslime lernen, nach logischen Argumenten zu suchen, um auf diese Kritik zu antworten.
6. Eine faktenbasierte Lesart der islamischen Geschichte in ihrem historischen Kontext könnte die Muslime mit den Prozessen der Entstehung der Scharia und der unterschiedlichen Glaubensrichtungen und Rechtsschulen vertraut machen, damit sie wissen, dass das, was sie für heilig und unveränderbar halten, nur das Ergebnis von historischen Prozessen, Konflikten und dem Streben nach Machterhalt ist, die mit ihrem Leben heute nichts zu tun haben.
7. Despoten, die mit eiserner Hand vermeintlich gegen Islamisten kämpfen, sollten begreifen, dass individuelle Freiheit, Meinungsfreiheit und Demokratie bessere Kämpfer gegen Fanatismus sind. Denn angstgesteuerte, entwürdigte Bürger, die von der Polizei gedemütigt werden und ihre Meinung über die Machthaber nicht öffentlich kundtun dürfen, sind die beste Beute für Fundamentalismus. Angeblich aufgeklärte

Despoten wie Erdoğan – auf einer anderen Ebene Putin oder Xi Jinping – wurden lange als Garanten für Stabilität und gelungene Kooperation mit dem Westen betrachtet, doch die Unterdrückung jedweder Opposition in ihren Ländern und die Abhängigkeit auf vielen Ebenen haben zu allem anderen geführt, aber nicht zu der erhofften Stabilität im Weltgefüge.

8. Despotismus und paternalistische Autoritäten führen zu einer infantilen Gesellschaft, die keine Verantwortung übernehmen kann. Solange keine Alternative im Sinne einer aufgeklärten und mündigen Bürgergesellschaft entsteht, werden Despoten und Islamisten sich gegenseitig bekämpfen und an der Macht ablösen und ihre Länder immer wieder in Bürgerkriege stürzen.
9. Die Freiheit ist unteilbar: Die andere Seite der Medaille der Glaubensfreiheit ist die Freiheit vom Glauben. Menschen, die den Islam verlassen, dürfen nicht länger als Hochverräter, Islamkritiker nicht als Hetzer bezeichnet werden. Eine muslimische Frau darf das Kopftuch anziehen, wenn sie sich dazu entscheidet. Doch eine Frau, die das Kopftuch ablegt, darf nicht von der Familie und der Gesellschaft schikaniert werden. Sie darf heiraten, wen sie will, und sie darf auch unverheiratet bleiben, wenn sie das möchte. Ohne Freiheit gibt es keinen Glauben.

Fazit

Deutschland und der Islam: Geschichte, Gegenwart und Zukunft

Parallelen und Ähnlichkeiten zwischen unterschiedlichen Kulturräumen gibt es in der Geschichte immer wieder, doch diese Parallelen finden sich meist nur in gewissen Aspekten oder innerhalb eines begrenzten Zeitrahmens. Selten kommt es vor, dass zwei völlig unterschiedliche Kulturen fast den gleichen Gründungsmythos, das gleiche Dilemma, das gleiche Lebensthema und den gleichen roten Faden haben, der sich durch ihre Geschichten zieht.

Die Karrieren der deutschen und der islamischen Kultur begannen mit zersplitterten kriegerischen Sippen, die am Rande einer Hochkultur lebten und nach einem gemeinsamen Nenner suchten. Im deutschen Kontext waren es die Germanen, die an der Peripherie des Römischen Reiches lebten und erst mit dem Sieg gegen die Römer in der Varusschlacht im Jahr 9 n. Chr. eine gemeinsame Identität fanden. Nach dem Ende des Römischen Reiches übernahmen die germanischen Königreiche zwar dessen Strukturen, aber die Varusschlacht blieb der einende Gründungsmythos.

Sechs Jahrhunderte später lebten kriegerische arabische Sippen am Rande von Byzanz, und erst der Kampf gegen das christliche Reich schmiedete sie zusammen. Die Schlacht am Yarmuk im Jahr 636 gilt Muslimen als die wichtigste ihrer Geschichte, denn dort konnten die Araber die Truppen des oströmischen Kaisers Herakleios empfindlich schlagen und in der Folge Jerusalem und byzantinische Besitzungen in Palästina, Syrien und später in Ägypten erobern. Auch die Araber übernahmen viele Strukturen von Byzanz, doch gleichzeitig blieb der Kampf gegen das Oströmische Reich die wichtigste Triebfeder für die Herausbildung einer islamischen Identität.

Acht Jahrhunderte später lebten nomadische osmanische Stämme am Rande von Byzanz und träumten davon, das Oströmische Reich zu erobern. Die Schlacht um Konstantinopel wurde zum Gründungsmythos für die Türken. Die Osmanen übernahmen ebenfalls die byzantinischen Strukturen, ihr Sultan nannte sich »Kaiser der Römer«.

Sowohl die Araber und die Osmanen als auch die Germanen eiferten ihren früheren römischen Feinden nach und strebten nach einem ähnlichen Imperium. Doch heute hat Arminius der Cherusker für die Deutschen nicht den gleichen Stellenwert wie Mohamed für die Muslime oder Mehmet Fatih für die Türken. Denn Mohamed hatte die Araber nicht nur auf den Weg zu einer Weltmacht gebracht, sondern sie auch mit einem heiligen Auftrag ausgestattet: damit, die Botschaft Gottes in die Welt zu tragen. Und für viele Türken verkörpert Mehmet Fatih die Hoffnung, wieder eine Weltmacht zu werden und das Schicksal Europas mitzubestimmen.

Der heilige Auftrag Mohameds war Fluch und Segen zugleich. Denn die Muslime spalteten sich in Sunniten und Schiiten, es gab drei unterschiedliche Kalifate gleichzeitig, viele Bürgerkriege und Revolten bedrohten immer wieder den Zusammenhalt des Imperiums. Um überleben zu können, musste der als soziale Revolution gestartete Islam nun zur staatstragenden, herrschaftstreuen Religion umgedeutet werden. Die islamische Theologie hatte die Aufgabe, zunächst die Macht der Umayyaden-Kalifen zu stärken, die während ihrer Dynastie viele Völker mit dem Schwert islamisierten.

Auch als die Abbasiden die Umayyaden stürzten, waren die Theologen wieder gefragt. Die neuen Kalifen erhoben den Anspruch, im Namen der Religion zu herrschen, da sie aus dem Hause des Propheten stammten. Sie ließen eine neue Biographie von Mohamed erstellen, errichteten vier theologische Schulen und nutzten die Idee des Dschihad, um die Welt zu erobern. Gleichzeitig kam es während ihrer Herrschaft zum sogenannten Goldenen Zeitalter der arabischen Kultur.

In Europa herrschte zu diesem Zeitpunkt Karl der Große als König über das Frankenreich. Im Jahr 798 schickte er eine diplomatische Delegation zu Hārūn ar-Raschīd, es kam zum Austausch von Briefen und Geschenken. Der ambitionierte Karl wollte mit den Abbasiden eine Allianz gegen Byzanz schmieden, und der Kalif wollte den Frankenkönig für ein Bündnis gegen seine muslimischen Feinde in Andalusien gewinnen. Und hier zeigte sich, dass Machtpolitik über religiösen Differenzen steht. Hārūn ar-Raschīd wäre bereit gewesen, gegen seine muslimischen Glaubensbrüder an der Seite eines christlichen Königs zu kämpfen, und Karl hätte Christen mit Hilfe eines muslimischen Heeres töten lassen. Im Inneren sorgte die Vermischung von Religion und Macht für Stabilität und machte beide zu Global Playern, die nach außen hin aber jede Grenzziehung entlang der Religion hätten fahren lassen, wenn es denn dem eigenen Machterhalt dienlich gewesen wäre.

Islam und Christentum wurden als Erlösungsreligionen geboren, im Laufe der Zeit aber politisch vereinnahmt und instrumentalisiert. Beide Religionen stützten die Machtansprüche ambitionierter Monarchen, die von Gottes Gnaden herrschten und dessen Reich nun auf Erden errichten wollten. Der Anspruch, den jeweils rechten Glauben zu vertreten, führte nicht nur zu Konflikten zwischen Christen und Muslimen, sondern auch zu innerislamischen und innerchristlichen Kriegen. Die Religion, die von beiden Seiten als Herrschaftsmittel missbraucht wurde, geriet zum Spaltpilz sowohl in Europa als auch in der islamischen Welt.

Die Reformation hatte zu einer Kirchenspaltung geführt und der Anspruch von Katholiken und Protestanten, Schutzschild der Christenheit zu sein, zu brutalen Kriegen zwischen europäischen Mächten. Der Dreißigjährige Krieg war der traurige Abschluss dieses Anspruchs. Historiker sehen das christliche Schisma als direkte Folge der Errichtung des Heiligen Römischen Reiches, denn ohne das Reich und seine Fürsten hätte es keine Reformation gegeben, und ohne die Reformation wäre es nicht zum Dreißigjährigen Krieg gekommen. Nach dessen Ende lebte das Heilige Römische Reich in den Träumen der Deutschen weiter. Und das verzögerte die Einigung der deutschen Fürstentümer und somit die Errichtung eines modernen Nationalstaates. Man versteckte sich hinter der Romantik, hinter Absolutismus und Nationalismus und blickte skeptisch auf die politischen Ideen der Aufklärung.

Ähnlich verlief die islamische Geschichte. Obwohl der Kampf zwischen den unterschiedlichen Kalifaten viele Muslime das Leben kostete und Elend über die Welt brachte, blieb das Konzept des Kalifats das einzige politisch anerkannte. Der Islam spaltete sich nicht nur in Sunniten und Schiiten auf, sondern in über siebzig Untergruppen. Jede von ihnen meinte, ihr Weg und ihr Konzept des Kalifats seien der Weg zur Erlösung und zur Erfüllung des Plans Gottes. Nach dem Zusammenbruch des letzten Kalifats im Nachgang des Ersten Weltkriegs verpassten die Muslime es – ähnlich wie die Deutschen nach dem Dreißigjährigen Krieg –, moderne Nationalstaaten zu errichten. Während sich die Welt weiterentwickelte, versteckten sich Muslime hinter einer Form der Romantik, die das Vergangene idealisierte und die Moderne ablehnte. In der islamischen Welt gab es nur zwei Antworten auf diese Zeitenwende: Die Rückkehr zum Ursprung des Islam und die Wiederherstellung des Kalifats oder die Flucht in die Ideologie eines panarabischen Nationalismus, gewissermaßen ein Anknüpfen an die altarabische Sippenmentalität. Beide Antworten setzten auf Erlösung durch eine Hinwendung zur Vergangenheit, ein Anknüpfen an vermeintlich glorreiche Zeiten.

Das Kalifat und das Heilige Römische Reich waren zwei geniale identitätsstiftende Ideen. Doch das, was einst zur Stärke dieser alten Reiche beigetragen hatte, schwächte sie später. Die Bevölkerung, aber auch die politischen Realitäten, konnten die Ansprüche dieser beiden Ideen nie wirklich erfüllen. Dennoch wurden diese Ideen zu einem mentalen und politischen Gefängnis für die Untertanen und ihre Machthaber in Deutschland und in der islamischen Welt.

Der deutsche Faschismus und die Katastrophe des Zweiten Weltkriegs waren eine Spätfolge der Reichsidee und der deutschen Romantik. Fast 2000 Jahre nach der Varusschlacht dachten die Deutschen, sie müssten zum Kampfgeist und zum germanischen Heldentum zurückkehren, ihre Feinde besiegen und ein tausendjähriges Reich errichten. Eine Spätfolge der arabischen Romantik war die vernichtende Niederlage gegen Israel im Sechstagekrieg, wo die Araber den Sinn für den politischen Realismus verloren und im Namen der Sippe gegen eine militärisch überlegene Macht in den Krieg zogen, statt mit ihr zu verhandeln. Und eine Spätfolge der Kalifats-Romantik war der moderne Islamismus, der auch zum Aufstieg des IS führte.

Nach dem Krieg war Deutschland gezwungen, mit der Vergangenheit zu brechen und den Traum vom Reich endgültig zu begraben. Nach der Aufklärung war das Christentum wieder nur Religion in Europa geworden. Das befreite die Religion von der Last der politischen Gestaltung und die Politik von den Ansprüchen der Religion. Gleichwohl wurde in Deutschland die Säkularisierung nicht konsequent genug durchgesetzt. Die Kirchen haben nach wie vor viel Einfluss und übernehmen viele Aufgaben, die eigentlich in den Zuständigkeitsbereich des Staates und der privaten Wirtschaft fallen sollten. Und über die Kirchensteuer, die der Staat eintreibt, streicht die Kirche bis heute Geld ein, das einst gedacht war als Entschädigung für verloren gegangene Pfründe.

Die islamische Welt wagt den Bruch mit der eigenen Vergangenheit bis heute nicht und wurde dazu von außen auch nie wirklich gezwungen. Sie hielt am Islam als Religion und Staat in einem fest, weil sie darin immer noch die einzige Quelle für die eigene Identität und den einzigen Weg für Erlösung im Jenseits sieht. Für gläubige Muslime, die in der Religion spirituellen Halt finden, sich aber nach einem Leben frei von Dogmen und Bevormundung etwa durch die Scharia sehnen, ist das ein großes Problem. Denn im Islam ist Religion eben nicht Privatsache. Der Wunsch nach Freiheit wird sanktioniert – von Religionswächtern, selbst ernannten Scharia-Polizisten, der eigenen Familie, der Community.

Auch deshalb gibt es in Europa bei der Integration von Muslimen deutlich mehr Probleme als mit anderen Einwanderungsgruppen. In ihrem Buch »Politischer Islam. Stresstest für Deutschland« führt die Ethnologin Susanne Schröter gleich mehrere Konfliktbereiche an. Einer davon ist die religiöse Erziehung, die nicht nur im Elternhaus stattfindet. In Deutschland gibt es über 2000 Koranschulen, zwischen 47 und 60 Prozent der hier lebenden muslimischen Schüler besuchen sie neben dem normalen Schulunterricht. Die Mehrzahl der Koranschulen wird von den Islamverbänden geleitet und entzieht sich staatlicher Kontrolle. Die Indoktrinierung trägt Früchte. So nahm religiöses Mobbing an Grund- und weiterführenden Schulen in den vergangenen Jahren beständig zu. Betroffen von verbalen und tätlichen Angriffen waren jüdische und andersgläubige Mitschüler, aber auch muslimische Mädchen, die kein Kopftuch trugen.

Ein weiteres Problemfeld sieht Schröter im religiösen Extremismus in den Reihen der Flüchtlinge, die seit 2015 nach Europa strömen. Hier warnt die Expertin vor allem vor dem wachsenden Einfluss der Salafisten auf die Neuankömmlinge.

Und schließlich sieht sie die Kooperation des Staates und der kirchlichen Würdenträger mit dem politischen Islam sehr kritisch. Das Hofieren der Islamverbände legitimiert und stärkt sie, schwächt aber gleichzeitig die Stimmen der Reform innerhalb der muslimischen Communities. Diese Stimmen gibt es, daher sollte man auch nicht nur über Islamismus sprechen, wenn man über Muslime in Europa redet. Auch wenn die Unterscheidung zwischen Islam und Islamismus politisch irrelevant sein mag und – nach Tilmann Nagel – keine neuen Erkenntnisse mit sich bringt, halte ich eine Unterscheidung von Muslimen und dem politischen Islam für zwingend notwendig. Denn nicht jeder Muslim ist ein Koran auf zwei Beinen.

In Deutschland und in Europa leben viele Millionen friedliche Muslime, die nichts für das können, was islamistische Bewegungen im Schilde führen. Es ist wichtig, diese Muslime als loyale Staatsbürger zu gewinnen, sie nicht als Fremde zu behandeln und sie sowohl vor Diskriminierung und Rassismus als auch vor der Ideologie des Islamismus zu schützen. Das gelingt nur durch Bildung, Aufklärung und kulturelle und gesellschaftliche Teilhabe. Diese Muslime sollte man fördern und jene bekämpfen, die im Namen ihrer Religion politisch Einfluss zu gewinnen suchen und eine kritische Auseinandersetzung mit dem Islam mit Rassismus gleichsetzen.

Es gibt mittlerweile viele unabhängige muslimische Theolog*innen und Islamwissenschaftler*innen, die für einen weltoffenen, gewaltlosen Islam plädieren. Gerade die Tatsache, dass immer mehr muslimische Frauen diese Felder inzwischen akademisch beackern, sollte Anlass für Hoffnung sein. Sie haben neben der Religion auch Philosophie und Literatur studiert und sind imstande, die religiösen Texte in ihrem historischen Kontext zu lesen. Allerdings fehlen Moscheen, in denen sie ihren aufgeklärten Islam vor einer großen Zuhörerschaft verkünden könnten. Denn die meisten Moscheen sind nach wie vor fest in den Händen des politischen Islam. Die Islamverbände sind nicht daran interessiert, dass sich hier lebende Muslime mit Europa und seinen Werten identifizieren, denn sie leben von der Kluft zwischen

Muslimen und den europäischen Werten. Eine ganze islamische Ökonomie hat sich um diese Kluft gebaut: Islamic Banking, Pilgerfahrt-Tourismus, *Halal*-Essen, *Halal* leben usw. Die Angst konservativer Muslime vor der vermeintlich sündhaften europäischen Lebensweise ist das Kapital dieser Verbände. Außerdem liegt es nicht im Interesse des türkischen Präsidenten Erdoğan, dass sich die hier lebenden Türken als Europäer fühlen. Sie sind seine Speerspitze, ein probates Druckmittel, um seine Politik und Interessen auch hierzulande durchzusetzen. Deshalb wollen Islamverbände wie DITIB nicht nur die Moscheen und ihre Imame kontrollieren, sondern auch das, was in europäischen Schulen über den Islam gelehrt wird. Deutschland hat Millionen für den Bau islamisch-theologischer Zentren bereitgestellt, um einen europäischen Islam zu fördern. Doch als die ersten Absolventen dieser Zentren Imame oder Islamlehrer an deutschen Schulen werden wollten, lehnten die Islamverbände dies strikt ab. Der Sprecher des größten islamischen Verbandes DITIB sagte bei der Islamkonferenz 2018, deren Mitglied ich damals war, Imame aus deutschen Universitäten würden die Standards seiner Organisation nicht erfüllen. Man darf sich fragen, welche Standards hier gemeint sind. Um akademische kann es jedenfalls nicht gehen. Und wie war die Reaktion der deutschen Politik auf diese Arroganz? Man nahm diese Absage kommentarlos zur Kenntnis und ließ die Verbände weiterhin die eigenen Imame ausbilden.

Nur 15 Prozent der hier lebenden Muslime sind in den Islamverbänden organisiert. Nicht jeder dieser Verbände will Deutschland islamisieren oder ein verlängerter Arm der türkischen Regierung oder der Muslimbruderschaft sein. Doch die alte Garde in den Verbänden sorgt dafür, dass die fortschrittlichen Stimmen kein Gehör finden, weil sie die politische und ideologische Ausrichtung der Verbände bedrohen. Genau hier müsste die Politik ansetzen. Europa muss die Reformkräfte innerhalb der islamischen Gemeinschaften fördern und diese vor der Hetze der Islamisten schützen. Die Strategie der Aufklärung im Umgang mit dem Islam ist nötiger denn je: Toleranz und Religionskritik – you can't have one without the other! Der Politologe Bassam Tibi bringt es auf den Punkt: »Europa könnte heute dadurch seinen Dank für die damaligen rationalen Impulse von den arabischen Philosophen abstatten, indem es versucht, dem Islam jenen Rationalismus zurück zu vermitteln, den es seinerzeit von dieser Seite empfangen durfte. Aber dazu braucht es auch die Bereitschaft auf der anderen Seite, und die Bedingungen hierfür sind zurzeit alles andere als günstig.«[1]

Die wirtschaftlichen Interessen Europas, die Emotionalität, mit der die Diskussion über den Islam geführt wird – wenn sie denn überhaupt geführt wird –, und die Hartnäckigkeit des politischen Islam erschweren diese Aufgabe. Europäische Politiker meinen, die Muslime müssten diese Reformen selbst durchführen und dürften nicht von außen dazu gedrängt werden. Diese Einstellung ist im Grunde richtig, doch die Politik hält sich nicht an ihr Neutralitätsgebot. Denn nicht die Reformer werden hier gefördert, sondern die reaktionären Kräfte, deren Projekte im Namen der Toleranz und Vielfalt teils sogar finanziert werden. Offen reaktionären Kräften kann man entgegentreten, bei verdeckt operierenden ist das weitaus schwieriger. Umso wichtiger wäre es, sich mit Netzwerken zu befassen und deren Wurzeln offenzulegen und gleichzeitig Reformer und Kritiker anzuhören, anstatt sie zu diskreditieren. Damit spielt man nur dem Islamismus in die Hände.

Ein erster Schritt wäre, wenn sich Europa offen zu den eigenen Werten bekennen und sie verteidigen würde. Ein zweiter wäre es, Islamreformer in Westeuropa und in Nordamerika, aber auch in der islamischen Welt von Indonesien bis Marokko zu unterstützen, die für Säkularisierung und demokratische Reformen plädieren. Diese Kräfte brauchen dringend unsere Hilfe, denn sie sind unsere besten Verbündeten.

Wenn Europa diesen Reformern schon nicht beistehen will,

dann sollte es zumindest deren Feinde nicht politisch und logistisch unterstützen. Ich plädiere keineswegs dafür, dass man mit den konservativen Muslimen nicht redet. Im Gegenteil. Ein Dialog mit ihnen ist sehr notwendig, doch er muss symmetrisch und ergebnisorientiert geführt werden. Es reicht nicht, wenn konservative Muslime den Westen anklagen und ihn für ihre aktuelle Misere verantwortlich machen, während die westlichen Teilnehmer sich zu ihrer Schuld bekennen. Das ist Erpressung, kein Dialog. Es reicht auch nicht, wenn die christlichen Kirchen sich mit den konservativen Islamverbänden treffen und die Abstammung der beiden Religionen von Abraham betonen. Gemeinsamkeiten zu suchen, ist eine wunderbare Sache, doch noch wichtiger ist es, die Wurzeln der Konflikte ehrlich zu thematisieren und einen Wertekonsens zu suchen. Außerdem muss dieser Dialog die theologische Sphäre verlassen, denn die konservativen Muslime haben kaum ein Problem mit den Kirchen. Vielmehr haben sie einen Konflikt mit der säkularen Welt und mit der Kritik aus den eigenen Reihen. Deswegen muss der Dialog sich auf Fragen des Zusammenlebens konzentrieren. Ein Wertekonsens bedeutet nicht, einen Mittelweg zwischen Religion und Freiheit zu finden. Die Freiheit sollte der Schirm sein, unter dem auch die Religion existieren darf. Derzeit fungiert die Religion in muslimischen Communities aber eher wie ein Schutzschild gegen die Freiheit.

Die Geschichte des Islam ist nicht nur mit der Europas verflochten, sie wird auch unsere Zukunft mitbestimmen. Die Frage ist nur, ob die Demokratie den Islam für ihre Vorzüge öffnen kann oder ob der Islam die Demokratie islamisieren wird. Welcher Teil des Islam wird die Oberhand gewinnen? Die rationalphilosophischen Gedanken aus dem Mittelalter? Der mystische Sufismus? Oder der identitär-orthodoxe Scharia-Islam? Alle drei Richtungen sind längst in Europa angekommen, alle drei werben um Anhänger. Millionen Muslime leben hier, und viele von ihnen sind mit Kopf und Herz längst Europäer. Aber auch Islamisten und ihre Sympathisanten leben unter uns, sie nutzen die Freiheit und die Demokratie und wollen Europa zur Basis für die Errichtung eines neuen islamischen Reiches machen. Einige von ihnen werben öffentlich für die Scharia und den Dschihad, andere versuchen eine Unterwanderung durch den Marsch durch die Institutionen. Im Schatten der Kirchen und der modernen Landesfürsten, die sich nach wie vor für das Seelenheil ihrer Untertanen verantwortlich fühlen, gelingt es ihnen, wichtige Aufgaben wie den konfessionsgebundenen schulischen Islamunterricht, die Seelsorge und Integrationsarbeit zu übernehmen.

Anhänger des Kalifats nutzen die unvollendete Säkularisierung und das Schuldbewusstsein Deutschlands aus, um ihren Traum in Europa zu verwirklichen. Dies ruft wiederum die Rechten und die Reichsbürger auf den Plan, die das Abendland ein weiteres Mal vor dem Islam retten wollen. Und die identitären Rechten provozieren wiederum die woken Identitätslinken, die sich im Namen des Antirassismus schützend vor alle Muslime stellen und dadurch vor allem dem politischen Islam in den Sattel verhelfen.

Und so schließt sich der Kreis: Die Geschichte begann mit Sippen, die nach ihrer Identität suchten, dann kam die identitätsstiftende Religion, dann das Reich und schließlich seine Auflösung. Heute kehren wir zurück zum sippenhaften Identitätswahn, zu Abgrenzung und Nationalismus.

Es scheint, dass das Konzept der Toleranz, das eigentlich ein Kind der Religionskriege war, heute nicht mehr imstande ist, neue Formen von Intoleranz zu stoppen. Toleranz war einst eine der Stärken Europas, doch sie darf auf keinen Fall zur Schwäche des alten Kontinents werden. Sie darf nicht den Intoleranten zugutekommen, die sie nur dazu nutzen, um Europa zu unterwandern. Europas größte Stärke war und ist die Rationalität, und die wichtigste Errungenschaft des alten Kontinents ist die Aufklärung. Wann immer Rationalität und Aufklärung zugunsten von

Religion oder Nationalismus aufgegeben wurden, kam es zu Katastrophen auf europäischem Boden. Das Gleiche gilt auch für die islamische Geschichte. Die Öffnung der Muslime für Rationalität und Philosophie im Mittelalter bescherte ihnen ein goldenes Zeitalter, und die Entfernung davon katapultierte sie in die Isolation.

Das Leben der Muslime in Europa, die hier gut integriert sind, ihren Glauben als Privatsache betrachten und die Werte der Demokratie achten, könnte heute Anlass für die Religionshüter sein, ihre Religion zu rationalisieren und sich von ihrem Konfliktpotenzial zu lösen. Stattdessen befeuert die Religion auch hierzulande irrationale, identitäre und sogar gewaltbereite Tendenzen. Viele Muslime haben es bislang nicht geschafft, das Beste aus Europa zu übernehmen, nämlich die Aufklärung, und Europa hat es bislang nicht geschafft, das Beste aus dem Islam zum Vorschein zu bringen, nämlich seine spirituelle Kraft. Wir haben es einmal mehr mit einer asymmetrischen Begegnung von zwei Kulturen zu tun, denen es nicht gelingt, einen gemeinsamen Nenner zu finden. Denn die eine Kultur ist sich ihrer Identität nicht so sicher, wie sie sein sollte, und stellt **die eigenen** Werte leichtfertig infrage, und die andere sucht ihr Heil nach wie vor in der Vergangenheit.

Wenn beide Kulturen etwas aus der Vergangenheit gelernt haben sollten, dann sollten sie wissen,

- dass die Betonung von konfliktgeladenen Identitäten dem Zusammenleben schadet, die Forschung und die Kreativität hemmt und die Sicherheit der Gesellschaft bedroht
- dass die Überhöhung von Religion und Emotion auf Kosten der Rationalität eine Atmosphäre der Intoleranz gegenüber Andersgläubigen und Andersdenkenden erzeugt, was zu Spaltungen und Bürgerkriegen führen kann
- dass die Integration einer Minderheit innerhalb der Gesamtgesellschaft nicht nur Toleranz voraussetzt, sondern auch die Teilhabe dieser Minderheit am kulturellen Leben und ihre Loyalität gegenüber dieser Gesellschaft

- dass Vielfalt nicht nur Diversität von Ethnien und Religionen bedeutet, sondern auch von Meinungen und Lebensentwürfen
- dass ein verengter Diskursraum weder die Minderheit noch die Gesamtgesellschaft vor Konflikten schützt, sondern den fruchtbaren Boden für die Entstehung und das Florieren radikaler Ideologien und Verschwörungstheorien schafft
- dass Identitätswahn und Sippenmentalität eine Gesellschaft destabilisieren, Seperatismustendenzen stärken und eine Kooperation mit anderen Kulturen unmöglich werden lassen
- dass die Trennung von Religion und Staat nicht die Absicht hat, die Spiritualität der Menschen zu schwächen, sondern die Religion aus Bereichen zu entfernen, wo sie mehr Konflikte als Lösungen hervorbringt. Die säkulare, demokratische Grundordnung schützt die Gesellschaft vor dem negativen Einfluss der Religion, garantiert aber gleichzeitig die Religionsfreiheit.

Religionsfreiheit ist keine Narrenfreiheit. Sie endet da, wo sie andere Grundrechte wie persönliche Freiheit, Meinungsfreiheit und Gleichberechtigung von Mann und Frau beeinträchtigt oder infrage stellt. Religionskritik ist die andere Seite der Medaille der Religionsfreiheit. Ohne Religionskritik gibt es keine Reform.

Europa, ich habe es bereits betont, braucht wieder eine Doppelstrategie wie die von Karl dem Großen im Umgang mit dem Islam, nur moderner: ein entschiedener Kampf gegen die Kräfte, die Europa islamisieren wollen und gleichzeitig die Inklusion von europäischen Muslimen, die sich mit unseren Werten identifizieren und sich von den Herkunftsländern nicht länger instrumentalisieren lassen wollen. Europa und die Muslime brauchen einander. Sie werden einander verändern, weil dies der natürliche Lauf der Geschichte ist. Doch diese Veränderung muss zum Vorteil beider geschehen. Im Moment scheint sie für beide eher eine Last zu sein, eine Bedrohung.

Das liegt daran, dass auf beiden Seiten viel Misstrauen vorhanden ist. Es liegt daran, dass die Begegnung zwischen beiden oft asymmetrisch abläuft. Die eine Seite ist oft belehrend, während die andere ablehnend bleibt. Oder die eine Seite wirkt beschützend, während die andere Seite klagend oder anklagend auftritt. Auf beiden Seiten gibt es Gruppen, die auf die anderen verachtend und hasserfüllt reagieren und die sogar das Existenzrecht der anderen infrage stellen. Beide Seiten tragen aus der Geschichte viele Erinnerungen im Herzen und im Bewusstsein, die mit Verletzungen und Konflikten verbunden sind. Es ist an der Zeit, diese Asymmetrie zu beenden. Es ist an der Zeit, mit dem Islam anders umzugehen, ihn weder als Feind noch als Opfer zu betrachten. Es ist an der Zeit, Muslime ernst zu nehmen, statt sie zu verteufeln oder paternalistisch vor Kritik schützen zu wollen. Es ist höchste Zeit zu verstehen, dass alte identitätsstiftende Konzepte wie das Kalifat und das Deutsche Reich nicht mehr zeitgemäß sind und mehrfach gescheitert sind, weil sie auf Selbstverherrlichung und Feindseligkeit gegenüber dem Rest der Welt aufbauten.

Wir brauchen einen neuen, zeitgemäßen Gründungsmythos für unser Zusammenleben. Einen Mythos, der zukunftsorientiert ist und sich nicht aus der konfliktbeladenen Vergangenheit speist. Einen Mythos, der von der Freiheit, nicht von der Angst inspiriert wird. Die Geschichte sollte uns dabei als Mentor dienen und nicht als Meister über uns herrschen. Deshalb müssen wir wieder über den Islam, seine Geschichte und seine Gegenwart reden!

Anhang

Anmerkungen

Vorwort

1 *DIE ZEIT*, 5/2018
2 https://medienvertrauen.uni-mainz.de/forschungsergebnisse-der-welle-2020-3/
3 https://www.rundschau-online.de/news/politik/nach-macron-aeusserungen-erdogan-nennt-europaeische-politiker--faschisten--37538858?cb=1652360323531&
4 Ibn al-Haddschādsch, Muslim: Ṣaḥīḥ Muslim, kitab al-iman, Band 1, S. 128

Einführung

1 Matthäus 22:21
2 Johannes 18:36

Kapitel 1 Von Byzanz nach Mekka: Der Einfluss des Oströmischen Reiches auf die Entstehung des Islam

1 Tilman Nagel: Mohammed. Leben und Legende, S. 155 f.
2 al-Kalbī: al-asnām, S. 22
3 Tilman Nagel: Mohammed. Leben und Legende, S. 38
4 Al-Baghdadi: al-munammaq fi akhbār Quraisch, S. 42
5 al-Qimany: al-hizb al-hāshimi wa taa'sīs al-dawla al-islamiyya S. 14–49
6 vgl. Volker Popp: »Die frühe Islamgeschichte nach inschriftlichen und numismatischen Zeugnissen«; in: Ohlig, Karl-Heinz und Puin, Gerd (Hrsg.): Die dunklen Anfänge. Neue Forschungen zur Entstehung und frühen Geschichte des Islam, S. 16–123
7 Patricia Crone, Michael Cook: Hagarism. The Making of the Islamic World, S. 23–79
8 Tom Holland: In the Shadow of the Sword: The Battle for Global Empire and the End of the Ancient World, S. 12–55
9 Sahīh Muslim: Hadith 307, Kapitel 2
10 Ibn Saa'd: al-tabaqāt 1:196

Kapitel 2 **Von Mekka nach Medina: Die Geburt der Scharia aus dem Geist des Krieges**

1 Ali, Gawad: al-mufassal, 9:616–617
2 Patricia Crone, Michael Cook: Hagarism. The Making of the Islamic World, S. 23–79
3 Ibn Sa'ad: al-tabaqāt, 1:241

Kapitel 4 **Von Kufa nach Damaskus: Die Umayyaden an der Macht**

1 At-Tabarī: Tarikh 3, S. 60
2 l-Ish, Youssuf: ad-dawla al-umawiyya wal-ahdāth allati sabaqatha wamahadat laha, S. 234–236

Exkurs **Von Delhi bis Marrakesch: Die Ausbreitung des Islam**

1 https://www.science.org/doi/10.1126/science.abg4044
2 Paul Wittek: The Rise of the Ottoman Empire. Studies in the History of Turkey, 13th–15th Centuries, S. 15–84
3 Rudi Paul Lindner: »What was a Nomadic Tribe?«, in: *Comparative Studies in Society and History*, 24/4,1982, S. 689 ff.
4 Ömer Lütfi Barkan: *Osmanlı İmpartorluğunda bir iskan ve kolonizasyon metodu olarak sürgünler.* İktisat fakultesi mecmuası 11, S. 539 f.; zitiert nach: Rudi Paul Lindner: »Stimulus and Justification in early Ottoman History«, in: *The Greek Orthodox Theological Review*, Vol. 27, 1982, S. 207–223
5 Halil İnalcık: *Fatih devri üzerinde tetkikler ve vesikalar.* 1, S. 141 ff.; zitiert nach: Rudi Paul Lindner: »Stimulus and Justification in early Ottoman History«, a. a. O.

Kapitel 5 **Von Damaskus nach Bagdad: Die Abbasiden und der Streit der Gelehrten um Glauben und Vernunft**

1 Ibn Hischām: as-srīa an-nabawiyya, S. 12 ff.
2 Ibn Hischām: as-sīra an-nabawiyya, S. 16 ff.
3 Ibn al-Haitham, al-Hassan: al-shukuk ala batlaimos, S. 12
4 Jennifer Michael Hecht: Doubt: A History: The Great Doubters and Their

Legacy of Innovation from Socrates and Jesus to Thomas Jefferson and Emily Dickinson, S. 227–230

5 Ibn Sina: al-irshadāt, S. 131

Exkurs **Der Sufismus oder die mystische Revolution einer Frau, die von den Männern vereinnahmt wurde**

1 Annemarie Schimmel (Hrsg.): Gärten der Erkenntnis. Das Buch der vierzig Sufi-Meister, S. 21

2 Ibn ʿArabi, Muhyi ad-Din: turjuman al-ashwāq, S. 69

Kapitel 6 **Von Bagdad nach Córdoba: Ein Musikmeister, zwei Kalifate und der Mythos von Al-Andalus**

1 Darío Fernández-Morera:»The Myth of the Andalusian Paradise«, in: *The Intercollegiate Review*, 2006, S. 23–31

2 Frederick M. Schweitzer, Marvin Perry: Anti-Semitism: Myth and hate from antiquity to the present, S. 267 f.

3 vgl. Hamed Abdel-Samad: Der islamische Faschismus. Eine Analyse, S. 86 ff.

4 Raghib al-Sirgani: qissat al-andalus minal-fath ilal-suquut, S. 179 f.

5 Ibn Khaldūn: al-Muqaddima, Bd. 1, S. 628 ff.

Kapitel 8 **Von Clermont nach Jerusalem: Die Kreuzzüge und das islamische Europa-Trauma**

1 Ibn al-athir: al-kamil fit-tārikh, Bd. 6, S. 94

2 vgl. Bassam Tibi: »Der Beitrag des Islam zur Kultur Europas«, *Schweizer Monat*, Ausgabe 926, Juni 2003

3 ebd.

Kapitel 9 **Von Konstantinopel nach Wien: Die Osmanen und das europäische Islam-Trauma**

1 Musnad Ahmad, Hadith Nr. 18565

2 Abdel-Aziz: Mohsen: lail al-khilafah al-uthmaniyya at-tawīl (Die lange Nacht des Osmanischen Kalifats), S. 58–91

Kapitel 11 **Von Ismailia nach München: Die Geburt des Islamismus aus dem Bauch der Niederlage**

1 Tilman Nagel: »Islam oder Islamismus? Probleme einer Grenzziehung«, in: Hans Zehetmair: Der Islam. Im Spannungsfeld von Konflikt und Dialog, S. 32 f.
2 Raschīd Ridā: Al-Hiläfa au al-imäma al-ʾuzmä, in: Henri Laoust: Le Califat dans la doctrine de Rashid Rida, S. 116
3 Vgl. Hamed Abdel-Samad: Der islamische Faschismus. Eine Analyse, S. 78
4 Maududi, Sayyed Abul Aʾla: Als Muslim leben, Karlsruhe, 1995, S. 260
5 Maududi, Sayyid Abul Ala: minhāj al-inqilāb al-islāmi, S. 19
6 Al-Banna, Hassan: muthakkirāt al-daaʾwa wal-dāiʾya, Kairo 1992, zitiert nach: al-Khirabawi, Tharwat: Sirr al-Maaʾbad. Cairo: Dar Nahdet Masr, 2012, S. 11 ff.
7 Sayyid Abul Aʿla Maudūdī: Als Muslim leben, S. 268
8 Wöhler-Khalfallah, Katja: Islamischer Fundamentalimus. Von der Urgemeinde bis zur Deutschen Islamkonferenz, S. 146
9 Verfassungsschutzbericht 2016, S. 205
10 vgl. https://www.kas.de/de/web/extremismus/islamismus/die-muslimbruderschaft-in-deutschland
11 *Kölner Stadtanzeiger*, https://www.ksta.de/artikel-vom-20-12-2007-el-zayat--der-herr-der-moscheen-12966278?cb=1657020902391&
12 Nederlandse Moskeeenbouw – en Ondersteunings Gemeenschap (NMOG), Niederländische Handelskammer Aktenzeichen: 34106272
13 *Welt am Sonntag*, 17. Juli 2016

Kapitel 12 **Von Lessing zu Rifaʾa at-Tahtawi: Die Aufklärung und der Islam**

1 at-tahtawi, Rifaaʾa: talkhīs al ibrīz S. 154–192
2 at-tahtawi, Rifaaʾa: talkhīs al ibrīz S. 68
3 at-tahtawi, Rifaaʾa: al-murshid al-amin S. 119–282
4 at-tahtawi, Rifaaʾa: Sirat sakin al-Hijaz, 3. Band, S. 28

Kapitel 13 **Von Prometheus zu Adorno: Was bedeutet Aufklärung?**

1 Sahih al-buchari, Hadith Nr. 6429

Fazit **Deutschland und der Islam: Geschichte, Gegenwart und Zukunft**

1 https://schweizermonat.ch/der-beitrag-des-islam-zur-kultur-europas/

Literaturverzeichnis

Abdel-Aziz: Mohsen: lail al-khilāfah al-uthmāniyya at-tawīl. Kairo 2021

Abdel-Samad, Hamed: Der islamische Faschismus. Eine Analyse. Droemer Verlag, München 2014

Abdel-Samad, Hamed: Mohamed. Eine Abrechnung. Droemer Verlag, München 2015

Abul Aʿla Maudūdī, Sayyid: Als Muslim leben. Cordoba-Verlag, Karlsruhe 1995

Abul Aʿla Maudūdī, Sayyid: minhāj al-inqilāb al-islāmi. Kairo 1977

Akhavi, Shahrough: Religion and Politics in Contemporary Iran. State University of New York Press, Albany 1980

Al-Azraqi, Muhammad Ibn Abdullah: akhbar makka wama jaaʾa fiha. Mekka 2004

Al-Bannā, Hassan: rasaʾel al-imām al-shahīd Hassan al-Bannā, dar al-daaʾwa. Kairo 2008

Al-Baghdadi: al-munammaq fi akhbār Quraisch. Kairo 2008

Al-Buchari, Mohamed Ibn Ismael: Sahīh al-Bukhārī. Beirut 1982

Al-Gabarti: Bonaparte in Ägypten: Aus der Chronik des Abdarrrahman Al-Gabarti. Piper Verlag, München 1989

Ali, Gawad: al-mufassal fī tārīkh al-arab qablal-islām. Bagdad 1993

Al-Hariri, Abou Mousa: qiss wa nabī, bahth fi nashaʾat al-islām. Beirut 2001

Al-Ish, Youssuf: ad-dawla al-umawiyya wal-ahdāth allati sabaqatha wamahadat laha, Dar al-Fikr. Damaskus 1985

Al-Kalbi, Hisham Ibn Muhammad: al-asnam. Dar al-Kutub, Kairo 2000

Al-Khirbawi, Tharwat: sirr al-maaʾbad. Kairo 2010

Al-Khirabawi, Tharwat: qalb al-ikhwān. Kairo 2011

Al-Namnam, Hilmy: hassan al-Bannā allathi la yaaʾrifuhu ahad. Kairo 2011

Al-Qimany, Sayyed: al-hizb al-hāshimi wa taaʾsīs al-dawla al-islamiyya. Kairo 1996

Al-Rasafi, Marouf: al-shakhsiyya al-muhammadiyya. Al-Kamel Verlag, Köln 2002

Al-Sirgani, Raghib: qissat al-andalus minal-fath ilal-suquut. Kairo 2011

Al-Tabari, Abi Gaaʾfar Mohamed Ibn Jarir: tārikh al-umam wal-muluk (1–3). Beirut 1988

Amin, Ahmed: Fajr al-Islām. Beirut 2000

Amin, Ahmed: Duha al-Islām. Beirut 2000

Arendt, Hannah: Elemente und Ursprünge totaler Herrschaft: Antisemitismus. Imperialismus. Totale Herrschaft. Piper Verlag, München 1991

Ashmawi, Ali: a-ttarīh a-ssirri lil-ikhwān al-muslimin. Kairo 2006

Aslan, Reza: Kein Gott außer Gott. Der Glaube der Muslime von Muhammad bis zur Gegenwart. Piper Verlag, München 2008

As-Suyuti, Abuʿl-Fadl: History of the Umayyad Caliphs. Ta-Ha Publishers, London 2015

At-tahtawi, Rifaa'a: Taḫlīṣ al-ibrīz fī talḫīṣ Bārīz. Bulaq, Kairo 1849

At-Tahtawi, Rifaʿa: al-murshid al-amīn fi tarbiyat al-banāt wal-banīn. Beirut 1997

At-Tahtawi, Rifaʿa: Sirat sākin al-Hijāz. Kairo 2002

Benz, Wolfgang: Geschichte des Dritten Reiches. dtv, München 2003

Brenner, Michael: Kleine Jüdische Geschichte. C.H.Beck Verlag, München 2008

Brynjar, Lia: Society of the Muslim Brothers in Egypt: The Rise of an Islamic Mass Movement, 1928–1942. Garnet Publishing, Reading 1999

Ceylan, Rauf und Kiefer, Michael: Salafismus. Fundamentalistische Strömungen und Radikalisierungsprävention. Springer Fachmedien, Wiesbaden 2013

Chomeini, Ajatollah: Der islamische Staat. Schwarz Verlag, Berlin 1983

Constable, Olivia R.: Medieval Iberia. Readings from Christian, Muslim and Jewish Sources. University of Pennsylvania Press, Philadelphia 1997

Courbage, Youssef und Todd, Emmanuel: Die unaufhaltsame Revolution. Wie die Werte der Moderne die Islamische Welt verändern. Piper Verlag, München 2007

Croitoru, Joseph: Die Deutschen und der Orient. Carl Hanser Verlag, München 2018

Crone, Patricia und Cook, Michael: Hagarism: The Making of the Islamic World. Cambridge University Press, London 1977

de Bellaigue, Christopher: Die islamische Aufklärung: Der Konflikt zwischen Glauben und Vernunft. S. Fischer Verlag, Frankfurt/M. 2017

Denon, Vivant und Arndt, Helmut: Mit Napoleon in Ägypten (1798–1799). Edition Erdmann, Lenningen 2006

Diner, Dan: Versiegelte Zeit. Über den Stillstand der islamischen Welt. List Verlag, Berlin 2007

Eco, Umberto: Vier moralische Schriften. dtv, München 1999

Eichner, Heidrun (Hrsg.): Averroës: Mittlerer Kommentar zu Aristoteles' *De generatione et corruptione*. Schöningh, Paderborn 2005

El-Hibri, Tayeb: The Abbasid Caliphate. A History. Cambridge University Press, London 2021

Fernández-Morera, Darío: »The Myth of the Andalusian Paradise«. In: *The Intercollegiate Review*, 2006

Fromm, Erich: Die Furcht vor der Freiheit. dtv, München 1993

Göbel, Karl-Heinrich: Moderne schiitische Politik und Staatsidee. Leske + Budrich, Opladen 1984

Groß, Markus und Kerr, Robert: Die Entstehung einer Weltreligion IV. Vom umayyadischen Christentum zum abbasidischen Islam. Schiler & Mücke, Berlin/Tübingen 2021

Habermas, Jürgen: Glauben und Wissen. Suhrkamp Verlag, Frankfurt/M. 2001

Hecht, Jennifer Michael: Doubt: A History: The Great Doubters and Their Legacy of Innovation from Socrates and Jesus to Thomas Jefferson and Emily Dickinson. Harper Collins, New York 2004

Herf, Jeffry: Nazi Propaganda for the Arab World. Yale University Press, New Haven 2010

Himpele, Klemens: Antisemitismus in arabischen Staaten: Eine Einführung. VDM Verlag, Saarbrücken 2008

Holland, Tom: In the Shadow of the Sword: The Battle for Global Empire and the End of the Ancient World. Little, Brown, London 2012

Howard, Douglas: Das Osmanische Reich. Vom Mittelalter bis zum 1. Weltkrieg. wbg Paperback, Darmstadt 2021

Ibn al-athir, Ali Ibn Mohammed: al-kamil fit-tārikh, Dar al-Afkar al-dawliyya. 2009

Ibn ʿArabi, Muhyi ad-Din: turjuman al-ashwaq. Kairo 1974

Ibn al-Hadschadsch, Muslim: Sahih Muslim, Band 1. Beirut 1992

Ibn al-Haitham, al-Hassan: al-shukuk ala batlamios. Kairo 2007

Ibn al-Kalbi, Hischam: kitab al-asnām, Ahmed Zaki (Hrsg.). Kairo 1995

Ibn Hischām, Abd al-Mālik, Mohamed Nabil Tarifi (Hrsg.): as-sīra an-nabawiyya. Dar Sader, Beirut 2006

Ibn Khaldun: al-Muqaddima. Dar Nahdat Masr, Kairo, 7. Auflage, 2014

Ibn Ishāq: Das Leben des Propheten. Spohr Verlag, Kandern 2008

Ibn Saʿad, Mohamed: al-tabaqat al-kabīr, Ali Mohamed Omar (Hrsg.). Kairo 2001

Ibn Sīnā, Abū Alī al-Husain ibn Abd Allāh: al-irshadāt. Beirut 2002

Jonker, Gerdien, Hecker, Pierre und Schnoy, Cornelia (Hrsg.): Muslimische Gesellschaften in der Moderne. Ideen – Geschichten – Materialien. Studien Verlag, Wien 2007

Kepel, Gilles: Das Schwarzbuch des Dschihad: Aufstieg und Niedergang des Islamismus. Piper Verlag, München 2002

Kepel, Gilles: Muslim Extremism in Egypt: The Prophet and Pharao. Al Saqi Books, London 1985

Krämer, Gudrun: Hasan al-Bannā (Makers of the Muslim World). Oneworld Publications, London 2009

Kuhn, Axel: Die Französische Revolution. Reclam Verlag, Leipzig 1999

Kurzmann, Charles: The Unthinkable Revolution in Iran. Harvard University Press, Cambridge 2004

Laoust, Henri (Hrsg.): Le Califat dans la doctrine de Rashid Rida. Maisonneuve, Paris 1986

Lewis, Bernard: Die Wut der arabischen Welt. Warum der jahrhundertlange Konflikt zwischen Islam und dem Westen weiter eskaliert. Campus Verlag, Frankfurt/M. 2003

Lindner, Rudi Paul: »Stimulus and Justification in Early Ottoman History«. In: *Greek Orthodox Theological Review*, Vol. 27, Holy Cross Orthodox Press, 1982

Lindner, Rudi Paul: »What was a nomadic Tribe?« In: *Comparative Studies in Society and History* 24/4, 1982

Mallmann, Claus M. und Cüppers, Martin: Halbmond und Hakenkreuz: Das »Dritte Reich«, die Araber und Palästina. Primus Verlag, Konstanz 2010

Massignon, Louis: La passion Husayn-Ibn-Mansur al-Hallaj, martyr mystique de lʿIslam. Gallimard, Paris 2010

Matussek, Carmen: Der Glaube an eine »jüdische Weltverschwörung«: Die Rezeption der »Protokolle der Weisen von Zion« in der arabischen Welt. Lit-Verlag, Münster 2012

McGregor, Andrew James: A Military History of Modern Egypt from the Ottoman Conquest to the Ramadan War. Praeger, Westport 2006

Meddeb, Abdelwahab: Die Krankheit des Islam. Unionsverlag, Zürich 2007

Nagel, Tilman: Die islamische Welt bis 1500. Oldenbourg Verlag, München 1998

Nagel, Tilman: Mohammed. Leben und Legende. Oldenbourg Verlag, München 2008

Neuwirth, Angelika: Der Koran als Text der Spätantike. Ein europäischer Zugang, 3. Aufl. Verlag der Weltreligionen im Insel Verlag 2010

Nirumand, Bahman und Daddjou, Keywan: Mit Gott für die Macht. Eine politische Biographie des Ayatollah Chomeini. Rowohlt Verlag, Reinbek 1989

Nolte, Ernst: Das 20. Jahrhundert: Die Ideologien der Gewalt. Herbig Verlag, München 2008

Nolte, Ernst: Der Faschismus in seiner Epoche: Action française, italienischer Faschismus, Nationalsozialismus. Piper Verlag, München 2008

Nolte, Ernst: Die dritte radikale Widerstandsbewegung: der Islamismus. Landtverlag, Berlin 2009

Ohlig, Karl-Heinz (Hrsg.): Der frühe Islam, Eine historisch-kritische Rekonstruktion anhand zeitgenössischer Quellen. Schiler & Mücke, Berlin/Tübingen 2007

Ohlig, Karl-Heinz, Puin, Gerd (Hrsg.): Die dunklen Anfänge. Neue Forschungen zur Entstehung und frühen Geschichte des Islam. Schiler & Mücke, Berlin/Tübingen 2005

Plessner, Helmut: Die Verspätete Nation. Suhrkamp Verlag, Frankfurt/M. 2001

Qutb, Sayyid: al-mustaqbal lihādha al-din. Al-Shorouk Verlag, Kairo 2005

Qutb, Sayyid: maʾālim fi at-tarīq. Al-Shorouk Verlag, Kairo 1973

Ramadan, Tariq: Radikale Reform. Die Botschaft des Islam für die moderne Gesellschaft. Diederichs Verlag, München 2009

Rassoul, Muhammad: Die ungefähre Bedeutung des Al-Qurʿan Al-Karim. Islamische Bibliothek 2009

Reich, Wilhelm: Die Massenpsychologie des Faschismus. Anaconda Verlag, Köln 2011

Reinhart, Wolfgang: Die Unterwerfung der Welt. Globalgeschichte der europäischen Expansion 1415–2015. C.H.Beck Verlag, München 2018

Roy, Olivier et al.: Der islamische Weg nach Westen: Globalisierung, Entwurzelung, Radikalisierung. Pantheon Verlag, München 2006

Roy, Olivier: Failure of political Islam. Tauris, London 1994

Sansal, Boualem: Allahs Narren: Wie der Islamismus die Welt erobert. Merlin Verlag, Vastorf 2013

Sartre, Jean Paul: Das Sein und das Nichts. Versuch einer phänomenologischen Ontologie. Rowohlt Verlag, Reinbeck 1991

Schimmel, Annemarie (Hrsg.): Gärten der Erkenntnis. Das Buch der vierzig Sufi-Meister. Diederichs Verlag, München 1995

Scheider, Wolfgang: Der italienische Faschismus: 1919–1945. C.H.Beck Verlag, München 2010

Schröter, Susanne: Politischer Islam. Stresstest für Deutschland. Gütersloher Verlagshaus, München 2019

Schweitzer, Frederick M. und Perry, Marvin: Anti-Semitism: Myth and Hate from Antiquity to the Present. Palgrave Macmillan, London 2002

Taheri, Amir: Chomeini und die islamische Revolution. Hoffmann und Campe, Hamburg 1985

Taheri, Amir: The Persian Night: Iran under the Khomeinist Revolution. Encounter Books, New York 2010

The Greek Orthodox Theological Review, Vol. 27, Holy Cross Orthodox Press, 1982

Tibi, Bassam: Vom Gottesreich zum Nationalstaat: Islam und panarabischer Nationalismus. Suhrkamp Verlag, Frankfurt/M. 1987

Tibi, Bassam: »Der Beitrag des Islam zur Kultur Europas«, *Schweizer Monat*, Ausgabe 926/Juni 2003

Vidino, Loranzo: New Muslim Brotherhood in the West. Columbia University Press, New York 2010

Waldmann, Peter: Determinanten des Terrorismus. Velbrück Verlag, Weilerswist 2005

Wittek, Paul: The Rise of the Ottoman Empire. Studies in the History of Turkey, 13th–15th Centuries. Royal Asiatic Society Books. Routledge, London/New York 2012

Wöhler-Khalfallah, Katja: Islamischer Fundamentalimus. Von der Urgemeinde bis zur Deutschen Islamkonferenz. Schiler & Mücke, Berlin/Tübingen 2009

Wolf, Christian: Die ägyptische Muslimbruderschaft. Von der Utopie zur Realpolitik. Diplomica Verlag, Hamburg 2008

Zehetmair, Hans: Der Islam. Im Spannungsfeld von Konflikt und Dialog. Verlag für Sozialwissenschaften, Wiesbaden 2005